2013
八路军文化研讨会论文集
BALUJUNWENHUAYANTAOHUILUNWENJI

魏书文 主编

山西出版传媒集团
山西人民出版社

图书在版编目（CIP）数据

八路军文化研讨会论文集.2013 / 魏书文主编.——太原：山西人民出版社，2015.5
ISBN 978-7-203-08974-2

Ⅰ.①八… Ⅱ.①魏… Ⅲ.①八路军—文化研究—文集 Ⅳ.①E297.3-53

中国版本图书馆CIP数据核字(2015)第059198号

八路军文化研讨会论文集.2013

主　　编：魏书文
责任编辑：张小芳
装帧设计：刘彦杰

出 版 者：	山西出版传媒集团·山西人民出版社
地　　址：	太原市建设南路21号
邮　　编：	030012
发行营销：	0351-4922220　4955996　4956039
	0351-4922127（传真）　4956038(邮购)
E-mail：	sxskcb@163.com　　发行部
	sxskcb@126.com　　总编室
网　　址：	www.sxskcb.com
经 销 者：	山西出版传媒集团·山西人民出版社
承 印 厂：	山西基因印刷服务有限公司
开　　本：	787 mm×1092 mm　　1/16
印　　张：	21.5
字　　数：	264千字
印　　数：	1—1000册
版　　次：	2015年5月　第1版
印　　次：	2015年5月　第1次印刷
书　　号：	ISBN 978-7-203-08974-2
定　　价：	58.00元

如有印装质量问题请与本社联系调换

《八路军文化研讨会论文集》
2013编委会

主　编：魏书文

副主编：郝炳宏　李树生

编　委：高怀壁　赵爱芳　安占伟　崔旭光

　　　　李珍明　韩毅平　李绍君　郝雪廷

　　　　韩卫忠　王建平　张国庆

校　对：李朝霞　姜维维　程彩红　侯爱萍

　　　　李　娜　李爱民　魏景辉　殷宇娜

序

中共武乡县委书记　胡　坚

9月3日至5日，中国中共党史学会、中共山西省委宣传部、中共长治市委、长治市人民政府、中共武乡县委、武乡县人民政府和八路军太行纪念馆成功举办了第四届八路军文化研讨会，会议成果《八路军文化研讨会论文集》（2013）即将付梓，这是我县推进八路军文化研究的可喜成果。在此，我谨向各位领导、专家学者及编校人员所付出的辛勤劳动表示衷心的感谢！

武乡山川景色壮美，物产资源丰富，历史底蕴深厚，不仅有着悠久的文明史和光辉的奋斗史，还有着光荣的革命史。抗战时期，八路军总部曾5次进驻武乡，先后驻扎536天，在这片红色热土上留下了一代开国元勋、将领的光辉足迹，刘少奇、朱德、任弼时、彭德怀、杨尚昆、邓小平、刘伯承、徐向前、聂荣臻、薄一波、罗瑞卿等一大批老一辈革命家都曾在此运筹帷幄，武乡成为整个华北抗战的指挥中枢——八路军总部所在地。英雄的武乡人民在中国共产党的领导下，"出粮、出兵、出干部"，当时仅有14万人口的小县，就有9万多人参加了各种抗日救亡组织，有14 600余人参加了八路军，有21 000余干部群众为国捐躯，为中国革命的胜利做出了巨大的牺牲和奉献。八路军将士和老区人民用鲜血与生命谱写了气壮山河的动人乐章，铸就了伟大的太行精神，用真情与大义孕育了底蕴深厚的八路军文化，为我们留下了宝贵的精神文化财富。

正是因为这段辉煌的历史，武乡成为全国著名的革命老区，成为党中央、国务院及党和国家领导人深情关注和亲切关怀的地方。毛主席派慰问团送来了"发扬革命传统，争取更大光荣"的亲笔题词；邓小平同志为八路军太行纪念馆亲笔题写馆名；2001年8月20日，江泽民同志亲临老区视察，并挥毫题词"发扬老八路光荣传统，为中华民族的伟大复兴而奋斗"；2005年7月29日，胡锦涛同志视察八路军太行纪念馆和王家峪总部旧址时指出，"继承光荣传统、弘扬民族精神，为中华民族伟大复兴而努力奋斗"；2009年5月25日，习近平同志亲临武乡调研时指出，"要大力弘扬太行精神，始终保持对党对人民对事业的忠诚，始终保持同人民群众的密切联系，始终保持知难而进、奋发有为的精神状态，始终保持艰苦奋斗的优良作风"。新中国成立以来，先后有30多位党和国家领导人亲临武乡视察，给老区人民以巨大的激励和鼓舞。

八路军文化作为太行精神的重要组成部分，作为革命老区独特的文化资源，作为我国优秀的先进文化，挖掘、整理、研究这些文化遗产，对于弘扬伟大的太行精神，传承八路军文化，做大做强八路军文化产业，丰富和提升八路军文化内涵和品牌，对于提升红色文化软实力、增强中华民族感召力，具有重大的现实意义和深远的历史意义。武乡县委、县政府立足于丰富的红色文化资源禀赋，坚持文化引领，高举八路军文化这面旗帜，成功举办三届八路军文化旅游节、四届八路军文化研讨会，大力实施八路军文化园、游击战体验园、《太行山》大型实景剧"两园一剧"提升工程，进一步丰富和发展八路军文化，进一步弘扬伟大的太行精神，进一步唱响主旋律、凝聚正能量，为实现中华民族伟大复兴中国梦做出了积极的贡献。

八路军文化是我们的传家宝，是我们的根和魂，任何时候都不能忘、不能丢。《八路军文化研讨会论文集》（2013）收录了30位专家学者的研究成果，它的出版问世，必将对深入研究八路军文化，进一步推动八路军文化产业发展，具有重大而深远的意义。我们必须坚决打好红色武乡这个金字招牌，必须始终保持革命老区的政治本色，必须大力发扬"敢于胜利"的抗战精神，为武乡老区实现脱贫致富、全面小康宏伟目标而努力奋斗！

2013年12月

目 录

关于"抗战精神"的哲学思考　刘庭华 / 1

八路军文化的三个特性及其学术支撑　刘中刚 / 14

中国共产党是抗战文化也是八路军文化的灵魂、领导者
　　张喜德　蔡　丹 / 23

太行精神与八路军文化　李蕙芬 / 34

试论独立自主精神是抗战文化也是八路军文化的精髓
　　周丽琴 / 46

武乡：太行精神的摇篮和御敌爱国的圣地　潘立魁 / 59

沂蒙精神与八路军文化　王聚英　李建丰 / 69

八路军文化教育工作的历史经验　彭训厚 / 78

从解密档案看抗战初期党的文化宣传工作　苏　杭 / 83

传播学视角下的八路军文化传播研究　任慧鹏　郝晓敏 / 93

八路军与武乡农村社会意识的变迁　赵永强　沈　乔 / 103

武乡敌后抗日文化运动的成就及重要意义　肖　牲 / 115

论抗战时期延安和各根据地新秧歌运动的产生及作用
　　王新生 / 130

八路军与《国共合作歌》　叶成林 / 144

《八路军军政杂志》的时代特色　苏若群 / 163

朱德在山西抗日前线对群众路线思想的丰富和发展

　　陆仁权 / 170

任弼时对八路军文化建设的贡献　董志铭 / 184

纪念左权将军诞辰108周年　郝　军 / 188

抗战时期郭化若对传统兵学文化的发掘与借鉴　黄延敏 / 196

丁玲与《一二九师与晋冀鲁豫边区》　李　蓉 / 211

太行精神与群众路线　周浩集 / 221

八路军在太行山根据地的群众工作　王　超　谢撼澜　 / 228

群众路线：八路军克敌制胜的法宝　董江爱 / 241

敢叫日月换新天　石　雷 / 257

进行政治军事经济文化一元化的对敌斗争　宋毅军 / 265

国共合作抗战中的八路军　居之芬 / 286

为什么平型关战役被称为平型关大捷　王聚英 / 300

晋察冀地区的抗日反"扫荡"斗争　王彦民 / 307

面对疾疫：晋察冀抗日根据地的组织与动员　李洪河 / 312

探究八路军文化的现实价值　巨文辉 / 327

关于"抗战精神"的哲学思考

刘庭华

"抗战精神"问题的提出、讨论与研究,无疑是对中国抗日战争史研究的学术界提出了更高的要求,因为,它已经不是对抗战史某一个案的研究,如战役战斗、军事人物、战略战术、地域经济、文化等内容的"特殊性"单一性课题研究,它已经上升到哲学的高度,即认识论的层面,是属于抗日战争史研究中的普遍性、一般性问题。所以,这必然会推动抗战史研究的深入和发展。

一、"抗战精神"概念的本质与界定

人类战争史表明,战争的胜负,不仅取决于一个国家的军事、政治、经济、战争性质等诸条件,也取决于这个国家民族的意志和精神,以及战争指导能动性(即智慧)的优劣。抗日战争,是中国人民反抗日本帝国主义侵略的正义战争,是1840年鸦片战争以来中国人民反抗外敌侵略斗争史上第一次取得完全胜利的最辉煌的民族解放战争,是世界反法西斯战争的重要组成部分,是一个半殖民地半封建的弱国战胜一个法西斯强国的战争。最后,大而弱的中国战胜了小而强的日本。它既是中日两国军事实力和经济实力的较量,也是中华民族与大和民族在精神层面的一场"软实力"的较量。因此,"抗战精神"应该是中华民族爱国主义传统在抗日战争时期的发展与升华,它为战胜日本法西斯起到了强大的动力源泉和精神支撑的作用。"抗战精神"是抗日战争取得胜利的决定性因素之一。

"抗战精神"这一概念是属于上层建筑、意识形态范畴的。它有四个重要特点:一、从国家、民族、阶级与政党的关系上说,它是属于全民族的,而非某一阶级或政党的。二、从地理上讲,它是全国的,而非某一区域的。三、从时间上讲,它是富于时代特点的,即中华民族以爱国主义为核心的伟大民族精神在20世纪30—40年代的集中体现。四、从认识论的哲学层次上讲,它是中华民族抗击日本法西斯侵略战争实践的思想认识的抽象与概括。换一句话说,"抗战精神"是中华民族精神的重要组成部分。

因此,一方面,我们不能把抗日战争的经验、意义、地位、作用与"抗战精神"这一概念混淆;另一方面,又必须将"抗战精神"与以不同历史时期、不同事件或不同人物命名的有关"精神"区别开来,如井冈山精神、长征精神、延安精神、西柏坡精神、"二弹一星"精神等。

二、"抗战精神"之内涵的透析

马克思主义辩证法告诉我们,"任何运动形式,其内部都包含着本身特殊的矛盾。这种特殊性的矛盾,就构成一事物区别于他事物的特殊的本质。这就是世界上诸种事物所以千差万别的内在原因,或者叫做根据"[①]。"每一种社会形式和思想形式都有它的特殊的矛盾和特殊的本质"。认识事物的基础必须注意它的特殊点,因为"科学研究的区分,就是根据科学对象

[①]《毛泽东选集》第1卷,人民出版社1991年版,第308页。

所具有的特殊的矛盾性"①。那么,"抗战精神"所具有的"特殊的矛盾性",究竟表现在哪里呢？我认为,主要有两个方面:

第一,坚持国家和民族利益至上的爱国主义(爱国至上),团结御侮,共赴国难,是抗战精神的核心内涵

它是中华民族爱国主义传统在抗日战争时期的升华,是取得中国抗日战争胜利的决定因素。简言之:爱国至上,团结御侮,或爱国、团结。

中华民族有着深厚的爱国主义传统,历来崇尚正义,热爱和平,不畏强暴,勇于反抗外来侵略。但是,长期封建统治的腐败和束缚,特别是1840年鸦片战争后,由于晚清政府更加腐败无能,以及后来反动军阀的争地盘混战及投靠列强所采取的妥协投降政策,使中国屡遭帝国主义的侵略和蹂躏,国家主权和领土不断受到侵蚀,被迫割地赔款,丧权辱国,中华民族的灾难日益深重。中国人民奋起反抗外敌入侵的斗争,一次又一次地遭受失败,从而使中国人民的爱国主义热忱和凝聚力受到极大的伤害,地大物博的中国成为西方列强眼中的"唐僧肉"、"一盘散沙"。

到抗日战争时期则不同了。1937年日本军国主义发动全面侵华战争,把中华民族逼到亡国灭种的危难地步,迅速促进了波澜壮阔的抗日救亡高潮的掀起,全国人民的觉醒和团结,唤起了全民族的危机意识和使命感,并超过了中国历史上任何时代。抗日战争时期,中华民族的爱国主义较以前任何时代都表现得更强烈、更广泛、更持久、更具战斗性,它超越了阶级、阶层、政党、地方实力派和不同军事集团的常规范畴,其最高层次和其他层次在抗日问题上找到了有机结合点,使爱国主义实现了理论与实践

---

① 《毛泽东选集》第1卷,人民出版社1991年版,第309页。

的高度统一。它既不同于中国历史上如宋朝岳飞、文天祥的"忠君报国"的爱国主义,也有别于近代义和团的狭隘民族主义的爱国主义。近代以来许多反对外来侵略的战争,爱国主义只是表现在某一派别(如统治集团的主战派)、某一阶层、某一团体,其范围窄,力量小,从来没有达到全民族团结一致对外抵抗的程度,有时还不如农民起义的规模和能量,如太平天国农民起义。这是中国近代以来抵抗外敌入侵屡遭失败的主要原因。

抗日战争时期的爱国主义具体表现为:爱国须抗日,抗日即爱国;一切为了抗日,抗日高于一切,抗日成了区分是否爱国的唯一标准。抗日成了全民族不同阶级、阶层、政党、派别、各军事集团的共同信念及判断是非的标准。各阶级、各政党、派别和各军事集团均能以民族国家利益为重、至上,发扬"兄弟阋于墙,而外御其侮"的爱国主义传统,舍去历史上旧有的恩恩怨怨,自觉地使自己的利益服从反对日本法西斯侵略这个最高的民族利益,为祖国的危亡、民族的命运,捐弃前嫌,团结一致,万众一心,共赴国难。这就是伟大抗战精神的核心灵魂和本质所在。这是中国历史上任何朝代都没有出现过的现象,这是中华民族新觉醒的里程碑和质的飞跃。

可见,20世纪30—40年代,中国抗战时期的爱国主义精神与历史上的爱国主义有着本质的差别,即空前的民族团结。

近代反侵略斗争史告诉我们,光有爱国主义精神还不足以打败外敌入侵,只有以爱国主义精神凝聚全国各族人民团结一致,共赴国难,才能战胜敌人。以国共合作为基础的抗日民族统一战线的建立、巩固和发展,是抗战时期爱国主义内涵的核心体现,是爱国至上、团结御侮的最好明证,抗日民族统一战线是中国抗日战争取得胜利的基本保证。

国民党与共产党是近现代中国历史舞台上两支最为重要的政治力量。20世纪20年代初，为反对帝国主义和封建军阀统治，两党合作北伐，取得了第一次国内革命战争的胜利。国共两党虽然政治信仰和追求不同，并且由于十年内战成了不共戴天的仇敌，但面对亡国灭种的民族危机，抗日救国却成为两党共同的最高目标。

抗日战争中，中国共产党成为凝聚人民力量的坚强组织者和鼓舞者。日军的主要对手，既不是甲午战争时腐朽、软弱、无能的晚清政府，也不是签署《二十一条》的窃国大盗袁世凯政权，更不是九一八事变时采取不抵抗政策的蒋介石国民党政府，而是一个团结起来的伟大的中华民族，其中特别是用马克思主义武装起来的，以国家和民族解放为己任的中国共产党。随着中日民族矛盾逐渐成为中国社会的主要矛盾，中国共产党从国家、民族的根本利益出发，逐步调整自己的斗争方针。九一八事变后，中国共产党首先提出武装抗日的爱国主义主张和建立抗日民族统一战线的思想。此后，中共为建立抗日民族统一战线进行了艰辛的努力，不断调整政策，将"抗日反蒋"改变为"逼蒋抗日"及至"联蒋抗日"，从而促成西安事变的和平解决，推动了国共两党的第二次合作，最终促成了抗日民族统一战线的建立，实现了全民族抗战。

国民党作为中国"最大和最有影响的党"，在九一八事变后仍一直坚持"攘外必先安内"的内战政策，丢失了东北三省和华北不少国土，遭到全国人民的强烈反对和谴责。1935年"华北事变"后，蒋介石面对日本全面侵华战争的迫近、华北即将成为第二个"满洲国"的危险，也开始逐步调整政策，由对日妥协转向强硬，内政上逐渐变"攘外必先安内"为"攘外"与"安内"并举。1936年12月12日西安事变爆发后，国民党采取"联共抗日"的政策。七七事变后，作为执政党的国民党政府承认了共产党和其他党派的合法地位，接受并实现了第二次国共合作，中国社会第一次出现了多党合法并存的政治氛围，从而促进了空前的全国性团结救亡高潮，形成了举国一致全民族抗战的新局面。

中国的民主党派，抗战前大都既反对国民党蒋介石的一党独裁专政，又不赞成中国共产党的政治主张，一直从事第三条道路的斗争。但是，在七七事变后，它们纷纷改变了自己的政治主张，或放弃反蒋，或放弃反共，都把反对日本帝国主义侵略作为自己的首要任务。当国共两党结束了十年内战，实现了第二次合作后，各民主党派都表示坚决支持和拥护，并积极加入到抗日民族统一战线中来。

国民党政治、军事集团及地方实力派在七七事变前，为争权夺利，一直明争暗斗，上演了一幕幕军阀混战的闹剧。但随着中日民族矛盾逐渐上升为中国社会的主要矛盾，他们逐渐认识到只有全国团结一致抗日，中国才能免遭灭亡，因而公开反对蒋介石"攘外必先安内"的内战政策，主张联共抗日，力促团结抗战。全国抗战爆发后，各政治、军事集团和地方实力派全都归顺国民政府，团结一致抗日。

在八年全国抗战中，国民党顽固派先后发动了三次大的军事摩擦，使全国抗战的大好局面出现分裂、倒退的危险。对此，中国共产党始终没有放弃同国民党的合作抗日，提出"发展进步势力，争取中间势力，孤立顽固势力"的策略方针，并适时采取又联合又斗争的策略，始终把自己的斗争目标限制在不破裂统一战线的底线上，处处以民族大义为重，从而有效地阻止了时局的逆转，维系了国共合作、团结抗战的局面，一直坚持到抗战胜利。各民主党派对国民党顽固派破坏统一战线、限制民主运动发展的行径十分愤慨，但也能从民族利益的大局出发，配合中国共产党自觉维护抗日统一战线的巩固和发展。可以说，八年抗战参加到抗日民族统一战线中来的各阶级、各政党、派别、各军事集团,虽然也为各自的利益斗争过、摩擦过,有时甚至矛盾十分尖锐,但抗日民族统一战线却始终没有破裂,一直坚持到抗战最后胜利。可以说,空前的民族团结,是中华民族伟大民族觉醒的生动体现,是取得抗日战争胜利的决定因素。

第二,发扬自强抗争,敢于同敌人血战到底的民族信念,是中国抗战精神的一个显著特点

简言之:自强抗争、血战到底,或自强、抗争。

世界反法西斯战争的胜利,是各国人民相互支持、共同战斗所取得的成果。中国人民抗日战争的胜利,曾经得到过有关国家的援助(比如,美国在第二次世界大战中的援外租借物资共485亿美元,其中英国所得占63.71%,苏联所得占22.76%,中国所得只占1.8%约7.48亿美元),但主要是中国人民自强独立抗争,不畏强暴,敢于同敌人血战到底;发扬开拓创新精神,坚忍不拔,坚持持久抗战,长期浴血奋战的结果。

中国抗日战争在世界反法西斯战争中的时间最长。从1931年九一八事变中国人民揭开世界反法西斯战争序幕开始,到1945年9月2日日本战败投降,前后达14年之久,它是苏联、美国进行反法西斯战争时间的三倍半,是英国进行反法西斯战争时间的两倍半。从九一八事变到1941年12月太平洋战争爆发,在长达10年的时间里,中国人民独立坚持抵抗日本法西斯侵略军,是东方唯一的反法西斯战场。太平洋战争爆发后,中国战场仍然是东方反法西斯战争的主要战场。从1937年七七事变中国全国抗战爆发,成为世界反法西斯战争的东方爆发点后,中国人民开辟了世界上第一个大规模反法西斯战场,中国独立坚持抗战也有4年多的时间。

据日本防卫厅战史研究所战史室资料记载:1937年,日本陆军共24个师团,其中21个师团投入侵华战争,占其陆军总兵力的88%以上,还有50%的空军和40%的海军用于侵华战争。1938年日本陆军共34个师团，其中32个师团用于侵华，占其陆军总兵力的94%。1939年，日本陆军共41个师团，其中34个师团投入侵华战争，占其陆军总兵力的83%以上。1941年太平洋战争爆发后，日本陆军共51个师团，其中用于侵华战争的有34个师团、44个独立混成旅团，仍占其陆军总兵力的80%，而用于南太平洋战场的日本陆军只有10个师团，不及侵华兵力的20%。

在八年全国抗战期间，中国战场始终抗击和牵制100万左右的日本陆军主力和2/5的日本海空军力量，使其既不能回援太平洋战场和日本本土"决战"，也无力在中国大陆或参加东北地区支援关东军决战，最后不得不在中国放下武器，无条件投降。1945年9月，日军向中国战区投降的兵力128.3万余人，这个数目超过了在东南亚及南太平洋各岛投降的日本兵力的总和，大约相当于全部海外日军（不含向苏联投降的日军人数）的50%以上。中国战场毙伤俘日军155.9万余人，占日军在第二次世界大战中军队伤亡人数的75%以上。历史证明，中国抗日战争为世界反法西斯战争做出了不可磨灭的重大贡献。这是中国成为世界反法西斯战争四强（苏、美、中、英）之一，成为联合国五大常任理事国的合理而必然的结果，是世界各国人民对中国抗战地位作用的认可。

在空前惨烈的抗日战争中，面对武器精良的日本法西斯军队，不管是在正面战场打破日军"三个月灭亡中国"的速战速决神话的淞沪、忻口、徐州、武汉会战，还是在山区平原广泛开展游击战的八路军、新四军的敌后抗战，中华大地到处都涌现出不畏强暴、勇于同敌人血战到底的民族英雄气概。誓死不投降、坚守四行仓库的国民党军八百勇士，浩气长存的八路军狼牙山五壮士，新四军"刘老庄连"，宁死不当亡国奴而英勇献身的东北抗联八女投江……中国军民以血肉之躯筑起了捍卫祖国的钢铁长城，用同敌人血战到底、同归于尽的英雄气概,谱写了自强抗争的爱国主义新篇章。涌现出佟麟阁、赵登禹、张自忠、戴安澜、杨靖宇、赵尚志、左权、彭雪枫等抗日名将,他们是中国人民不畏强暴、英勇抗争的英雄集体和杰出代表。

为什么中国人民具有如此强大的自强抗争的民族信念和敢于同敌人血战到底的英雄气概?

自强不息民族精神的传承与升华。《易经·乾·象传》说:"天行健,君子以自强不息。"可以说,自强不息是中华民族精神的显著特点。自力图强,永不懈怠,像天地运行一样,永远刚健不止,是中华民族精神的本质所在。从春秋战国至今的近3000年里,特别是宋、明以降后,战乱、贫困、天灾、人祸,连年不断,人民生活处在没有安全感的饥寒交迫困境中,"多难兴邦",中华民族素能在亡国灭种的危境中开辟出民族复兴的新道路,从而造就了中华民族自强不息、坚忍不拔的品格,在世界各民族中,最为突出,而著称于世。到20世纪30—40年代的抗日战争时期,中华民族自强不息精神得到充分展现,并发展成为自力更生、开拓创新的民族品格,成为抗战精神的一个重要组成部分。

第三,依靠百折不挠、开拓创新的民族勇气,开辟弱国打败强国的中华民族复兴的新道路,是中国抗战精神的独有特色

简言之:开拓创新。

大而弱的中国,如何才能打败小而强的日本?当时中国的生产力、军力、民力,都远不如日本,年工业生产总值1∶4.4(中国13.6亿美元,日本60亿美元),钢铁产量1∶145(中国4万吨,日本580万吨),石油产量1∶129(中国1.31万吨,日本169万吨),日本年生产飞机1580架、大口径火炮744门、坦克330辆、汽车3万辆、造舰船能力52 422吨,这些中国均不能生产制造。当时中国军队虽有210多万人,但武器装备差,只有作战飞机305架,新旧舰艇66艘,而且缺乏训练。日本常备师团17个38万余人,但却可以三倍动员,预备役达678万人,且装备精良,有91个飞行中队,2700架飞机,舰艇200余艘,总吨位190万吨,名列世界第三位,且训练有素。①面对敌强我弱的国情军情,中国人民必须开拓新的理论思维和作战形式,才能战胜日本帝国主义。

首先,实行全面全民族的人民战争的抗战路线和持久战的战略总方针及作战原则,创造游击战与正规战相配合的作战形式。制定正确的抗战路线和战略方针,是取得抗战胜利的基本保证。实行持久战的战略总方针,是指导中国抗日战争胜利的成功战略,弱国要战胜强国,必须经过长期的斗争,不断削弱敌人;积小胜为大胜,逐渐壮大自己的力量,从而达到转换敌我力量的对比,夺取反侵略战争的最后胜利。为此,以毛泽东为代表的中国共产党人根据抗日战争敌强我弱、敌退步我进步、敌小我大、敌寡助我多助四个基本特点,科学预见抗日战争将经过战略防御、战略相持和战略反攻三个阶段,并认为相持阶段是抗战时间最长、最艰苦,但它是转换中日力量的"枢纽"。持久战三阶段理论的提出,极大地鼓舞了中国人民抗日斗争的信心和决心。

同时,全国抗战一开始,中共就提出了实行全国总动员,全民、政府和军队团结一致抗战的《抗日救国十大纲领》。为此,提出建立主力军、地方军和民兵游击队三结合的抗日武装力量体制,是进行人民战争的最佳组织形式,以激发广大军民的爱国主义热忱,发挥全民族抗战的自觉

---

① 刘庭华著:《中国抗日战争与第二次世界大战统计》,解放军出版社2012年版,第176页。

能动性,"战争的伟力之最深厚的根源,存在于民众之中","兵民是胜利之本"①,从而造成陷日军于灭顶之灾的汪洋大海,以弥补中国军民武器装备落后等不足。

决定战争的胜负,除了要有军事、经济实力和精神支撑外,还必须有正确的战略战术指导方针。中国抗日战争的胜利特别是敌后战场的开辟和发展,正是按照毛泽东的持久战思想和游击战理论,一步步走向胜利。创造了以弱胜强的战争史奇观。战后,日本著名学者伊藤宪一把毛泽东的持久战思想归结为"以动员人民的战略和游击持久的战略,来实现弱者对付强者的战略理论"②。原日本大本营参谋山崎重三郎认为:"世界上虽然有各种各样的游击战争,但只有毛泽东率领的中国共产党军队在抗日战争中进行的游击战堪称历史上规模最大、质量最高的游击战。他的游击战和运动战相结合,在中国打败了日本人。"③基辛格在1957年所著《核子武器与外交政策》一书中评价:《论持久战》的显著特点是善于作敌我情况的对比,善于将列宁主义的原理运用于中国的实际情况。……中国打败日本的最大优点,就是它的持久战思想。

中国抗日战争胜利的历史说明,先进的军事理论,对于弱国战胜强国有着不可估量的指导作用。由于抗日战争极大地促进了中国人民的觉悟和团结,从而最大限度地唤起了全民族的危机意识和使命感,中国军民以正规战与游击战、前方与后方、武装与非武装、公开与非公开、军事与经济、

---

① 《毛泽东选集》第2卷,人民出版社1991年版,第511、509页。
② [日]伊藤宪一:《国家与战略》(中译本),军事科学出版社1989年版,第94页。
③ [日]《丸》杂志,1965年12月号。

文化等手段密切结合，特别是敌后战场的广大军民广泛开展伏击战、破袭战、地雷战、地道战等战术，使日本侵略军陷入人民战争的汪洋大海之中。中国人民经过艰苦卓绝的14年浴血奋战，终于打败了凶残的日本侵略者。

其次，开辟敌后战场，与正面战场相配合，对日军形成两面夹击的战略格局，是中国人民的独特创举。中国抗日战争是在第二次国共合作条件下进行的，在反对日本侵略的统一战略目标下，国民党军担负正面战场的作战，共产党领导的抗日武装担负敌后战场的作战，形成相互配合、相互依存的两个战场。这一特殊的战争形态，在第二次世界大战中乃至中外战争史上都绝无仅有。这是中国抗日战争的显著特点。正面战场起主战场的作用，而敌后战场的开辟，则独当一面，打乱了侵华日军前线与后方的区分，变战略内线为战略外线，变战略包围为战略反包围，与正面战场相呼应，对日军构成两面夹击的有利战略态势，这是中国能坚持持久抗战，最后战胜日本法西斯的有效作战模式。这充分体现了中国人民开拓创新的民族精神。

三、"抗战精神"的概括提炼与表述

为了便于广大人民群众、中小学生记忆，更好地宣传教育和普及，我们必须用准确、科学、生动和简洁的语言，来提炼和概括"抗战精神"，明知这是一个难题，但必须朝这个方向努力。

综上所述，我认为，抗战精神可以提炼概括为三句话、八个字。三句话为：爱国至上、团结御侮是抗战精神的核心内涵；自强抗争、血战到底是抗战精神的本质体现；百折不挠、开拓创新是抗战精神的独有特色。八个字：爱国、团结、自强、开拓（或创新）。

用上述三句话八个字来概括抗战精神，基本符合中国抗日战争历史的

全过程和基本事实，同时也反映了中国抗日战争取得胜利的主要本质特征。爱国，是中华民族精神传统在抗战中的升华，也是取得抗日战争胜利的决定因素。团结，意指全国各民族、各政党、派别、各军事集团等，在抗日民族统一战线的旗帜下，抗日图存的民族觉醒程度，内含以国共合作为基础的抗日民族统一战线的建立，对打败日本法西斯所起的决定性作用。自强，是指中国抗日战争经历了从首先揭开了世界反法西斯战争的序幕，独力在世界东方开辟了第一个大规模反法西斯战争的战场，到与世界反法西斯盟国携手奋战、融为一体的全过程，在漫长曲折的反抗日本法西斯侵略的斗争中，中华民族自强不息、百折不挠、不畏强暴、敢于同敌人血战到底的民族英雄气概得到充分展现。反映了中国抗日战争的长期性、复杂性和残酷性，从局部抗战开始历时14年，全国性抗战经历了从战略防御到战略相持，最后到战略反攻的艰苦历程，以及中国抗日战争对世界反法西斯战争的历史贡献。开拓（或创新），主要体现中国人民打败日本帝国主义独特的历史经验和理论贡献，如持久战战略方针、游击战战略，开辟敌后战场与正面战场相配合，造成两面夹击日军的战略格局等。

总之，我认为，从哲学层面进行抽象概括，可以说"爱国、团结、自强、开拓（或创新）"，是"抗战精神"的核心内涵和本质特征。

作者简介：

刘庭华　中宣部"马克思主义理论研究和建设工程"课题组主要成员，原军事科学院军史研究部研究室主任，研究员、博士生导师

八路军文化的三个特性及其学术支撑

刘中刚

本文主要探讨八路军文化的特性,清列这些特性范畴下的研究史料和学术成果,从而为八路军文化研究规划出一个更宏观的学术领域,及该领域内的既有成果和史料基础。

一、八路军文化具有时代性

时代性的体现有二,一是全民族抗日战争,二是民主化追求。

(一)全民族抗日战争

1937—1945年的中国,最大的时代主题即全民族抗日战争。从这一视角出发,八路军文化从属于中国抗战文化。基于此,需申明:"八路军"的称谓始于1937年,止于1946年底,跨全国抗日战争和解放战争两个时期,但八路军的时代意义与抗战紧密相连,因此严格意义的八路军文化不包括解放战争时期(1945年9月至1946年底)。

对抗战文化的研究,早在全国抗战时期即已开始。2010年,国家图书馆依托藏书资源,出版了《抗战文献类编(文艺卷)》(5册),成为早期抗战文化研究的集大成,收录了1937—1948年间抗战文艺类文献专著30多种,涉及文化工作、文化运动、文艺理论、戏剧、美术、电影、诗歌、游艺等诸多领域,多为文化概观及理论指导性的文章和著作,作者都是当时造诣深厚且独领风骚的专家,如郭沫若、田汉、刘念渠、吴大琨、罗家伦、侯外庐等。

近十几年来,有关抗战文化的研究再次繁荣。曾在抗战时期作为大后方的重庆、广西等地贡献很大,有一批专业学者和代表性成果,特别是广西,先编辑出版了带有地域性的《桂林抗战文化研究文集》(1—8),后编辑出版了《抗战文化研究》(1—6)。

《抗战文化研究》以抢救和保存中国抗战文化和世界反法西斯文化遗产,弘扬抗战精神,促进中国抗日战争史、世界反法西斯战争史学科建设和当代先进文化建设为宗旨,反映和研究中国抗日战争和"二战"时期中国内地、港澳台地区和亚洲各国的文化史实、文化艺术成果、文化运动和文化思想流变,及有关中国各地抗战文化遗产和亚洲各国"二战"文化遗产调查抢救开发的调研报告。

除广西之外,全国许多省市均推出了带有地域性的抗战文化研究著作,如保安、浙江、粤港、永安、石家庄、恩施、贵阳等,有些编成了丛书。值得一提的是,1995年山西古籍出版社出版的《三晋文化论丛·第二辑·山西抗战文化研讨专集》,也较早地对山西抗战文化进行了探讨。

在这一领域,相关的研究成果还有:史金生的《中华民国文化史》,吉林文史出版社1990年版;肖效钦、钟兴锦的《抗日战争文化史》(1937—1945),中共党史出版社1992年版;冯崇义的《国魂在国难中挣扎——抗战时期的中国文化》,广西师范大学出版社1995年版;王嘉良的《中国东南抗战文化史论》,浙江人民出版社1995年版;戴知贤的《抗战时期的文化教育》,北京出版社1995年版;唐正芒的《南方局领导的大后方抗战文化运动》,湖南师范大学出版社1999年版;虞和平的《抗日战争与中国文艺的现代化进程》,《抗日战争研究》2005年第4期;邓群的《中国共产党与桂林抗战文化》,广西人民出版社2005年版;唐正芒的《中国西部抗战文化》,中共党史出版社2005年版;涂文学、邓正兵主编《抗战时期的中国文化》,人民出版社2006年版;孟国祥的《抗战时期的中国文化损失》,中共党史出版社2010年版。

(二)民主化追求

1937—1945年的中国,还有一时代性主题,即民主化追求。当时代,国民政府为动员社会力量并获取法理性和权威性,采取了一定的民主政策;中国共产党领导的敌后抗日民主根据地执行"三三制"、减租减息等政策,以更好地发动群众、组织群众;众多小党派更是以大局为重,积极建言献策。

作为党领导的人民军队,八路军的民主化建设同样在当时的国民革命军中树立了典范。生活中,官兵同吃同住,官兵一致;训练中官教兵、兵教官,走扎实的群众路线;战斗中,共产党员、广大基层排连营甚至团级指挥员冲锋在前。凡此种种,既是八路军政治工作的传统优势,又是民主视角下的典范。

二、八路军文化具有地域性

地域性表现有二:

一是八路军战斗和生活在黄河流域和广大华北地区,这里既是党领导的敌后主战场之一,更是中华文化的发源地之一

黄河是中华民族的母亲河之一,黄河文明与中华文化有着深深的关系。而华北地区的地缘特点,使之成为八路军展开山地游击战和平原游击战的主战场,成为八路军创建敌后抗日民主根据地的主战场。生息于此,创造不止。战斗和成长在黄河流域和华北地区相交融的广大区域内,自然会让肩负着抗战职责的八路军继承中华文化的精华,特别是爱国主义和民族主义。正因此,才诞生了《黄河大合唱》、《太行山上》等既顺应时代又充满地域特色的诸多经典。中华文化和黄河文明,都是非常大的课题,学术史悠久,不予赘述。

二是八路军战斗和生活在敌后抗日民主根据地

从这一视角出发,八路军文化从属于抗日民主根据地文化。对"抗日民主根据地文化"的研究,因受到向来注重文化领导权的党的高度关注,故早在20世纪五六十年代即已开始。改革开放后,在国家文化部党史资料征集工作委员会、北京各大高校和军队总政治部文化部(后为宣传部)组织下,进行过较全面的史料整理,出版有《中国现代文学史参考资料:文学运动史料选》(第4、5册)、"中国现代文学运动·论争·社团资料"丛书之《抗日战争时期延安及各抗日民主根据地文学运动资料》、《中国人民解放军文艺史史料》(抗日战争时期)、《中国抗日战争时期大后方文学书系》(20卷)、《中国解放区文学书系》(22卷)等大部头文献汇编。为推进这一研究,中国社会科学院还成立了中国解放区文学研究会,出版有《中国解放区文学研究》,只是其影响逐渐式微。需要说明的是,与当下文化理论不同,根据地文化研究主要是从文学、艺术、文艺等相对窄的视角切入,和中国抗战文化中的大文化理念有些许差异。

1979年出版的《中国现代文学史参考资料:文学运动史料选》(第4、5册),由北京大学、北京师范大学、北京师范学院中文系中国现代文学教研室集中了很多专家合编,是当时大学文科学生的参考教材,与1959年北京师范大学出版的《中国现代文学史参考资料》之间有一定渊源。

1983年由山西人民出版社出版、2010年由知识产权出版社再版的"中国现代文学运动·论争·社团资料"丛书之《抗日战争时期延安及各抗日民主根据地文学运动资料》,由中国社会科学院文学研究所发起并主持,上册收入延安和陕甘宁地区,中册收入晋察冀、晋冀鲁豫、晋绥地区,下册收入山东和华中地区。每册附录收入该地区的文学运动目录索引,为相关研究提供了线索。

《延安文艺》丛书(16卷),湖南人民出版社1984年至1988年陆续出版,分文艺理论卷、小说卷(两卷)、散文卷、诗歌卷、报告文学卷、秧歌剧卷、歌剧卷、话剧卷、戏曲卷、音乐卷、美术卷、电影摄影卷、舞蹈曲艺杂技卷、民间文艺卷、文艺史料卷等。

《中国人民解放军文艺史史料》由中国人民解放军总政治部文化部牵头,解放军艺术学院具体组织,1988年出版,抗战时期4册,第一册陕甘宁与晋绥军区卷,第二册晋冀鲁豫与山东军区卷,第三册为晋察冀军区卷,第四册新四军与华南、东北抗日武装卷。

《中国抗日战争时期大后方文学书系》(20卷),重庆出版社1989年6月出版。书系所选作品全部采用最初的版本,保持了文学史的真实性。书系总计15 756页,分为10编20卷,1100万字,分文学运动(1册)、文艺理论(2册)、小说(4册)、报告文学(3册)、散文杂文(2册)、诗歌(2册)、戏剧(3册)、电影(1册)、通俗文学(1册)、外国人士作品(1册)。

《中国解放区文学书系》(22卷),重庆出版社1992年出版,分为9编22卷,共计1200万字。全书设总序,综论解放区文学的地位和成就。每编设分序和编后记,概述该编内容和特点,并予以适当评价。该书精选了土地革命战争时期、抗日战争时期和解放战争时期的19个解放区的小说、戏剧、报告文学、散文、杂文、诗歌、民间文学、说唱文学及外国人士作品共2000多篇,作者千余人。

除以上大部头汇编外,还出版有一些特定根据地和人物的史料专辑。

如"中国解放区文学研究资料"丛书之《冀鲁豫文学史料》《晋南文学作品选》《晋冀鲁豫边区》，河北教育出版社1989年版。《丁玲全集》，河北人民出版社2001年版；袁良骏的《丁玲研究资料》，天津人民出版社1982年版和知识产权出版社2011年版。

代表性工具书有《中国解放区文艺大辞典》，安徽文艺出版社1992年版，该书收录了土地革命战争至新中国成立，在党领导下各革命根据地的文艺运动、文艺创作和人物等有关词条4700条，是截至目前仍颇具权威的重要工具书。

代表性期刊有《新文化史料》，由中国出版集团主管，人民文学出版社有限公司主办，主要刊载我国现代文学发展的历史文献资料和研究成果，曾出版有《中国解放区文艺工作历史文献选编》等专刊。

代表性编著或著作有：艾克恩三部，分别是文化艺术出版社1987年出版的《延安文艺运动纪盛》(1937.1—1948.3)，中国社会科学出版社1992年出版的《延安文艺回忆录》，河北教育出版社2009年出版的《延安文艺史》；屈毓秀的《山西抗战文学史》，北岳文艺出版社1988年版；王剑清的《晋察冀文艺史》，中国文联出版公司1989年版；亦文的《山西革命根据地文艺运动史稿》，山西人民出版社1989年版；刘建勋的《延安文艺史论稿》，陕西人民出版社1992年版；贺志强的《延安文艺概论》，陕西人民出版社1992年版；叶春的《文化建设与苏区文化传统》，宁夏人民出版社1999年版；张鸿才的《延安文艺论稿》，宁夏人民出版社1999年版；王培元的《延安鲁艺风云录》，广西师范大学出版社2004年版；一丁的《太行根据地文化》，中国文史出版社2005年版；吴敏的《延安文人研究》，香港文汇出版社2010年版。

三、八路军文化具有主体性

八路军是全国抗战时期遵照国民革命军编制序列，由长征至西北的红军主力改编而成的，由中国共产党领导的一支抗日劲旅。八路军文化从属于八路军的建设。作为主体性的体现有三：

一是八路军文化的党性特征

八路军由中国共产党领导，八路军文化是中国共产党领导下的文化，党性特征是八路军文化的当然特征。从这一视角，中央档案馆编、中共中央党校出版社1991年出版的《中共中央文件选集》；中国人民解放军历史资料丛书编审委员会编辑、1994年解放军出版社出版的《八路军》（文献、综述大事记、图片、参考资料、回忆资料），2005年出版的《中国共产党宣传工作文献选编（1937—1949）》（4卷之第2卷），2011年出版的《中国人民解放军政治工作历史资料选编》（第5、6、7册，抗战时期），虽并不专属文化领域，但却收录了许多有关政治宣传方面的文献，是体现八路军文化党性特征的重要文献来源。有关这一研究，还体现在党的领导人的相关文选、文集、年谱中，这里不一一列举。另，出版专论的有毛泽东《论文艺问题》，新民主出版社1948年版；《毛泽东论文学和艺术》，人民文学出版社1958年版、1961年版和1964年版；《党和国家领导人论文艺》，文化艺术出版社1982年版；《毛泽东论文艺》，人民文学出版社1992年版；《周恩来文化文选》，中央文献出版社1998年版。

二是八路军文化的军事特征

八路军是一个军事集团，其文化的军事特征不言而喻，故八路军文化从属于军事文化范畴。关于军事文化的研究，特别是人民军队军事文化的研究，近年来逐渐兴盛起来，特别是十七届六中全会后，中央军委颁发了关于加强军事文化建设的有关文件，进一步强化了该研究的时代性。

相关著作有：陈辽的《中国革命军事文学史略》，昆仑出版社1987年版；《部队文化工作教材》，解放军出版社1987年版；曲惠成、郝应禄、温孚禄的《军队精神文化装备论》,解放军出版社2006年版;王锡武的《论军事政治工作与军事文化》,国防大学出版社2007年版;魏延秋的《抗日根据地军事文化建设研究》,军事科学出版社2009年版;万功民的《军事文化学概论》,国防大学出版社2009年版;徐长安的《军事文化学》,解放军出版社2009年版;何平立的《中国历代军事文化论要》,军事科学出版社2010年版;刘志富的《当代中国军事文化发展论纲》,国防大学2011年版;李昆明的《繁荣发展先进军事文化》,解放军出版社2012年版;国防科技大学的《先进军事文化论》,解放军出版社2012年版;王道伟的《军事文化》,蓝天出版社2011年版。等等。

军事文化专门史的成果有:《中国人民解放军军事院校发展史》,国防大学出版社1991年版;《中国人民解放军美术作品精选集》,福建美术出版社2002年版;《中国人民解放军音乐史》,解放军文艺出版社2004年版;顾棣的《中国红色摄影史录》(上、下),山西人民出版社2009年版;《中国人民解放军舞蹈史》,解放军文艺出版社2011年版。等等。

三是八路军文化的主体广泛性特征

一方面,党在后方的党政干部都穿着八路军军服,实行供给制,与八路军作战官兵一样,都属于大范畴下的八路军主体;另一方面,敌后广大人民群众与八路军,同仇敌忾、生死与共、鱼水情深,他们创造和参与创造的文化同样属于八路军文化。文化扎根于生活,八路军生活在哪里,文化即生长在哪里;八路军战斗在哪里,文化即传播到哪里。八路军文化的主体广泛性深深地体现了当时作为八路军领导层面的中国共产党的最广大、最生动的代表性。

四、八路军文化研究的其他学术支撑

除以上特性范畴内的史料支撑和学术成果外,还有部分属于八路军文化研究的共性史料：

一是当时代的报刊杂志类、宣传品类

报纸杂志类，如《八路军军政杂志》《解放日报》《新华日报》《晋察冀画报》等等；宣传品类，如各种定期和不定期的印刷品、宣传版画年画壁画、临时性的摄影作品展等，都是丰富的原始史料，需深入挖掘整理。

二是各专业领域的历史与文献汇编

如艺术类中的戏剧、歌剧、话剧、摄影、音乐、绘画、书法等均有相关的史书和文献资料，例：陈志昂的《抗战音乐史》，黄河出版社2005年版。再如新闻出版类的印刷、报纸杂志等均有相关的历史和文献资料，还有教育类、宣传类等等，这些专业领域的历史与文献资料汇集了相当多的成果。

三是除以上成果性研究外，还有一批相关人物和组织的研究成果

其一，人物研究。任何文化都是人和群体创造的，因此对这一时期特定群体或代表性人物的研究非常关键，如丁玲。在人物研究方面，既要注意影响着文化导向的党和八路军的领导人，也要注意文化成果的创造者，更要注意在文化熏陶下的受众。三者是互动的，也是相互影响的。其二，组织研究。人是社会背景下的人，研究人文背后的组织，意义非常重大。如抗战时期的西北战地服务团、八路军各部的剧团和宣传队等。

作者简介：

刘中刚　军事博物馆展陈研究部副部长

中国共产党是抗战文化也是八路军文化的灵魂、领导者

——兼论中国共产党是中华民族团结抗战的中流砥柱

张喜德 蔡 丹

抗日战争是中国人民100年来反抗外国侵略者第一次取得完全胜利的民族解放战争,它是"战争史上的奇观,中华民族的壮举,惊天动地的伟业"①,是中国人民反帝反封建的革命运动由失败到胜利的转变点,是世界反法西斯战争不可分割的重要组成部分。在抗日战争中,中国共产党及其领导的抗日根据地军民即敌后解放区战场,是中国人民抗日战争的核心、脊梁,是全民族团结抗战的中流砥柱。毛泽东指出:"三次革命的经验,尤其是抗日战争的经验,给了我们和中国人民这样一种信心:没有中国共产党的努力,没有中国共产党人做中国人民的中流砥柱,中国的独立和解放是不可能的,中国的工业化和农业近代化也是不可能的。"②中国共

---

① 《毛泽东选集》第2卷,人民出版社1991年版,第474页。
② 《毛泽东选集》第3卷,人民出版社1991年版,第1097—1098页。

产党是抗战文化也是八路军文化的灵魂、领导者。

一、从抗日民族统一战线的建立过程上看，中国共产党及其领导的抗日根据地军民，是全民族团结抗战的发起者与组织者

早在九一八事变发生后的第三天，即1931年9月20日，中共临时中央就发出指示，提出"尽量同下层小资产阶级群众，如像一部分革命学生、小商人，以至城市贫民成立反帝的统一战线"的要求；9月22日，中共临时中央作出决议，正式提出了建立"下层统一战线"的口号。1933年1月17日，中共中央以毛泽东、朱德名义发表的宣言，以及10月27日中共驻共产国际代表团给中共临时中央政治局的长信等，已经突破了"下层统一战线"的框框，开始向"上层统一战线"转化。1935年中共驻共产国际代表团发布的《八一宣言》（即《为抗日救国告全体同胞书》），以及以此为依据而制定的12月瓦窑堡中央政治局会议决议和会后不久毛泽东所做的《论反对日本帝国主义的策略》报告，完成了中共由"下层统一战线"向"上层统一战线"的转变。此后，经过由"反蒋抗日"到"逼蒋抗日"和"联蒋抗日"的策略演进，到1937年2月10日，以《中共中央给中国国民党三中全会电》为标志，以"五项要求四项保证"为条件，中国共产党及其领导的抗日根据地军民基本提出与确立了以第二次国共合作为主要特征的抗日民族统一战线。经过2月至9月在西安、杭州、庐山、南京等地国共双方的多轮磋商，在中国共产党的积极推动与组织下，终于在9月下旬正式建立了以国共合作为基础的抗日民族统一战线，使全民族的团结抗战成为人心所向、众望所归的时代主旋律。正如毛泽东所说："只要共产党和红军本身是存在的，发展的，那末，抗日民族统一战线必然也会是存在的，发展的。这就是共产党和红军在民族统一战线中的领导作用。"这就是"共产党的抗日民族统一战线政策的宣传和组织工作"。这就是"共产党发起的抗日民族统一战线"①。

二、从全面抗战、持久抗战、人民战争路线的坚持与实施上看，中国共产党及其领导的抗日根据地军民，是全民族团结抗战的真正的核心与领导者

早在1935年12月25日《中央关于目前政治形势与党的任务决议》中就指出："只有在共产党的领导之下，反日运动，才能取得彻底的胜利。"② 12月27日，毛泽东在《论反对日本帝国主义的策略》报告中又指出："共产党和红军不但在现在充当着抗日民族统一战线的发起人，而且在将来的抗日政府和抗日军队中必然要成为坚强的台柱子。"③全民族的抗战爆发以后，在如何争取抗战胜利的问题上，始终存在着片面抗战路线与全面抗战路线的根本对立。国民党出于阶级本性，害怕人民在抗日战争中的普遍觉醒与力量的壮大，不敢发动人民群众参加抗战，顽固地坚持仅仅依靠军队片面抗战的路线，结果造成了国民党战场的大溃败。与此相反，中国共产党及其领导的抗日根据地军民，则始终坚持与实施了全面抗战的路线。1937年5月3日，毛泽东在《中国共产党在抗日时期的任务》中关于"领导责任"一节中指出："我们的领导责任"，"中国革命领导责任的问题，乃是革命成败的关键"。"无产阶级怎么经过它的政党实现对于全国各革命阶级的政治领导呢？首先是根据历史发展行程提出基本的政治口号"和"行动口号"；第二，"是按照这种具体目标在全国行动起来时，无

---

① 《毛泽东选集》第1卷，人民出版社1991年版，第157、254、262页。
② 《中共中央文件选集》第10卷，中共中央党校出版社1991年版，第606页。
③ 《毛泽东选集》第1卷，人民出版社1991年版，第157页。

产阶级,特别是它的先锋队——共产党,应该提起自己的无限的积极性和忠诚,成为实现这些具体目标的模范";第三,"在不失掉确定政治目标的原则上,建立与同盟者的适当的关系,发展和巩固这个同盟";第四,"共产党队伍的发展,思想的统一性,纪律的严格性"。"共产党对于全国人民的政治领导,就是由执行上述这些条件去实现的"。[①]1937年7月23日,毛泽东提出,抗日战争可以有两种方针、两种办法、两种前途。实行全面抗战的方针或路线,必定会是胜利的前途。1937年8月1日,在《总政治部关于新阶段的部队政治工作的决定》中指出:"这些都是使红军成为抗日的模范军队,以及成为全国抗日武装和人民大众团结的核心的重要条件。""在新的环境中千百倍加重了共产党对红军的领导责任","发扬党的干部的模范作用"。[②]8月25日召开的洛川中央政治局会议,为了实施全面抗战的路线,规定了三项具体方针:1.在敌人后方放手发动独立自主的游击战争,开辟敌后战场,建立敌后抗日根据地;2.在一切国民党统治区,放手发动抗日的群众运动;3.在有利于动员全国人民参加抗战的情况下,争取全国人民应有的政治经济权利,并以减租减息作为抗战时期解决农民土地问题的基本政策。结果,千百万群众被组织起来进入抗日民族统一战线,敌后解放区战场取得了节节胜利,使日本侵略者这头野牛被烧死在人民群众的火海之中。正如朱德所说:"解放区战场在抗日战争初期,便牵制了日寇很多兵力,造成了使日寇不能全力西进的形势,随后又变成为与日寇作战的主战场。这样,解放区战场就在抗日战争中形成了重要的和决定的

[①]《毛泽东选集》第1卷,人民出版社1991年版,第261—263页。
[②]《中共中央文件选集》第11卷,中共中央党校出版社1991年版,第306—307页。

战略地位,变成为抗日的重心。"①同时,延安时期,毛泽东提出的抗日战争持久战、人民战争理论的坚持与实施,也使中国共产党成了中华民族团结抗战的真正核心和领导者。

三、从日本帝国主义者对华侵略方针的改变上看,中国共产党及其领导的抗日根据地军民,是全民族团结抗战的主力与中坚

自1937年七七事变到1938年10月武汉陷落的15个月时间内,与国民党的节节溃败相反,中国共产党及其领导的抗日根据地军民,以陕甘宁边区这一全国模范的抗日根据地为指导中心,在敌后广泛开展游击战争,开辟敌后解放区战场,收复了大片的国土,使八路军、新四军等成为抗战中的主力,使敌后解放区战场开始成为抗日的主要战场,严重地威胁了日军的后方。日本帝国主义者不得不改变其对华侵略的策略方针:主要打击矛头由国民党正面战场改变为共产党敌后解放区战场;对国民党由以军事进攻为主,以政治诱降为辅,改变为以政治诱降为主,以军事进攻为辅。把侵略目标缩小到仅限于"反共"一点。为了贯彻改变了的对华侵略新方针,日本侵略者在占领武汉以后不得不停止对国民党正面战场的进攻,把其主要兵力撤回到后方,以保守其占领区并对抗日根据地进行疯狂的"扫荡"、"蚕食"与"清乡"。

四、从扼制国民党反共投降、维护抗日民族统一战线的纯洁性、稳定性上看,中国共产党及其领导的抗日根据地军民,是全民族团结抗战的模范与先锋

抗日战争中,以毛泽东为核心的中共中央十分重视共产党员在抗日战

---

① 《朱德选集》,人民出版社1983年版,第145页。

争中的先锋模范作用。毛泽东从当时的中国国情、民情、军情、政治、经济等方面出发，精辟地阐述了共产党员在民族战争中发挥先锋模范作用的原因、重要性，发挥先锋模范作用的十二种表现或方面，发挥先锋模范作用的功效、意义，从而实现了马克思主义关于共产党员发挥作用的中国化。

关于共产党员在民族战争中发挥先锋模范作用的原因、重要性，毛泽东指出："共产党员应从民族战争中表现其高度的积极性；而这种积极性，应使之具体地表现于各方面，即应在各方面起先锋的模范的作用。我们的战争，是在困难环境之中进行的。广大人民群众的民族觉悟、民族自尊心和自信心的不足，大多数民众的无组织，军力的不坚强，经济的落后，政治的不民主，腐败现象和悲观情绪的存在，统一战线内部的不团结、不巩固等等，形成了这种困难环境。因此，共产党员不能不自觉地担负起团结全国人民克服各种不良现象的重大责任。在这里，共产党员的先锋作用和模范作用是十分重要的。"①

关于共产党员在民族战争中发挥先锋模范作用的十二大方面或十二种表现，毛泽东指出：第一，"使红军适合抗日战争的情况"，"造成抗日战争中的模范兵团"；第二，使"根据地改为全国的一个组成部分"，"造成抗日和民主的模范区"②；第三，"共产党员在八路军和新四军中，应该成为英勇作战的模范，执行命令的模范，遵守纪律的模范，政治工作的模范和内部团结的模范"；第四，"共产党员在和友党友军发生关系的时候，应该坚持团结抗日的立场，坚持统一战线的纲领，成为实行抗战任务的模

---

① 《毛泽东选集》第2卷，人民出版社1991年版，第521—523页。
② 《毛泽东选集》第1卷，人民出版社1991年版，第261页。

范,应该言必行,行必果,不傲慢,诚心诚意地和友党友军商量问题,协同工作,成为统一战线中各党相互关系的模范";第五,"共产党员在政府工作中,应该是十分廉洁、不用私人、多做工作、少取报酬的模范";第六,"共产党员在民族运动中,应该是民众的朋友,而不是民众的上司,是诲人不倦的教师,而不是官僚主义的政客";第七,"共产党员无论何时何地都不应以个人利益放在第一位,而应以个人利益服从于民族的和人民群众的利益。因此,自私自利,消极怠工,贪污腐化,风头主义,等等,是最可鄙的;而大公无私,积极努力,克己奉公,埋头苦干的精神,才是可尊敬的";第八,"共产党员应和党外一切先进分子协同一致,为着团结全国人民克服各种不良现象而努力";第九,"共产党员对于落后的人们的态度,不是轻视他们,看不起他们,而是亲近他们,团结他们,说服他们,鼓励他们前进";第十,"共产党员对于在工作中犯过错误的人们,除了不可救药者外,不是采取排斥的态度,而是采取规劝态度,使之翻然改进,弃旧图新";第十一,"共产党员应该是实事求是的模范,又是具有远见卓识的模范。因为只有实事求是,才能完成确定的任务;只有具有远见卓识,才能不迷失前进的方向";第十二,"共产党员又应成为学习的模范,他们每天都是民众的教师,但又每天都是民众的学生。只有向民众学习,向环境学习,向友党友军学习,了解他们,才能对于工作实事求是,对于前途有远见卓识"。①

关于共产党员在民族战争中发挥先锋模范作用的功效、意义,毛泽东指出:"在长期战争和艰难环境中,只有共产党员协同友党友军和人民大

---

① 《毛泽东选集》第2卷,人民出版社1991年版,第521—523页。

众中的一切先进分子，高度地发挥其先锋的模范的作用，才能动员全民族一切生动力量，为克服困难、战胜敌人、建设新中国而奋斗"①。

在日本帝国主义对华侵略新方针的诱导下，随着中国共产党及其领导的抗日武装的日益壮大，1939年1月国民党五届五中全会制定了"溶共、防共、限共、反共"的反动方针，采取了"消极抗日，积极反共"的反动政策，先后于1939年冬至1940年春、1940年10月至1941年1月、1943年3月至6月，发动了三次反共高潮。为了扼制国民党的对内反共、对外投降的气焰，维护抗日民族统一战线的纯洁性、稳定性，以促进全民族团结抗战的顺利进行与最终胜利，中国共产党及其领导的抗日根据地军民，采取了既坚持原则又讲究艺术的斗争策略。早在1935年12月25日瓦窑堡会议决议中就指出："党在发动、团聚与组织全国人民的力量，以反对全中国人民的公敌时，应该坚决不动摇地同反日统一战线内部一切动摇、妥协、投降与叛变的倾向作斗争"，"去取得自己在反日战线中的领导权"。②同时，我们党又提出了"坚持抗战、反对投降，坚持团结、反对分裂，坚持进步、反对倒退"和"人不犯我，我不犯人；人若犯我，我必犯人"的斗争原则；对于国民党破坏抗日民族统一战线的企图，我们党制定了"发展进步势力，争取中间势力，孤立顽固势力"，以及和顽固派斗争"有理、有利、有节"等斗争策略，从而，使我们党及其领导的抗日武装从容不迫地击退了国民党的三次反共高潮，有效地打击、扼制了国民党的三次反共高潮和投降气焰，精心地维护了抗日民族统一战线的纯洁性、稳定性，保

---

① 《毛泽东选集》第2卷，人民出版社1991年版，第521—523页。
② 《中共中央文件选集》第10卷，中共中央党校出版社1991年版，第606页。

证了抗战胜利的基本条件。正如毛泽东所说:"所有这一切,使得中国解放区在强敌压迫之下,在国民党军队的封锁和进攻的情况之下,在毫无外援的情况之下,能够屹立不动摇,并且一天一天发展,缩小敌占区,扩大自己的区域,成为民主中国的模型,成为配合同盟国作战、驱逐日本侵略者、解放中国人民的主要力量。中国解放区的军队——八路军、新四军和其他人民军队,不但在对抗日战争的作战上起了英勇的模范的作用,在执行抗日民族统一战线的各项民主政策上也是起了模范作用的。"①

五、从抗日游击战争的战略地位和所起的作用上看,中国共产党及其领导的抗日根据地军民,是全民族团结抗战的决定因素与主力军

由于日本是一个小而强的帝国主义国家,中国是一个大而弱的半殖民地半封建国家,对于日本帝国主义的侵略,中国缺乏一举退敌的力量,从而使抗日游击战争成为持久抗战的主要形式;由于日本是一个强而小的帝国主义国家,在侵华期间必然会出现占地甚广、占领区空隙甚多的局面,从而使抗日游击战争可以在敌后大规模展开,以担负起作战、创立抗日根据地、建立人民政权等任务,成为战胜日本侵略者的决定因素;由于抗日游击战争在抗战的不同阶段具有不同的作用,最终将成为向正规战发展的环节,以担负最后打败日本侵略者的任务。因此,在抗日战争时期,抗日游击战争具有十分重要的战略地位。为此,中国共产党及其领导的抗日根据地军民,在整个抗战期间,自始至终基本上采纳与运用了抗日游击战争的伟大战略,从而卓有成效地打击与牵制了敌人,保存与发展了自己,促使全民族的团结抗战取得了彻底的胜利。从打击与牵制敌人的战绩

---

① 《毛泽东选集》第3卷,人民出版社1991年版,第1044—1045页。

方面来说,在八年抗战中,以八路军、新四军和华南抗日纵队等武装力量为主体的抗日根据地军民,同敌作战12.5万余次,歼灭日军52.7万余人,歼灭伪军118.6万余人,缴获各种枪械69万余支(挺)、各种战炮1800余门,抗击、牵制侵华日军的大部和几乎全部伪军;从保存与发展自己方面说,在八年抗战中,中国共产党党员由4万人发展到130万,人民军队由5万人发展到120余万,民兵达260余万,抗日根据地由1块发展到19块,根据地人口由150万人发展到1.2亿,解放国土近100万平方公里。为此,毛泽东指出:"到了现在,我们的党已经成了中国人民抗日救国的重心,已经成了中国人民解放的重心,已经成了打败侵略者、建设新中国的重心。中国的重心不在任何别的方面,而在我们这一方面。"①

六、从对抗战所作出的巨大牺牲上看,中国共产党及其领导的抗日根据地军民,是全民族团结抗战的殊死捍卫者

在1937年8月1日《总政治部关于新阶段的部队政治工作的决定》中强调:"政治教育工作的方针是教育战士和干部忠实于民族解放的事业,忠实于劳苦人民的利益,忠实于共产党路线和主张","来适应抗日战争的需要"。②在1937年8月1日《中央关于目前形势与党的任务的决定》中又号召指出:"共产党员及其所领导的民众与武装力量,应该最积极的站在斗争的最前线,应该使自己成为全国抗战的核心,应该用极大力量发展抗日的群众运动。不放松一刻工夫一个机会去宣传群众、组织群众、武装群众,只要真正能组织千百万群众进入抗日民族统一战线,抗日战争的胜利

---

① 《毛泽东选集》第3卷,人民出版社1991年版,第1027页。
② 《中共中央文件选集》第11卷,中共中央党校出版社1991年版,第308页。

是无疑义的。"①正是在这一号召下,广大共产党员与人民群众积极、忘我地踊跃参加了伟大的抗日战争,誓死捍卫国家主权和民族利益,为抗日战争做出了重大牺牲。据粗略统计,八年抗战中,抗日根据地军队伤亡200余万人,其中阵亡者70余万;抗日根据地民众死亡更甚,在全国民众死亡总数2000万人中,其中绝大多数是敌后抗日根据地各阶层人民和敌占区各界爱国志士。中国共产党人和抗日根据地军民为民族的图存做出了最大的民族牺牲。

综上所述,不难看出:没有中国共产党及其领导的抗日根据地军民的高瞻远瞩与浴血奋斗,全民族的团结抗战与胜利是不可能的。中国共产党及其领导的抗日根据地军民,是中华民族团结抗战的中流砥柱。正如朱德所说:"八年来,我伟大的中国人民军队——八路军、新四军、华南抗日纵队,和敌人进行了空前英勇的、残酷的、可歌可泣的胜利战争,成为中国抗战的中流砥柱。"②张闻天也曾指出:"共产党与他们所领导下的军队","是抗战中最坚决的与最可靠的力量","共产党员要在一些人们开始为失败与困难所动摇而悲观失望的时候,成为汪洋大海中的'中流砥柱'"。③中国共产党是抗战文化也是八路军文化的灵魂、领导者。

作者简介:

张喜德　中共中央党校原科研部书记(副厅),教授,博导

蔡　丹　北京市中共密云县委党校讲师,博士

---

① 《中共中央文件选集》第11卷,中共中央党校出版社1991年版,第326页。
② 《朱德选集》,人民出版社1983年版,第136页。
③ 《张闻天文集》第2卷,中共党史出版社1993年版,第373、375页。

太行精神与八路军文化

李蕙芬

太行精神与八路军文化是近十年来提出来的新思想、新名词、新概念，其思想内涵是极其丰富的。虽然它们之间有着内在的联系，但毕竟是两个不同的概念，有各自明确的内涵与外延。要明确并准确地把握两者关系，就不能混淆概念，否则就会失去提出这些新思想、新名词、新概念的重要意义。概念、内涵、外延都属于逻辑学的范畴，逻辑学是研究思维形式和规律的科学。从逻辑学的角度，对太行精神与八路军文化这两个概念的内涵与外延加以探讨，作比较研究，这应该是科学地认识和准确地把握太行精神和八路军文化的有效途径。

一、太行精神的内涵与外延

（一）太行精神的内涵

有人认为，太行精神不就是抗日战争时期，在中国共产党领导下，八路军开创的太行山抗日根据地广大军民英勇反抗日本侵略者的革命精神吗？如果从语言学的角度看，这说的一点没错。但是从逻辑学的角度看，必须要对其内涵做深入的剖析。太行精神作为一个概念，是由内涵和外延两个方面组成的。概念的内涵就是指概念所反映对象的本质属性。概念的外延就是指具有概念所反映的本质属性的对象。太行精神的内涵就是指所反映的这种精神的本质属性，即事物的质的方面。逻辑学认为：世界上任何事物都具有属性，属性是指事物的性质及其相互之间关系的统称。属性又分为本质属性和非本质属性。"所谓本质属性就是决定该事物所以成为该事物并区别于它事物的属性。所谓非本质属性就是对该事物不具有决定意义的属性"①。所以，要揭示太行精神的内涵，必须找出它的本质属性。

太行精神具有多种属性，如地域性、历史性、爱国性、革命性、民族性、统一性、群众性、民主性、先进性、战斗性、传承性、创造性、时代性、阶级性、政治性、科学性、真实性、实践性、知识性、斗争性、反抗性等等，那么究竟哪一种或者哪一些属性是太行精神的本质属性呢？离开了那些本质属性，太行精神将不复存在。经过初步分析研究，民族性、历史性、政治性、实践性、地域性等五大属性，为太行精神的本质属性。

第一，民族性是太行精神的本质属性

民族性是指历史上形成的，处于不同发展阶段的各种人的共同体所具有的性能。太行精神是在抗日战争中产生的，当国家和民族处于生死存亡的危急关头，民族矛盾已经上升为社会主要矛盾，抗击日本侵略者，已经成为全民族的呼声。在共产党的领导下，太行山抗日根据地的广大军民，以爱国主义思想为核心，以民族利益为重，为民族独立、民族解放而浴血奋战，展现出来的不怕牺牲、英勇奋斗等种种革命精神，带有浓郁的民族气息，印证了中华民族不畏强暴、不惧艰险的民族自信，是中华民族反抗

---

① 《普通逻辑》编写组：《普通逻辑》，上海人民出版社1979年10月版，第14页。

外来侵略的一个缩影。太行精神凸显了民族性的光辉,民族性是太行精神的本质属性。

第二,历史性是太行精神的本质属性

历史性是指在时间轴上决定了其本身的发展,以经历和知识的形态存在,并且影响现在和未来。太行精神所产生的时代是抗日战争时期。1937年七七事变到1945年抗战胜利。国共两党第二次合作,结成了以国共合作为中心的全国最广泛的统一战线。中国共产党领导的八路军进军山西,开辟抗日敌后战场,八路军先后创建了太行山等十几个抗日根据地,由于八路军总部长期驻扎在太行山抗日根据地,影响特别重大。八路军和太行山抗日根据地军民历经艰辛,在太行山区谱写了以弱胜强的抗击日本侵略者的壮丽史诗,成为抗战的一面光辉旗帜,而永载史册。

第三,政治性是太行精神的本质属性

政治性是指各阶级为维护和发展本阶级利益而处理本阶级内部以及与其他阶级、民族、国家的关系所采取的直接的策略、手段和组织形式所具有的特性。太行精神是在抗日战争的炮火中诞生的,它具有鲜明的政治性。它是中国共产党领导下的太行山抗日根据地的军民为了全民族利益勇于拼搏、无私奉献的高尚思想品德的结晶。没有中国共产党的领导,没有先进的马列主义作指导,没有八路军的英勇顽强,就没有太行山抗日根据地,也就没有太行精神。正是有了中国共产党的领导,有了先进的马列主义作指导,有了八路军的英勇顽强,有了太行山抗日根据地红色政权的巩固与发展,才能使抗战大业日趋辉煌,太行精神弘扬光大。

第四,实践性是太行精神的本质属性

实践性是指人类改造自然和改造社会的有意识活动所具有的特性。抗战八年,打得是持久战。在党的领导下,八路军和太行山抗日根据地军民冒着敌人的炮火开展了伟大的实践。在政治上,创建了红色政权。1941年起,太行山抗日根据地通过普选的方式建立了"三三制"的临时参议会和政府机关。"三三制"是指政府成员中,共产党员、其他组织的成员和无党派人士各占三分之一。由于发扬民主、清正廉洁、政策到位,边区政府成为千百万民众拥护的敌后抗日民主堡垒,为太行精神的形成奠定了坚实的基础。在经济上,面对太行山区土地贫瘠、封闭落后,又没有物资接济和给养,加上严重的自然灾害,八路军和根据地军民不为困难所吓倒,他们敢于实践,八路军主力部队和根据地政府机关实行精兵简政,并开展生产自救运动,种粮种菜挖窑洞,自力更生,奋发图强,克服经济困难,走出了一条新路,取得了勇于实践的硕果,也为坚持抗战奠定了经济基础。在文化上,太行山抗日根据地的文化蓬勃发展,敢于创新,积极宣传抗日。当平型关大捷和朱德总司令进太行山的消息传来,太行山的抗日剧团立即排演了《平型关大捷》和《进军太行山》的上党梆子历史剧。1938年7月,八路军在太行山抗日根据地举行"百团会演",为根据地的文化繁荣起到了推波助澜的作用。在军事上,创造了地雷战,涌现了"太行地雷大王"王来发等一大批战斗英雄,收到了很好的效果。

第五,地域性是太行精神的本质属性

地域性是指面积相当大的一个区域或一个地方所具有的特性。这里当然指的是太行山抗日根据地。太行山抗日根据地是太行精神的孕育地,太行之巅的武乡更是太行精神的重要孕育地。它在太行精神的形成过程中具有不可或缺的作用。太行山区是中国抗日战争尤其是华北抗战的战略支点和主要战场。八路军将士和太行儿女与侵华日军多次在这片土地上生死决战,血洒疆场。"太行浩气传千古,留得清漳吐血花"。千千万万八路军将士和太行人民在太行山这片热土上,留下了无数可歌可泣的英雄事迹,离开了这片热土,太行精神就成了无源之水,无本之木。虽然太行精神穿越时空,影响全国,甚至当今社会,但是地域性仍特别重要,离开了太行山的太行精神是难以想象的。

以上简要阐述了太行精神的五个本质属性,对太行精神的内涵有了初步的论断。

（二）太行精神的外延

外延就是具有太行精神所反映的本质属性的对象。精神是表现形式,是外在的,是外延。太行精神产生于抗日战争时期,新中国成立后在较长的一段时间里,都被统称为抗战精神。太行精神是2004年李长春在总结八路军和太行山军民在抗日战争中的重大作用时第一次提出来的。李长春指出:"太行精神是国家和民族处于危亡的关键时刻,中国共产党领导太行儿女展现的不怕牺牲、不畏艰险的革命英雄主义精神,是极其艰苦的条件下展现的百折不挠、艰苦奋斗的精神,是为民族解放展现的英勇奋斗、无私奉献的精神。"[①]这些精神都是太行精神的外延。

二、八路军文化的内涵与外延

（一）八路军文化的内涵

八路军文化的内涵是极其丰富的,它具有许多属性。逻辑学告诉人们,一事物可以拥有一种或多种本质属性。八路军文化内涵就具有多种本质属性。

第一,先进性是八路军文化的本质属性

八路军文化是以科学的世界观方法论为指导,以合理的价值体系为主

---

① 王圣玉主编:《太行精神》,人民日报出版社2011年5月版,彩页第2页。

要内容,以科学的精神和态度对待一切事物的思想文化,具有先进文化的基本特征。八路军是八路军文化的主要创建者,它是由红军主力部队改编而成。它继承和发扬了红军的光荣革命传统,吸取了红军时期文化的全部精髓,即使是后来八路军新创建的文化团体以及新创建的文化也不例外,它是在红军文化的基础上发展创新提高的。八路军文化与红军的先进文化是一脉相承的。

八路军文化的先进性表现在它能走在时代的最前列,引领时代潮流前进。当中华民族处在生死存亡千钧一发之际,为了挽救民族的危亡,八路军将士奋不顾身,浴血奋战,成为中华民族的脊梁。由此产生的文化,带有鲜明的时代烙印。时代变化了,由国内战争转变为反抗日本帝国主义侵略的战争,文化也发生了新的重大的变化。八路军围绕时代主题——抗战救国,创造出大量歌颂八路军英勇抗战,鼓舞人民斗志,揭露敌人侵略暴行的文艺作品,成为中华民族不可或缺的精神食粮。八路军文化在抗战的枪林弹雨中吹响了时代的号角,唱响了抗日救国的主旋律,发出了时代的最强音,集中反映了时代精神,代表了全民族文化的前进方向。

八路军文化是由先进政党——中国共产党领导的,以先进的思想理论——马克思列宁主义、毛泽东思想为指导的,由先进阶级——工人阶级、农民阶级和其他阶级(加快改造成为无产阶级)组成的革命军队,在抗日战争的伟大实践中,八路军文化不仅激励着八路军将士奔赴前线,英勇杀敌,成为八路军的血脉和灵魂,而且坚持唤醒民众的民族意识、危机意识,增强爱国心和责任感,同仇敌忾,自觉投身于伟大的抗日战争,成为保卫国家的钢铁长城。先进政党领导的以先进思想理论为指导的八路军文化被实践证明具有先进性。

第二，政治性是八路军文化的本质属性

八路军文化是一种政治文化。八路军文化的宗旨是全心全意为人民服务。八路军文化作为新民主主义文化的重要组成部分，从本质上来说，与新民主主义文化是一致的，是民族的科学的大众的文化。八路军文化以爱国主义为核心，以民族利益为重，军民一家，通过形式多样的统战工作形成了人民战争的汪洋大海，使敌人分不清面临的对象究竟是八路军还是老百姓，就像聋子、瞎子。而八路军则充分运用地道战、地雷战、游击战，发挥人民战争的威力，打得敌人晕头转向，奏响了战斗生活和文化生活的双重凯歌。

八路军文化的政治性不仅凸显了其灵魂和本质，而且似投枪、匕首、炮弹杀入敌人的阵营，加速了敌人的土崩瓦解。八路军文化既是鼓舞革命者斗志的精神食粮，又是打击敌人的锐利武器。八路军文化犹如冲锋陷阵的八路军将士，冲杀在战斗的最前线。八路军总司令朱德这样评价八路军文化的作用，他说："一个铅字就是射向敌人的一颗子弹。"①可见，八路军文化同样是强有力的战斗力，对作战双方都产生了重大的影响，给中国带来了光明。八路军文化是为人民大众服务的，同时也是为抗日战争这一党的中心任务服务的。八路军抵抗日本帝国主义外来侵略的战争，是一场正义的战争，是一场革命的战争，是一场以武装的革命军队反对反革命侵略者的战争。八路军文化是反映这场伟大战争中八路军将士和人民群众的血肉关系、战斗场面、战地生活、思想风貌的文化。八路军文化的政治性在抗战炮火中得到了新的考验和锻炼，正义感得到了伸张。因此，八路军文化得到了广大人民群众的衷心拥护。

---

① 《八路军太行纪念馆——太行抗战发展原因初探》，中组网。

第三，历史性是八路军文化的本质属性

八路军文化是一种历史文化，从八路军文化诞生，到成为历史，足足八年时间。八路军文化在历史的舞台上谱写了八年的壮丽史诗。八年抗战彰显了中国人民团结一致，抵抗外敌的战斗精神。伟大的抗日战争取得了伟大的胜利，八路军文化也取得了丰硕的成果。八路军和八路军文化已被永久载入中国共产党的历史、中华人民共和国国史、中国人民解放军军史，甚至在世界反法西斯战争史上也占有一席之地，彪炳史册，千古流传，这充分说明了八路军文化在历史上的重要地位。

八路军文化的历史性告诉我们，历史具有厚重性、传承性。八路军文化的历史虽然只有八年，但它却是一段相对完整的历史。这段历史涉及全面抗战整个时期的部分社会，特别是太行山抗战根据地和各抗战根据地的开辟，红色政权的建立，使八路军涉及面更广。八路军文化上承红军时期文化的精髓，在此基础上，不断发展提升，又下传给中国人民解放军及子孙后代，所以，八路军文化不仅在历史上产生了重大的影响，而且能穿越时空，流传至今，成为一种经久不衰的历史文化。

第四，真实性是八路军文化的本质属性

真实性是指反映的事物与客观事物相符合。八路军文化不仅具有先进性、政治性、历史性，而且具有真实性。真实性是八路军文化的生命。八路军文化所有的创作源于生活，生活是创作的唯一源泉。八路军文化包括了文化的元素，当然也讲究艺术性。八路军文化的真实性有两种，一种是八路军文化真实地反映了八路军在抗战历史时期奋勇杀敌的真实性，即要求历史的真实、客观的真实；另一种是八路军文化在文化领域中的艺术真实，这是特指文学艺术作品通过艺术形象反映社会生活所达到的正确程度。现在也被运用到各个领域中来。要坚持历史的真实性、客观的真实性，要保持原汁原味的八路军文化,因为这是历史。另一方面,艺术加工的八路军文化也是必需的,但是都必须具有艺术的真实性。八路军文化的真实性是使八路军文化能够经久不衰、永葆青春的本质属性之一。作为八路军文化,表现的手法可以多种多样,但是内容必须具有真实性,艺术的真实源于生活高于生活,同样能起到真实感人的效果,缺乏真实性就难以让人信服,也达不到预期的目的。

以上简要论述了八路军文化的内涵。

(二)八路军文化的外延

八路军文化可以划分为三大类型。第一类,同步产生的八路军文化。这是八路军文化中最基本、最典型的一种文化。它是指八路军在抗日战争的实践过程中同步产生的大量文化。第二类,补救发掘的八路军文化。它是指八路军在抗日战争的实践过程中同步产生的文化,由于种种原因,逐渐被尘封。后来以采访的形式,或以口述史资料的形式,或是根据本人或亲朋好友的回忆,尽可能展现八路军文化的本来面目。在原有的基础上归纳整理成系统的文化产品。第三类,艺术加工的八路军文化,它是指以八路军为题材,经过艺术加工的八路军文化。这是现在相当流行的一种八路军文化。这三类八路军文化相加就等于八路军文化的全部外延,当然也涵盖了它们的内涵。

三、太行精神与八路军文化的比较研究

太行精神与八路军文化的内涵、外延都已经作了阐述,现在最关键的是要对这两个概念作比较研究。从内涵来看,这两个概念都具有多种本质属性,而不是一种本质属性。内涵都比较丰富,容易引起人们不同的看法。从外延来看就比较简单了。太行精神与八路军文化的范畴不同。太行精神的外延延伸,它属于精神的范畴;八路军文化的外延延伸,它属于文化的

范畴。它们都有各自的范畴,相互之间并不交叉、不重复。从语言学的角度看,精神与文化是不同的。精神是指人的意识、思维活动和一般的心理状态,显示出人的精神面貌。文化是指人类在社会历史发展过程中所创造的物质财富和精神财富的总和,特指精神财富,如文学、艺术、教育、科学等。精神与文化并不是同义词或近义词,它们的区别是十分明确的。所以,无论从逻辑学的外延看,还是从语言学的词义看,精神与文化的差异都是十分明显的。

太行精神与八路军文化的内涵各自拥有多种本质属性,有些本质属性看起来相似,但是由于太行精神与八路军文化的主体不同,也存在着不少差异。太行精神的主体是八路军和太行山抗日根据地的广大军民,它的主体是十分庞大的,有军队、地方部队、游击队、政府机关和老百姓。八路军文化的主体是八路军。太行精神拥有五种本质属性,八路军文化拥有四种本质属性。其中,它们都拥有政治性和历史性的本质属性,从字面上看两者是完全一致的,实质上却是同中有异。从政治性来看,它们的侧重点是不一样的。太行精神具有红色政权建设的内容,八路军文化作为新民主主义文化的重要组成部分,它具有民族的科学的大众的文化特点。从历史性来看,太行精神强调了它是中国共产党领导下的太行山抗日根据地的军民为了全民族利益勇于拼搏、无私奉献高尚思想品德的结晶。八路军文化突出它不仅在八年抗战中产生了重要影响和作用,包括对红军文化和解放军文化的上下传承关系,而且能穿越时空,流传至今,成为一种经久不衰的历史文化。

太行精神与八路军文化内涵的本质属性也有从字面到内容都不一样的。太行精神的民族性、实践性、地域性,八路军文化中的先进性、真实性,这是它们看上去不一致的地方。关键在于分析这两个概念时,研究分析本质属性和非本质属性时，有一个权衡孰轻孰重的问题。因为太行精神与八路军文化，从理论上看，它们所处的时代相同，都是在抗日战争时期，都是在中国共产党的领导下，都是以先进的理论马列主义为行动指南，都是坚决抗日的。因此，在这两个概念拥有的属性中肯定会打上同时代的烙印。在它们众多的属性中，要找准找对与概念相符合的本质属性，并非易事。通过大量材料的分析比较研究，初步确定了太行精神和八路军文化的本质属性。

太行精神与八路军文化两个概念的本质属性不同的地方，是经过斟酌选定的。太行精神中作为本质属性的地域性，有的书就没有提到，但是它确实是太行精神的本质属性，离开了它，太行精神就不复存在。八路军文化虽然也有地域性的属性，八路军主要在华北平原、山东、山西等地作战，文化当然也带有这些地方的特色，但这不是八路军文化的主流，因此没有把它作为八路军文化的本质属性。八路军文化中作为本质属性的真实性，因为在八路军文化中有大量的创作活动，真实性是它的生命所在。而太行精神是不存在这个问题的。八路军文化中作为本质属性的先进性，由于八路军文化在抗日战争中广为传播，其先进性是显而易见的。那么为什么没有把先进性作为太行精神的本质属性呢？一般总是说先进思想、先进文化，而没有先进精神的提法。精神形成是一个渐进的过程，在这点上它与文化是不同的。太行精神中还有一个本质属性是实践性，对太行山抗日根据地来说，就是一个小社会，要搞好根据地建设要开展全面的实践，光耀千秋的太行精神也是从伟大的实践中产生的。八路军文化当然也是从实践中产生的，实践的主体是八路军，而不是八路军文化本身。这点虽说和太行精神相似，太行精神实践的主体是太行山军民。八路军文化有实践性的属性，是否要把它作为八路军文化的本质属性，还有待于进一步研究。

以上对太行精神和八路军文化从逻辑学的角度作了较为深入的剖析，特别是在阐述了它们内涵与外延的基础上，对这两个概念进行了分析、比较和研究，得出的结论是：太行精神与八路军文化是同一时期产生的两个不同的概念，尽管它们有着内在联系，但是它们之间没有交叉关系。因此，太行精神与八路军文化作为新名词、新概念，被注入了新的时代内涵，不仅有存在的必要，而且要进一步加强研究，更好地弘扬太行精神，传承八路军文化，使它们代代相传，在建设中国特色社会主义的伟大实践中造成更大的影响，发挥更大的作用。

作者简介：

李蕙芬　上海市虹口区委党史办公室原副主任

试论独立自主精神是抗战文化也是八路军文化的精髓

周丽琴

独立自主精神本来是马克思主义唯物辩证法的根本要求,但是对于中国共产党人来说,它是在与曾使中国革命几乎陷于绝境的20世纪20年代后期和30年代前期在国际共产主义运动中和我们党内盛行的教条化错误作艰苦斗争中产生的,并且是作为神圣化、外国救世主的正面对立物出现的。对于抗战文化和八路军文化来说,它具有鲜明的时代特征和特殊的中国作风和中国气派。

马克思主义唯物辩证法所要求的独立自主精神,主要有两项基本内容:一是各国无产阶级政党独立自主地制定自己的政治路线;二是各国无产阶级政党保持组织上的独立性以及彼此之间的平等关系。[1]以毛泽东为代表的中国共产党人,在把马克思主义普遍真理与中国实际相结合的过程中,在实践上运用了马克思主义唯物辩证法所要求的独立自主精神,在理论上丰富、发展了马克思主义唯物辩证法所要求的独立自主精神,形成了

---

[1] 张广信:《毛泽东思想研究答问》(修订本),陕西人民出版社1990年版,第337页。

具有中国特色的独立自主的立场、观点、方法。

一、在实践上,以毛泽东为代表的中国共产党人在中国革命和抗日战争中,具体运用了马克思主义唯物辩证法所要求的独立自主精神

其一,立足于本国实际,独立自主地开创革命和抗战的成功道路

如前所述,马克思恩格斯已经提出了各国党应根据自己的情况决定政策、选择革命道路的独立自主原则思想。列宁则更明确地指出,无产阶级政党"需要独立地探讨马克思的理论,因为它所提供的只是一般的指导原理"①,而这些原理的应用,具体地说,在不同的国家又是不同的,必须"根据自己的经验"确定本国革命的道路。共产国际七大实行了领导方式、工作方式、活动方式转变,一般不再直接干预各国党的事务,倡导和要求把马克思主义、共产国际的指示、外国经验民族化、本国化,独立自主决定自己党的政策。中国是一个半殖民地半封建的社会,具有经济、政治、文化发展极端不平衡,反动势力长期占据中心城市,封建军阀长期混战,广大农村有回旋余地等特点。在这样的国家里,革命和建设应走什么样的道路,"如何使马克思主义在中国具体化,使之在其每一表现中带着必须有的中国特性,即是说,按着中国的特点去应用它"②,这是历史赋予中国共产党人的神圣使命和艰巨任务。以毛泽东为代表的中国共产党人从中国国情出发,立足于本国实际,在长期的革命实践中,在不断地同党内把共产国际决议与苏联经验神圣化、教条化的错误倾向艰苦卓绝的斗争中,灵活地运用了马克思主义唯物辩证法所要求的独立自主思想,独立

---

① 《列宁全集》第4卷,人民出版社1984年版,第161页。
② 《毛泽东选集》第2卷,人民出版社1991年版,第534页。

自主、别开生面地开创了具有中国特色的"农村包围城市"革命道路,打破了传统的"以城市为中心"武装起义模式,取得了中国新民主主义革命的伟大胜利,建立了中华人民共和国。毛泽东指出:"中国革命斗争的胜利要靠中国同志了解中国情况"[1],"中国这个客观世界,整个地说来,是由中国人认识的,不是在共产国际管中国问题的同志们认识的。共产国际的这些同志就不了解中国社会,中国民族,中国革命。对于中国这个客观世界,我们自己在很长时间内都认识不清楚,何况外国同志呢?"[2]为此,邓小平指出:"中国革命的成功,是毛泽东同志把马克思列宁主义同中国的实际相结合,走自己的路","这是我们吃了苦头总结出来的经验"。[3]

其二,依靠自己的力量,独立自主地夺取革命与抗战的胜利

列宁指出:"在世界上,不论哪个地方哪个时候,群众要摆脱压迫和专横的真正解放,无不是这些群众自己进行独立、英勇、自觉斗争的结果。"[4]"工人阶级的解放应该是工人自己的事情","劳动者不能依靠外力摆脱压迫;他们必须通过自己的斗争、自己的行动",即依靠自己的力量,独立自主地进行斗争。[5]以毛泽东为代表的中国共产党人,灵活运用马克思主义唯物辩证法所要求的独立自主原则思想,把立足点放在自力更生的基础上,依靠本党和本国人民群众的力量进行革命和建设,保证了中国革命和

---

[1]《毛泽东著作选读》上册,人民出版社1986年版,第54页。
[2]《毛泽东著作选读》下册,人民出版社1986年版,第826页。
[3]《建设有中国特色的社会主义》(增订本),人民出版社1987年版,第82页。
[4]《列宁全集》第20卷,人民出版社1989年版,第143页。
[5]《列宁全集》第34卷,人民出版社1995年版,第418页。

建设的胜利。大革命失败后,在极端残酷的白色恐怖下,毛泽东等率领各次起义后保存下来的革命力量,深入农村,发动和依靠广大农民,开展土地革命和游击战争,建立农村革命根据地,使革命走上重新发展的道路。这一时期,由于国民党反动势力的封锁和"围剿",中国革命力量同国际革命力量间的联系实际上已被隔断,就是国内各块根据地之间也很少直接联系及相互支持,革命力量的处境异常艰难。但是,中国共产党人没有被反动派的屠杀、"围剿"所征服,没有为严峻的困难所吓倒,他们紧紧地依靠自己的力量,依靠由千百万真心实意拥护革命的人民群众所铸成的"铜墙铁壁",多次粉碎了敌人的"围剿",胜利地进行了土地革命战争。只是由于王明"左"倾冒险主义的错误领导,以及共产国际派来的军事顾问李德在军事上武断专横的错误指挥,才使红军在第五次反"围剿"中遭受失败。这次失败,究其原因,很重要的一点,也是由于离开了依靠自己的力量。抗日战争时期,中国人民处在历史上灾难最深重的时期,迫切需要国际上的援助,我们也确实得到了许多国家和人民的援助,这对于抗日战争的胜利,无疑是一个重要的条件。然而,抗日战争的胜利却不是主要靠外援取得的,而是主要依靠中国人民自己的力量、自己的斗争取得的。抗日战争是中华民族为争取独立自主而进行的艰苦卓绝的伟大的民族解放战争。党的独立自主精神与原则在抗战时期获得了创造性的运用与发展。没有独立自主精神的弘扬,就没有中华民族的崛起;没有独立自主原则的坚持,就没有抗战的伟大胜利。独立自主是我们民族、我们党自强不息的传世之宝。在抗战时期,我们党的独立自主精神与原则获得了全方位的拓展。

在中华民族与日本帝国主义的关系上,我们党强调了中华民族的独立自主。七七事变以后,日本军国主义全面发动了旨在灭亡中国的战争。在中华民族面临亡国灭种的危急关头，为了民族的图存自救，我们党呼吁，中华民族的各党、各派、各阶层人民团结起来，结成最广泛的抗日民族统一战线，用我们民族自己的力量，独立自主地消灭日本侵略者。为此，毛泽东指出："我们中华民族有同自己的敌人血战到底的气概，有在自力更生的基础上光复旧物的决心，有自立于世界民族之林的能力。"他还强调："中国抗战主要地依靠自力更生"，"我们能够依靠自己组织的力量，打败一切中外反动派"。抗战以来，我们中华民族正是在我们党所倡导的以独立自主为核心内容的爱国主义主旋律的鼓舞与鞭策下，建立了最广泛的抗日民族统一战线，用我们中华民族儿女的血肉，筑起了抵御外敌入侵的钢铁长城。最后，终于打垮了日本侵略者，取得了中华民族的解放与独立。

在无产阶级与大资产阶级的关系上，我们党强调了无产阶级的独立自主。抗日战争时期，以共产党为代表的无产阶级和以国民党为代表的大资产阶级，处在既联合又斗争的十分复杂微妙的关系中。以国民党为代表的大资产阶级，时刻企图寻机一举消灭以共产党为代表的无产阶级。为此，我们党冲破重重阻力，提出并坚持了党在抗日民族统一战线中的独立自主原则。我们党认为，独立自主原则是争取抗战取得最后胜利的根本需要。毛泽东指出，"在一切统一战线工作中必须密切地联系到独立自主的原则"，为了达到抗战胜利的目的，"一定要实行'统一战线中的独立自主'这个原则"；独立自主原则与统一战线二者是辩证的统一。毛泽东指出，"统一战线中的独立性，只能是相对的，而不是绝对的"，"但是绝不能抹杀这种相对的独立性"，"保存党派和阶级的独立性，保存统一战线中的独立自主"，"这才有利于合作，也才有所谓合作"。正是由于我们党坚持了抗日民族统一战线中的独立自主原则，从而使我们党、无产阶级的力量,从小到大,从弱到强,使我们党及其领导下的抗日根据地军民成为全民族抗战的中流砥柱。在八路军、新四军与国民党军队的关系上,我们党强调了八路军、新四军的独立自主。抗日民族统一战线建立以后,蒋介石出于限制、束缚、吞并八路军、新四军,实行战后独裁的反革命目的,极力向八路军、新四军等我党掌握的正规军中派遣国民党要员,企图控制我军的军事行动。对此,我们党采取了相应的对策,拒绝了国民党派员的要求,提出并坚持了八路军、新四军在军事战略、军事行动方面的独立自主,以及党对军队的绝对领导。早在1937年8月1日,毛泽东就指出:"在整个战略方针下执行独立自主的分散作战的游击战,而不是阵地战,也不是集中作战,因此不能在战役战术上受束缚。"由于我们党强调并坚持了八路军、新四军的独立自主,从而保证了抗战的最后胜利。

在中国共产党与共产国际的关系上,我们党强调了中国共产党的独立自主。在抗战时期,虽然共产国际七大作出决议,今后共产国际不再干涉各国党的内部事务,尊重各国党的独立自主,但在实际上,共产国际并未真正执行这一决议。特别是在抗日民族统一战线内国共两党的关系问题上,共产国际更重视国民党,轻视共产党,百般干涉我们党的决策,限制、束缚共产党的手脚。对此,我们党给予了坚决的抵制,强调了中国共产党的独立自主。毛泽东指出,"远离各国实际斗争的共产国际","无法适应""非常复杂而且迅速变化"的各国情况,各国革命"要由各国共产党自己来做"。中国共产党必须"完全独立的根据自己民族的具体情况和特殊条件,决定自己的政治方针、政策和行动"。由于我们党强调并坚持了其自身相对于共产国际而言的独立自主,从而使我们党更能切实地根据本国国情,准确、科学地决定自己的政策,更大限度地发动全民族广大民众,采取机动灵活的军事战略与斗争方式,从而既有效地防范了蒋介石的灭共诡计,又彻底地打击了日本侵略者的亡我气焰,保证了抗战的最后胜利。

由此可见,我们党所一贯倡导的独立自主精神导向与原则,在抗战中得到了最充分的发挥与体现。抗战是独立自主的历史舞台,独立自主是抗战的精神支柱,也是抗战文化与八路军文化的精神支柱。

抗日战争进入相持阶段以后,日本侵略者丧心病狂地集中其主力于共产党领导的根据地的周围,进行持续不断的"扫荡"战争,推行灭绝人性的"三光"政策,国民党政府也用停发经费和经济封锁来对待解放区军民,"我们曾经弄到几乎没有衣穿,没有油吃,没有纸,没有菜,战士没有鞋袜,工作人员在冬天没有被盖"[①]的境地。就是在这种几乎没有任何外援的情况下,我们党具体地运用了马克思主义唯物辩证法所要求的独立自主思想,依靠自己的力量,依靠群众的勃勃生机与无限的创造力,自力更生,艰苦奋斗,丰衣足食,渡过了难关,巩固和扩大了自己的阵地,坚持抗战到胜利。解放战争时期,我们所以能够打败美帝国主义支持下的国民党反动派,也是主要靠自己组织的力量,靠广大人民群众的支持取得的。因此,毛泽东指出:"被压迫人民争取彻底的解放,首先是依靠自己的斗争,其次才是国际的援助。"[②]社会主义建设时期,我们党也主要是靠我国人民群众自身的力量、自己的奋斗,取得了社会主义建设的辉煌成就。为此,毛泽东指出:"每一个国家的建设,都应该主要依靠自己的力量"[③],"主要地应当依

---

① 《毛泽东选集》第3卷,人民出版社1991年版,第892页。
② 转引自《人民日报》1963年8月9日。
③ 转引自《〈关于建国以来党的若干历史问题的决议〉注释本》,人民出版社1983年版,第558页。

靠自力更生"①,"像中国这样的大国更应该如此"②。邓小平指出:"中国的事情要按照中国的情况来办,要依靠中国人自己的力量来办。独立自主,自力更生,无论过去、现在和将来,都是我们的立足点。"③

其三,着眼于平等,坚持独立自主的对外政策

独立自主精神不仅是马克思主义唯物辩证法的根本要求,而且它一被提出,就被规定为无产阶级政党对外政策的基本准则。马克思恩格斯指出:大国党"不要摆出一付想要对其他国家的社会主义者发号施令的架势"④;国际组织应尊重各国无产阶级政党的"独立性",让各国党独立自主地处理内部事务。中华人民共和国成立后,以毛泽东为代表的中国共产党人,把马克思主义唯物辩证法所要求的独立自主思想及其对外政策准则,具体运用于中国的对外关系实践中,使中共着眼于平等,坚持独立自主的对外政策。毛泽东指出:"中国必须独立,中国必须解放,中国的事情必须由中国人民自己作主张,自己来处理,不容许任何帝国主义国家再有一丝一毫的干涉。"⑤应在"平等、互利和互相尊重领土主权的基础之上和一切国家建立外交关系"⑥。周恩来也指出:"我们对外交问题有一个基本的立场,即中华民族独立的立场,独立自主、自力更生的立场。""任何国家都不能干涉中国的内政。我们就是为此而奋斗了一百多年!"⑦

---

① 转引自《人民日报》1964年7月14日。
② 转引自《〈关于建国以来党的若干历史问题的决议〉注释本》,人民出版社1983年版,第558页。
③《邓小平文选》第3卷,人民出版社1993年版,第3页。
④《马克思恩格斯全集》第37卷,人民出版社1971年版,第157页。
⑤《毛泽东选集》第4卷,人民出版社1991年版,第1456页。
⑥《毛泽东选集》第4卷,人民出版社1991年版,第1473页。
⑦《周恩来选集》上卷,人民出版社1980年版,第321—322页。

二、在理论上，以毛泽东为代表的中国共产党人在具体运用马克思主义唯物辩证法所要求的独立自主精神过程中，丰富并发展了这一思想

其一，强调了独立自主的重要性

毛泽东等革命领导人一是从革命和抗战成败的高度，提出了独立自主是中国革命和建设的基本立足点。毛泽东指出："我们中华民族有同自己的敌人血战到底的气概，有在自力更生的基础上光复旧物的决心，有自立于世界民族之林的能力。"①"中国抗战主要地依靠自力更生。"②"我们是主张自力更生的。我们希望有外援，但是我们不能依赖它，我们依靠自己的努力，依靠全体军民的创造力。"③"我们的方针要放在什么基点上？放在自己力量的基点上，叫做自力更生。我们并不孤立，全世界一切反对帝国主义的国家和人民都是我们的朋友。但是我们强调自力更生，我们能够依靠自己组织的力量，打败一切中外反动派。"④"我们是一切依靠自力更生，立于不败之地"，"我们是一定要胜利的"。⑤"每一个社会主义国家的建设事业，主要地应当依靠自力更生。"⑥邓小平也指出："独立自主，自力更生，无论过去、现在和将来，都是我们的立足点。"⑦显然，毛泽东等革命领导人已坚定不移地把独立自主、自力更生看作革命与抗战的

---

① 《毛泽东选集》第1卷，人民出版社1991年版，第161页。
② 《毛泽东选集》第2卷，人民出版社1991年版，第588页。
③ 《毛泽东选集》第3卷，人民出版社1991年版，第1016页。
④ 《毛泽东选集》第4卷，人民出版社1991年版，第1132页。
⑤ 《毛泽东选集》第4卷，人民出版社1991年版，第1188页。
⑥ 《人民日报》1964年7月14日。
⑦ 《邓小平文选》第3卷，人民出版社1993年版，第3页。

基本立足点;二是从各国人民掌握自己命运的高度,强调独立自主的极端重要性。毛泽东指出:为了避免第三次世界大战,苏联和西方国家之间的妥协,"并不要求资本主义世界各国人民随之实行国内的妥协。各国人民将按照不同情况进行不同斗争"①。"我们自己的命运完全应当由我们自己来掌握。我们应当在自己内部肃清一切软弱无能的思想。一切过高地估计敌人力量和过低估计人民力量的观点,都是错误的。""只要我们能够掌握马克思列宁主义的科学,信任群众,紧紧地和群众一道,并领导他们前进,我们是完全能够超越任何障碍和战胜任何困难的,我们的力量是无敌的。"②

其二,提出了独立自主的理论根据

毛泽东等革命领导人认为,独立自主的理论根据一是马克思主义活的灵魂中辩证唯物主义物质观和认识论。物质是第一性的,认识是第二性的。毛泽东指出,马克思主义认识论要求人们,认识任何事物都必须从客观实际出发,实事求是。而任何事物内部又都包含着规定该事物自己发展的方向和道路,决定该事物区别于他事物的特殊本质。人们认识事物,不仅应该注意它们的普遍性,而且应该特别注意它们的特殊性。我们要想在认识世界和改造世界的过程中把中国自己的事情办好,把各条战线的事情办好,只有从中国的实际出发,按照各条战线的矛盾特殊性即具体实际,在马克思主义一般原理指导下,依靠自己的力量去探索和实践,即独立自主。二是马克思主义唯物辩证法的发展观。毛泽东把唯物辩证法的发展观中关于事物普遍联系和自己运动的两个基本原则联系起来加以考察,指出:"唯物辩证法的宇宙观主张从事物的内部、从一事物对他事物的关系

---

① 《毛泽东选集》第4卷,人民出版社1991年版,第1185页。
② 《毛泽东选集》第4卷,人民出版社1991年版,第1260页。

去研究事物的发展,即把事物的发展看作是事物内部的必然的自己的运动,而每一事物的运动都和它的周围其他事物互相联系着和互相影响着。事物发展的根本原因,不是在事物的外部而是在事物的内部,在于事物内部的矛盾性。"①"外因是变化的条件,内因是变化的根据,外因通过内因而起作用。"②据此,毛泽东等便把革命和建设的注意力倾注在本国人民和本党身上,从自身寻找动力,立足于自力更生,指出,"一个政党要引导革命到胜利,必须依靠自己政治路线的正确和组织上的巩固"③,故而形成独立自主。三是马克思主义活的灵魂中历史唯物主义的群众观。历史唯物主义的群众观认为,人民群众是社会物质财富和精神财富的创造者,是社会变革的决定力量。毛泽东等不仅把马克思主义活的灵魂中历史唯物主义的群众观引入独立自主,而且还把人民群众看作是独立自主的物质基础。为此,毛泽东指出:"我们希望有外援,但是我们不能依赖它,我们依靠自己的努力,依靠全体军民的创造力。"④周恩来也指出:"中国共产党的产生及其发展,是得到共产国际不少的指导和帮助的,但是中国共产党的靠山却不是共产国际,而是中国的人民。"⑤这样,毛泽东等便把独立自主植根于马克思主义辩证唯物主义的物质观和认识论、唯物辩证法的发展观、历史唯物主义的群众观的基础之上。

---

① 《毛泽东选集》第1卷,人民出版社1991年版,第301页。
② 《毛泽东选集》第1卷,人民出版社1991年版,第302页。
③ 《毛泽东选集》第1卷,人民出版社1991年版,第303页。
④ 《毛泽东选集》第3卷,人民出版社1991年版,第1016页。
⑤ 《周恩来选集》上卷,人民出版社1980年版,第139页。

其三，扩展了独立自主的内容或应用范围

毛泽东等认为独立自主的内容或应用范围是多方面的，其主要之点：一是在革命和抗战中坚持独立自主。中共十一届六中全会《关于建国以来党的若干历史问题的决议》指出："中国革命的胜利，从根本上说是中国共产党坚持独立自主、自力更生的原则，依靠中国各族人民自己的力量，经历千辛万苦，战胜许多艰难险阻才取得的。"邓小平在中共"十二大"开幕词中说："把马克思主义的普遍真理同我国具体实际结合起来，走自己的路，建设有中国特色社会主义，这就是我们总结长期历史经验得出的基本结论。"①二是在政治或阶级关系上坚持统一战线中的独立自主。1938年10月14日，毛泽东在《论新阶段》的报告中指出："必须保持加入统一战线中的任何党派在思想上、政治上和组织上的独立性，不论是国民党也好，共产党也好，其他党派也好，都是这样。"②三是在中共与共产国际的关系上坚持独立自主。毛泽东指出："共产国际的这些同志就不了解或者说很不了解中国社会，中国民族，中国革命"③，"中国革命斗争的胜利要靠中国同志了解中国情况"④。四是在党与兄弟党关系上坚持独立自主。邓小平指出："各国党的国内方针、路线是对还是错，应该由本国党和本国人民去判断。""各国的事情一定要尊重各国的党、各国的人民，由他们自己去寻找道路，去探索，去解决问题，不能由别的党充当老子党，去发号

---

① 《邓小平文选》第3卷，人民出版社1993年版，第3页。
② 《毛泽东选集》第2卷，人民出版社1991年版，第524页。
③ 《毛泽东著作选读》下册，人民出版社1986年版，第826页。
④ 《毛泽东著作选读》上册，人民出版社1986年版，第54页。

施令。我们反对人家对我们发号施令,我们也决不能对人家发号施令。这应该成为一条重要的原则。"①

综上所述,我们不难看出:独立自主精神是抗战文化也是八路军文化的实质、核心,独立自主精神是抗战文化也是八路军文化的精髓。

作者简介:

周丽琴　辽宁省丹东市第32中学高级教师

---

① 《邓小平文选》第2卷,人民出版社1994年版,第318—319页。

武乡：太行精神的摇篮和御敌爱国的圣地

潘立魁

武乡县位于太行山系西麓，山西省东南部，长治市最北端，东经112°26′～113°22′，北纬36°39′～37°8′。平面图上，疆界总长287公里。县境东西长150公里，南北最短距离10公里。全县总面积1610平方公里，这里地处太行腹地，抗日战争期间是八路军总部和中共中央北方局驻地。

八路军总部和中共中央北方局，正确领导和指挥敌后抗日军民建立了晋绥、晋察冀、晋冀鲁豫等抗日根据地，进行了艰苦卓绝、浴血荣光的抗日战争，形成了内涵丰富、意义深远的八路军文化，铸就了以御敌爱国为核心的光耀千秋、彪炳史册的太行精神。太行精神，是在国家和民族处于危亡的关键时刻，中国共产党领导太行儿女展现的不怕牺牲、不畏艰险的革命英雄主义精神，是在极其艰难困苦的条件下展现的百折不挠、艰苦奋斗的精神，是为民族的解放展现的万众一心、敢于胜利的精神，是为人民利益展现的英勇奋斗、无私奉献的精神。太行精神充分体现了我们党是拯救和振兴中华民族的领导核心，是最广大人民群众根本利益的忠实代表，充分体现了太行儿女的英雄气概，体现了中华民族是不可战胜的伟大民族。

2005年7月29日，胡锦涛同志冒着盛夏酷暑参观了八路军太行纪念馆和八路军总部旧址，登上纪念馆后面的凤凰山，瞻仰了八路军抗战纪念碑，敬献花篮。看着纪念碑后面反映八路军英勇作战的浮雕作品，他深情地说："八路军和太行儿女为抗日战争的胜利做出了巨大牺牲和重要贡献。抗日战争中培育的太行精神，凝聚着中国共产党人的优秀品质，凝聚着中国人民的奋斗精神，永远是中华民族的宝贵精神财富。"党的十八大要求，必须进一步传承传统精神，加强革命传统教育。

一、太行精神在民族危亡的历史关头中孕育，形成了风起云涌的全民抗战浪潮

太行精神的实质是一种强烈的爱国主义精神和革命英雄主义精神之集中体现。这种精神的产生有其特殊的历史背景。

1937年7月7日卢沟桥事变后，日本侵略者很快占领了北平、天津，并兵分数路向中国内地进攻，叫嚣"一个月拿下山西，三个月灭亡全中国"。在短短的十几天时间内连续攻占山西雁北11个县城，一路烧杀抢掠，疯狂至极。沦陷区广大群众饱受侵略者的屠杀凌辱，处于水深火热之中。在日军的疯狂进攻之下，国民党军队在正面战场节节败退，日本侵略者长驱直入，华北即将沦陷。"华北之大，已安放不下一张平静的书桌"。全中国处于被侵略者占领、奴役的危急关头。

在日本帝国主义侵吞我山河，屠杀我人民，掠夺我财富，使中华民族处于生死存亡的危急关头，中国共产党决定实行全面的全民族的抗战，要求共产党员及其所领导的民众和武装力量要最积极地深入斗争的最前线，使自己成为全国抗战的核心，用极大力量发展抗日群众运动。同时，八路军主力部队挺进抗日前线，在"保卫山西，收复平津"的口号下，紧急动员广大群众争取山西以及全国的持久抗战，把山西建成敌后游击战争的战略支点,以抵御日军对西北与中原的进攻,支援全国的对日作战。特别是在太原失守后,以国民党为主体的正规战争结束,以共产党为主体的敌后游击战争占据主要地位。

在中国共产党的正确领导下,八路军与根据地军民一起,创建抗日根据地,开展了长期的敌后抗战,有力地打击了日军的疯狂进攻,大量地杀伤、消耗和牵制了敌军,有效地迟滞了日军对中国全境的侵略,建立了党中央与各战略地区的联系通道,有力地扭转了抗战初期的被动局面,有效地组织和动员了广大抗日军民,鼓舞了全国人民的抗战热情,形成了风起云涌的全民抗战高潮。中国共产党和他所领导的人民军队从而形成全民族共御外侮的中流砥柱。

太行精神就是在这伟大的抗日战争中孕育诞生的。在民族危亡的关键时刻,中国共产党领导八路军以高度的民族责任感和义不容辞的使命感,挺进抗日前线,救民众于水火,挽国运于倒悬,充分展示了中华民族不畏强权、不惧牺牲、追求自由、热爱祖国的伟大精神。这种精神,正如雄伟的太行山,傲然挺立,与天为党,无论有多少风吹雨打,急雷闪电,都绝不低头,绝不屈服。

二、太行精神在血与火的洗礼中铸就,使日军陷入了人民战争的汪洋大海之中

太行精神是敌后抗日军民用鲜血和生命浇灌的精神之花,是敌后根据地军民为抗击日本侵略者而焕发的不怕牺牲、不畏艰险、英勇战斗、敢于胜利的英雄气概。特别是在敌人将战略重点由正面战场转向敌后根据地,由国民党正规军转向八路军游击队之后,这种不畏生死、舍我其谁的亮剑精神表现得更加壮怀激烈、掷地有声。

自日军先后发动"三路围攻"、"八路围攻"、"九路围攻",实施"囚笼政策"、"蚕食政策"、"三光政策"、"铁壁合围",对根据地进行疯狂"扫荡"以来,面对强敌的猖狂进攻和残酷杀戮,山西军民有钱的出钱,有粮的出粮,有力的出力,"母亲叫儿打东洋,妻子送郎上战场",纷纷投入到抗击日军的伟大战斗之中,取得了平型关大捷,以及夜袭阳明堡、百团大战等一系列战斗、战役的胜利,以鲜血与生命和日本侵略者进行了顽强殊死的抗争,给进攻根据地的敌人以沉重打击。活跃在敌后的成千上万的八路军、新军、游击队指战员和抗日民众英勇战斗,血洒疆场,宁死不屈,大义凛然。八路军副参谋长左权和张友清、何云、李林,以及国民党爱国将领武士敏、郝梦龄等为捍卫民族尊严献出了自己宝贵的生命。

血与火的洗礼铸就了伟大的太行精神。在艰苦卓绝的抗日战争中,敌后根据地军民以国家利益为重,以民族利益为重,为夺取最后胜利无私地奉献了人力、物力、家庭、财产乃至于生命,使敌人陷入了人民战争的汪洋大海之中而难以自拔。他们与日本侵略者的浴血奋战,谱写了惊天地、泣鬼神的英雄诗篇,使太行精神成为永远激励我们拼搏奋斗、不断前进的巨大精神动力。

三、太行精神在根据地军民的团结奋斗中光大,彰显着军民心连心、手挽手、肩并肩共同抗日的无比力量

抗日战争是中国共产党领导下的波澜壮阔的人民战争。而军民团结、万众一心正是人民战争能够取得胜利的根本所在,也是太行精神熠熠生辉、光焰照人的根本所在。正是中国共产党动员、领导和组织根据地广大军民形成了人民战争的汪洋大海,才铸就了共同抵御侵略者的铜墙铁壁,充分显示了全民族团结奋斗的强大威力。

在艰苦卓绝的抗日战争中,中国共产党建立了广泛的爱国民族统一战线,最大限度地调动了各个阶层人们抗击日本侵略者的积极性。不仅战斗在敌后的八路军与日本侵略者英勇作战，而且主要由共产党掌握的新军、地方游击队等民族武装力量和国民党中的爱国将士也与日军进行着顽强的抗争；不仅已经武装起来的武装力量开赴抗日前线，广大根据地群众也积极参与抗战，支持抗战。八年抗战，根据地有近70万人参加了八路军，110余万人参加了民兵、自卫队、游击队。根据地群众在自身十分困难的情况下，源源不断地供应了抗战所需的大量的粮食、被服和军需物资，承担了庞大的战争费用和繁重的战勤任务。他们组织担架队、运输队、警戒队，运送物资、救护伤员、打扫战场、维持治安，使战争的军需供应和战勤服务得到了充分保障。

在伟大的抗日战争中，根据地军民众志成城，为打败日本侵略者这一共同的目标不懈奋斗，使民族的凝聚力、战斗力得到了空前的增强。个中的根本原因就是中国共产党及其领导的八路军坚持抗战的方针代表了当时民族的最高利益，代表了广大群众的最高利益。只有保家卫国，才能生存发展；只有和平安定，才能建设家园。在共产党的领导下，根据地军民一方面与日本侵略者进行顽强殊死的军事斗争；一方面大力发展经济，恢复生产，在根据地挖渠打井，修桥筑路，开展贸易，努力提高人民群众的生活水平，保障战时的军需供应。特别是在抗日战争最艰苦的岁月里，面对敌人的扫荡围剿，面对根据地遭受的旱灾、蝗灾、洪灾等严重的自然灾害，党积极组织军民开展生产自救和互助运动。党员和群众、干部和战士、军队与老百姓，从八路军总部和中共中央北方局最高领导到普通士兵，都是一手拿枪，一手拿锄，靠自己的双手开荒种地，纺线织布，实现了粮食等物资的自给自足。与此同时，八路军将士还勒紧裤带，把自己从牙缝里省出来的粮食物资拿出来救济群众，甚至甘冒生命危险，把自己最后的粮食送给最需要的老人、儿童。根据地群众从每一位八路军将士的身上看到了中国共产党以最广大人民群众利益为重，以老百姓的衣食住行为重的高尚品格，紧紧地团结、凝聚在共产党的周围，与党及其军队亲如一家，同心同德，在极其艰苦的条件下充分发扬中华民族勤劳勇敢、吃苦耐劳、深明大义、舍身为国的优秀品德，支持了抗战，捍卫了根据地，形成了克敌制胜的钢铁长城。

太行精神是根据地军民紧紧团结在党的周围共赴国难形成的伟大精神。它表现了党和人民群众的血肉联系，表现了人民军队与人民群众的骨肉深情。它凝聚成为中华民族面对外敌入侵团结战斗、奋力抗争的铮铮铁骨，融汇成为根据地军民心连心、手挽手、肩并肩共同抗击日军的滚滚洪流。

四、太行精神在民族优秀文化的沃土中创新，增强了抗战军民不断战胜困难、夺取最后胜利的信心和决心

太行精神深深植根于伟大的中华文化的肥沃土壤之中，是中华民族优秀文化创新与发展的重要成果。悠悠岁月，滔滔长河，中华民族创造出了璀璨夺目、源远流长的民族文化，形成了生生不息、世代相传的民族精神。热爱祖国、忠于祖国是中华文化的重要内涵，也是民族精神中最具有思想光芒和精神魅力的深刻内容。历史上无数志士仁人都是以爱国为崇高之志，以报国为终身之责。每当民族危亡的关键时刻，总有大批的忠勇之士为国家的利益杀身成仁，舍生取义。"苟利国家生死以，岂因祸福避趋之"，屈原、岳飞、文天祥等就是这种精神的典型代表。

对祖国的忠诚与热爱不仅是衡量一个人人格的试金之石，更是维护国家统一，民族团结，推动社会发展进步的精神之源。中华民族是一个自强不息、奋发进取的民族，具有不惧权势、不畏强暴、不计生死、不甘落后的英雄品格。"君子以自强不息"是中国传统文化的精华，是使中华民族屹立于世界民族之林的巨大精神动力。太行精神就是民族精神枝繁叶茂的参天大树上盛开的灿烂之花。抗日战争中，党领导敌后根据地军民用抗击日军、英勇杀敌、保家卫国的伟大行动发展和丰富了民族精神，创造了独具特色的太行精神。

太行精神是民族、科学、大众的革命文化的具体体现。在抗日救亡的旗帜下，来自全国各地的文化工作者团结一致，共赴国难，积极投身于伟大的抗战之中。他们把个人的命运与民族的命运紧紧联系在一起，以笔为枪，宣传党关于坚持抗战的理论和路线方针政策，宣传在抗击日军的战斗中涌现出来的英雄人物和动人事迹，提倡科学，宣扬真理，反对愚昧无知、迷信落后，抵制和抗击敌人的奴化和反动文化，把迅速及时地反映抗战、服务抗战当作自己的神圣职责，以实际行动展示了在党的领导下抗日救亡、建立民主政权和社会变革的历史画卷，极大鼓舞了根据地军民的斗志，增强了战胜一切困难，夺取最后胜利的信心和决心。

太行精神是中华民族优秀文化的重要组成部分，它深深植根于民族文化的沃土之中，经过抗日敌后根据地军民的耕耘培育、创新发展，成为民族精神中最具魅力和最有震撼力的内容。

五、太行精神在对马克思列宁主义、毛泽东思想的创造性实践中升华，鼓舞和激励了一代代中国共产党人艰苦奋斗、奋发图强的坚定意志

太行精神是马克思列宁主义、毛泽东思想创造性实践的结晶，具有广阔的社会基础，闪烁着深邃的理性光芒。中国共产党及其领导集体坚持实事求是的思想路线，坚持马克思主义的唯物辩证法，针对国民党片面抗战的错误思想，创造性地确立了建立广泛的民族革命统一战线的策略与任务。同时强调，必须坚持独立自主的原则，不能一切经过统一战线；根据战时敌强我弱、国民党正面战场节节败退的实际，提出了打持久战的战略思想，创造性地指出敌后抗战基本的是游击战，但不放松有利条件下的运动战；针对国民党的专制统治，党领导根据地军民积极探索民主政治建设的新形式，要求在根据地普遍建立"三三制"民主政权。这一系列方针政策为夺取抗日战争的最后胜利提供了可靠保证，并在敌后根据地进行了创造性的实践，使太行精神得到了丰富、发展。

抗日战争爆发后，老一辈无产阶级革命家周恩来、刘少奇、朱德、彭德怀、贺龙、刘伯承、邓小平等根据党中央和毛泽东同志的指示，先后来到山西，与阎锡山等国民党军政地方实力派建立了特殊形式的统一战线。改组牺盟会和地方政权，组建新军，建立"战动总会"，与国民党共同组织了"忻口会战"，建立了根据地，使山西成为敌后游击战争的战略支点。特别是邓小平同志，作为太行根据地的重要缔造者之一，在担任第129师政委的同时，先后任太行军政委员会书记、中共中央太行分局书记、中共中央北方局代理书记等重要职务，一直工作战斗在太行山脉，直接指挥了太行及晋冀鲁豫根据地和华北地区的抗战。

邓小平同志关于根据地建设的一系列论述与实践，既是对马克思列宁主义基本方法的创造性运用，又对太行精神的理性升华产生了强大影响。在抗战期间，他的思想与实践坚持一切从实际出发，坚持实事求是的精神，体现了唯物辩证法的精髓。他认真贯彻落实中央的指示与精神，把这些指示与精神创造性地运用到具体的工作实践之中，使理论与实际相结合，科学的精神与务实的态度相结合。在对敌斗争的军事策略上，邓小平同志强调，"敌我斗争不仅是军事力量的竞赛，而且是全副本领的斗争；不仅斗力，更主要是斗智"。因此，敌我斗争的胜负决定于人民。在民主政权的建设上，邓小平同志强调民主政权是几个革命阶级的联合专政，必然反映出不同的利益和政治立场，必须贯彻民主精神，同时特别强调党必须掌握政权中的优势和领导权。在根据地经济建设方面，邓小平同志强调在当时的情况下，必须发展农业与手工业，同时又非常重视物资的贸易流通和金融制度的改革，既重视公营经济的发展，又重视互相合作的集体经济，重视保护民族资本主义经济与小农经济，通过减租减息对地主剥削农民的封建经济进行调节。在文化工作上，邓小平同志十分重视通过加强文化建设，宣传党的政策主张，加强民族的爱国主义的宣传教育，指出要与一切轻视文化工作的倾向做斗争。同时，又强调文化工作者要与人民群众建立血肉不可分离的关系，克服脱离大众的现象，要求文化工作者要不断增强自己在政治、文艺等方面的修养和实际工作的锻炼。对马克思主义基本方法的创造性运用使根据地建设避免了主观主义，克服了官僚主义，取得了新的进展。太行精神在马克思列宁主义、毛泽东思想的阳光雨露滋润下，在邓小平等老一辈无产阶级革命家的精心培育下，不断得到发展和升华。

太行精神集中体现了中国共产党及其领导下的抗日军民不断开拓创新的精神，是党的实事求是思想路线的生动体现，是把马克思列宁主义、毛泽东思想与中国具体革命实践相结合的重要成果，将永远昭示着我们沿着党确立的正确方向奋勇前进。

太行精神孕育于山西武乡这块古老而光荣的土地，是山西人民也是全国人民的骄傲与自豪，是我们党、国家、军队和民族的宝贵精神财富，是倍加值得珍惜、珍重的。她与红船精神、井冈山精神、长征精神和延安精神以及西柏坡精神一脉相承，各有特色，是中国共产党领导的革命队伍和人民群众在革命和斗争的实践中创造的伟大精神，鼓舞和激励了一代又一代中国共产党人，成为中国人民和中华民族优秀文化的重要组成部分。

进一步研究、传承八路军文化，弘扬、践行太行精神，具有重大的理论意义和实践价值。众所周知，自1937年3万余八路军进入太行山，发展到1945年的百万雄师出太行，人民军队在这块红色热土上不断发展壮大，后来成为中国人民解放军的重要基础、战斗力的核心。深入研究八路军文化，不断践行太行精神，进一步拓宽了对抗日战争的研究，是建设中国特色社会主义先进文化的重要资源。今天，我们传承八路军文化，弘扬太行精神，特别是赋予太行精神以新的时代内涵，对于全面建成小康社会、构建社会主义和谐社会具有重要的现实意义和深远的历史意义。在新的历史条件下，我们特别要大力弘扬、践行太行精神，把全国人民的力量凝聚到全面建成小康社会的宏伟目标、实现党的十八大和全国"两会"规划的任务上来，努力开拓进取，求真务实，创新发展，让太行精神成为开创工作的崭新局面，成为中国特色社会主义建设事业中强大的精神力量和思想优势。

作者简介：

潘立魁　中共辽宁省委党校教授、辽宁省党的建设研究会特邀研究员。主要研究方向为执政党建设理论与实践、党章学

沂蒙精神与八路军文化

王聚英　李建丰

临沂素称沂蒙，是全国著名的革命圣地，具有光荣的革命传统。早在大革命时期这里就建立了党的组织。抗日战争时期党领导八路军和地方武装先后在这里创建了滨海、鲁中、鲁南革命根据地，沂蒙山区一直是整个山东根据地的指挥中心和后方基地，中共中央山东分局、八路军115师师部以及山东省战工会等机关长期驻扎此地；解放战争时期，沂蒙成为中共华东中央局、华东军区领导机关和山东党政军领导机关驻地，与陕甘宁同时成为国民党反动派重点进攻的两个目标之一。老一辈无产阶级革命家刘少奇、陈毅、罗荣桓、徐向前、粟裕等都曾经在这里工作、生活、战斗过。沂蒙山根据地时有人口420万，其中有20多万人参军参战，100多万人拥军支前，有10万多革命烈士在这里献出了宝贵的生命。这里涌现出了堪与"三元里抗英"齐名的"抗日楷模村"西山前和渊子崖，更涌现出了大爱无边、毅然用乳汁救伤员的"红嫂"明德英，以及支前模范群体"沂蒙六姐妹"等一大批英雄典型。新中国成立后，沂蒙人民继承光荣的革命传统，发扬愚公移山精神，战天斗地，不畏艰苦，向贫穷宣战，又涌现出了厉家寨、王家坊前、高家柳沟等艰苦创业的先进典型，得到了毛泽东同志的批示:"愚公移山,改造中国,厉家寨是一个好例。"改革开放以来,临沂人民把时代精神和革命传统结合起来,开拓奋进,改革创新,又涌现出了全国先进典型九间棚、沈泉庄和刘疃等大批全国闻名的先进典型,在全国18个连片贫困地区中率先实现整体脱贫,还建成了物流天下的大市场……在长期的革命和建设实践中,沂蒙人民培育出了"爱党爱军,开拓奋进,艰苦创业,无私奉献"的沂蒙精神,已经成为伟大民族精神的组成部分,激励着我们奋勇前进。

一、沂蒙精神是八路军文化在山东的集中表现

沂蒙山与井冈山、延安、太行山、西柏坡一样,都是中国典型的老革命根据地。所不同的是,在最激烈的抗日民族战争和全国解放战争中,沂蒙山区始终是抗敌斗争的前沿地带。历经抗日战争和解放战争,直到1949年10月新中国成立,在长达12年之久的时间里,沂蒙一直是革命战争的中心之一。巨大的牺牲、无私的奉献写满了沂蒙历史的光辉空间。大青山战斗、郯城攻坚战以及鲁南战役、孟良崮战役等早已名满天下。

"山东把所有的战略点线都抢占和包围了。只有山东全省,是我们完整的、最重要的战略基地。北占东北,南下长江,都主要依靠山东。"这是毛泽东对山东抗日根据地的评价。而山东根据地的核心一直在沂蒙山区,由此可见,沂蒙在中国革命斗争历程中的地位与分量,是何等突出和重要。

对山东沂蒙的特殊战略地位,早在抗日战争初期,中共中央和毛泽东同志就已经充分认识到了。1938年5月,中共中央自延安派郭洪涛担任中共苏鲁豫皖边区省委书记,边区省委遂确定在鲁中创建以沂蒙山区为中心的抗日根据地;同年9月至11月,中共六届六中全会在延安召开。会上,毛泽东提出"派兵去山东"。自此之后,八路军第115师师部及一部分主力

等相继开赴沂蒙山区，与山东抗日军民一起，建党，建政，建军，建群，共同开辟沂蒙山抗日根据地。从全国敌后抗战的棋盘上看，在党领导的19块抗日根据地中，唯有以沂蒙山为中心的山东抗日根据地，是完整独立地保持了原山东省成一省建制的根据地，战略地位十分重要，甚至国民政府也把仅设的两个敌后战区之苏鲁战区，设在了沂蒙山区的东里店。整个抗日战争时期，日伪军对沂蒙根据地不断展开残酷"扫荡"、"清乡"，根据地人民经受了严酷的战争考验。其中1939年夏到1943年底，日军对沂蒙山区所进行的1000人以上的"扫荡"就达100余次，1万人以上的达到29次，对根据地造成的财产损失和人员伤亡难以计数。敌人越是疯狂，根据地军民越是坚强。军民一家，鱼水情深。沂蒙百姓为了民族解放，毁家纾难，共克时艰，他们参军、参战、拥军、支前，直至把侵略者彻底打败，自身也在对敌斗争中得到发展，为革命队伍的壮大做出了巨大贡献。抗日战争爆发时，山东几乎没有共产党直接领导的一兵一卒，到抗日战争结束时，山东八路军主力和基干武装已经发展到27万人，占党领导的正规武装力量的1/4强。

抗战胜利后，山东武装力量除一部分留在当地外，大部分开赴东北，执行重要的抢占东北的战略任务，为全国解放奠定了第一块基石。这一时期，沂蒙作为国民党重点进攻的两个地区之一，同样为全国解放做出了巨大的牺牲和贡献。著名的孟良崮战役，广大群众配合主力积极参战，为战役的胜利提供了充分的条件。整个解放战争时期，沂蒙山区一直是华东解放军最强有力的战略后方基地。

十余年间，八百里沂蒙，可以说每一座山头都燃烧过抗争的烈焰；每一寸土地，都抛洒过革命烈士的鲜血。英雄的沂蒙人民为抗战胜利与全国解放付出了极为沉重的代价，做出了巨大的历史贡献。1955年至1965年授衔的中国人民解放军将帅中,有400多位曾在沂蒙山区纵横驰骋。

沂蒙巍巍,丰碑永存。沂蒙山已经不仅仅是山,而是经过枪林弹雨血火锤炼后铸成的共和国大厦的坚强柱石,是革命圣地。

二、红色沂蒙精神的文化力量在于信念坚定

"我陈毅进了棺材,也忘不了沂蒙山人,他们以小米供养了革命,用小车把革命推过了长江。"陈毅元帅的这番话,是对沂蒙精神的生动注解。

爱党爱军,开拓奋进,艰苦创业,无私奉献。发源于沂蒙革命圣地的沂蒙精神是伟大民族精神在革命战争时期的体现和升华,是我们党和中华民族的宝贵精神财富。在改革开放新时期,沂蒙精神与以改革创新为核心的时代精神紧密结合,被赋予新的内涵,成为推动当地经济、社会和文化发生历史性巨变的强大精神力量。多年来,中央领导同志多次对沂蒙精神给予充分肯定。2011年6月,中共中央政治局常委李长春来山东考察,对沂蒙精神做出了新的概括。他指出:"沂蒙精神是伟大民族精神在革命战争时期的展现和升华,也是中国共产党领导全国各族人民在革命战争时期创造的光辉精神财富,是山东经济社会发展呈现良好局面的真谛所在,与井冈山精神、长征精神、延安精神、太行精神、西柏坡精神一样,都是我们的宝贵精神财富。"这就要求我们进一步加强对沂蒙精神的宣传,使之代代传承、发扬光大,成为推进全面建设小康社会、实现中华民族伟大复兴的强大精神力量。

在残酷的战争环境中,在血与火的生死考验面前,沂蒙人民从心底认准了"只有共产党才能救中国"这条真理,坚定了彻底跟党走的信念,把满腔热情倾注到了支援革命战争上。家家有红嫂,村村有烈士,沂蒙精神也自然包含了千千万万沂蒙儿女用小车、小米、乳汁、布头乃至血肉之躯奉献革命的大义内容——由中国共产党人和沂蒙群众共同创造的沂蒙精神，蕴含着丰富的革命底蕴，处处闪现着红色的革命光彩，成为我们新的历史时期红色文化的典型内容。

八路军文化和沂蒙精神是典型的红色文化，以八路军文化和沂蒙精神为代表的红色文化，理应成为激励我们一代又一代中华儿女为理想和信念拼搏奋斗的号角。改革开放30年来，人们的物质生活得到了极大的改善，同时，一些人的心灵深处却出现了"荒漠化"，甚至形成信仰"塌方"。一段时间以来，许多人看腻了风花雪月的言情剧，厌烦了虚无缥缈的武侠剧，也不再对自残内斗的宫廷戏感兴趣，转而开始羡慕那些有理想、有信仰和富有献身精神的人，并渴望从那些物质贫乏但精神富足的革命者身上发现生命的意义，寻得人生的真谛。所以"红色文化"风生水起，这背后，也说明了时下大众对红色文化的情感期盼和灵魂寄托。

品沂蒙精神，传红色文化。沂蒙红色革命斗争历史一方面印证了"没有共产党就没有新中国"的真理，另一方面也在潜移默化地传承着伟大民族精神的价值，并在印证和传承中不断实现着对广大人民群众的政治教化。她倡导的是崇高的思想境界和革命道德情操，有利于净化心灵、树立正气。在临沂，红色文化已经成为开展青少年品德教育和干部培训的有效载体，这里的每一处革命遗迹、每一件珍贵文物、每一堂革命传统课都是宝贵的资源和鲜活的教材，无不闪烁着革命先辈们笃信、爱国、奋斗的光芒。红色历史资源正是彰显革命精神的新平台、新课堂，她可以使人们在寓教于乐中受到"润物细无声"的熏陶，其感召力是学校和书本不可比拟的。

所以说，红色沂蒙精神的力量，归根结底是信念的力量。回顾我们走过的道路可以发现，没有坚定的信念，就没有事业发展的凝聚力；没有坚定的信念，就没有我们今天的一切。沂蒙精神是战胜一切艰难险阻的精神支柱和力量源泉。在新的历史时期，英雄的沂蒙山人认准了只有坚决跟着党走，中国特色社会主义道路才能胜利，国家才能富强，人民才能幸福。党的方向成为人民的方向，党的道路成为人民选择的道路，党的事业成为人民为之奋斗的事业。临沂人民解放思想，加快发展，推进经济文化强市建设，并一举跨入全国前列。

信念坚定，是沂蒙精神的要义，是沂蒙精神历久弥新的根源所在，这也正是沂蒙精神的重大时代价值。当前社会思想观念正呈现多元化发展趋势，不同思想文化观念激烈交锋，党情国情世情正发生深刻变化，新情况新问题新挑战层出不穷，党面临着精神懈怠的危险、能力不足的危险、脱离群众的危险、消极腐败的危险，党的执政能力建设和先进性建设从来没有像今天这样急迫。在新的历史条件下弘扬沂蒙精神，就要在中国特色社会主义坚定信念的引领下，继续开拓创新、艰苦奋斗、无私奉献，始终保持昂扬向上的精神状态和百折不挠的旺盛斗志，保持对人民群众的鱼水深情，不断提高建设现代化的能力。

推动事业发展，要依靠那些能够认识到人民的利益，并甘于为之奋斗牺牲的有坚定信念的人。改革开放30多年，临沂面貌发生了翻天覆地的变化，这是沂蒙精神在改革开放新阶段结出的新硕果。在新的历史条件下，大力弘扬沂蒙精神，就是要发扬光荣的革命传统，从红色历史文化中汲取营养，自觉肩负起新的使命，做中国特色社会主义共同理想的坚定信仰者和忠实实践者；就是要与时俱进、开拓创新，不断丰富沂蒙精神，发展沂蒙红色文化，为加快临沂经济文化强市建设增添强大动力，用信念的力量不断开创临沂改革发展的新局面。

三、全面传承和弘扬沂蒙精神和八路军文化

作为著名的革命老区，临沂是全国持续时间最长、影响最大的革命根

据地之一。在长期的革命斗争中,依靠沂蒙精神,依靠红色沂蒙文化的内在驱动力量,临沂人民战胜了无数艰难险阻,赢得了解放;新中国成立后特别是改革开放以来,临沂人民大力弘扬沂蒙精神,不断传承红色沂蒙文化,临沂已经发生了翻天覆地的变化。

继在全国率先整体脱贫后,2004年,临沂又在全国革命老区中率先实现了GDP过千亿、人均过万元的目标。前不久,《2011年中国城市竞争力蓝皮书:中国城市竞争力报告》对294个城市进行了幸福感调查,结果显示,临沂市民幸福感居全国第二。临沂已成功创建了全国双拥模范城市、中国优秀旅游城市、国家环保模范城市、国家园林城市、全国创建文明城市工作先进市,还被授予"中国书法名城"、"中国地热城"、"中国市场名城"等称号。

临沂是影响深远的红色精神的故乡之一。红色是闪耀着革命光芒的主色调,她承载的是一种文化和内涵,更是一种精神和境界。沂蒙山人"最后一碗米当军粮,最后一块布做军装,最后一个儿子送战场,最后一件棉袄盖在担架上"的精神,让"沂蒙红"更加光彩夺目。

正如李长春同志视察临沂时指出的那样,诞生于战争年代的沂蒙精神,它不仅仅是沂蒙山区的精神,而是已经同井冈山精神、长征精神、延安精神、西柏坡精神一样成为民族精神的组成部分。今天的临沂,正借助于优秀的红色文化经典作品传承历久弥新的沂蒙精神。

南有《茉莉花》,北有《沂蒙山小调》。诞生于抗战时期的《沂蒙山小调》,让临沂乘着歌声的翅膀美名远扬,永远定格在了光荣的史册上;20世纪60年代流传的《谁不说俺家乡好》的沂蒙民歌,又让临沂唱"响"了全中国,并且随"嫦娥一号"飘向远方。

1964年,著名作家刘知侠创作的小说《红嫂》改编为现代革命京剧

《红嫂》,8月12日,毛泽东、朱德等党和国家领导人在北戴河观看京剧《红嫂》后,亲切接见了演员张春秋等剧组人员。毛泽东说,《红嫂》这出戏是反映军民鱼水情的戏,演得很好,要拍成电影,教育更多的人,做共和国的新"沂蒙红嫂"。后来,这部戏又被搬上银幕,成为家喻户晓的经典。

近年来,临沂市委、市政府高度重视红色文化的传承与发扬,坚持"商、文、旅"一体化发展思路,打造了以电影《沂蒙六姐妹》、电视剧《沂蒙》、实景剧《蒙山沂水》为代表的一批红色文艺精品,规划建设了"一个中心、八个组团"的红色文化产业聚集区。临沂先后被列为全国30条红色旅游精品线路、100个红色旅游经典景区和全国八大红色旅游重点城市之一。"沂蒙山"、"六姐妹"、"红嫂"、"厉家寨"、"九间棚"等一批凝聚红色文化内涵、见证革命建设实践的形象标识,今天已经发展成为红色文化产业的知名品牌。其中电视剧《沂蒙》一举夺得"飞天奖"等多项大奖;大型实景剧《蒙山沂水》交汇运用声、光、电等高科技手段,充分展示浓厚的红色传统文化,气势磅礴、格调高昂,成了一个留住游人、天天上演的好项目。以《蒙山沂水》为代表,一系列的红色文化产品,都让临沂赚足了人气。

艺术家们说,他们之所以能够创作出这些精彩的红色文化作品,是因为深厚的沂蒙精神感动了他们,红色沂蒙的文化底蕴激发了创作灵感;而更多的年轻人看了《沂蒙六姐妹》等红色作品后说:"穿越时空的阻隔,我们找到的是一种一以贯之、永不褪色的精神力量。"沂蒙人民敢为人先,当前,在临沂,继探索出了在全国具有示范意义的文化综合执法管理模式后,到2020年建设成为鲁南苏北区域性文化中心——临沂文化强市路线图已经出炉。那时的革命老区,将焕发出更加炫目的文化光彩。

正如李长春同志视察临沂时指出的那样,诞生于战争年代的沂蒙精神，它不仅仅是沂蒙山区的精神，而且已经同井冈山精神、长征精神、延安精神、太行精神、西柏坡精神一样，成为我们民族精神的组成部分。今天的临沂，正借助于优秀的红色文化经典作品传承历久弥新的沂蒙精神。

一个伟大的地方需要伟大的精神。根植于红色沃土的沂蒙精神，与时俱进，以自己的生命力和感召力，必然催生出更加青春、活力和现代的大临沂、新临沂。

作者简介：

王聚英　中国人民革命军事博物馆研究员，中国西柏坡精神研究院院长，中国红色文化国际交流促进会副会长，中国博物馆协会军事历史专家

李建丰　滨海红色文化纪念园暨刘少奇在山东纪念馆（山东临沭）总编辑

八路军文化教育工作的历史经验

彭训厚

八路军文化教育工作,是红军文化教育工作的继续与发展,贯穿于抗日战争的始终,是八路军政治工作和军队全面建设、增强战斗力的一个重要组成部分。探讨八路军文化教育工作的历史经验,并引以为鉴,对于新时期军队文化教育工作的开展和军队的全面建设不无裨益。

一、思想重视,组织落实

八路军官兵大多数都是农民、小生产者和无产者,文盲和半文盲占一半以上,官兵的文化水平普遍低下。这给部队的教育训练和官兵的工作学习都带来不少的困难。特别是文化水平较低的一些工农干部,随着中国革命事业的发展,其领导工作的水平和能力明显不够,有的连阅读文件都很困难。如何进一步提高八路军官兵的文化水平,成为关乎进一步提高官兵素质和部队战斗力的一大问题。

中共中央、中央军委和八路军领导人对这个问题极其重视,认为有文化是人民军队先进性的重要特征之一,也是与旧军队相区别的重要标志之一。毛泽东在陕甘宁边区教育工作者会议上的讲演中强调指出:"没有文化的军队是愚蠢的军队,而愚蠢的军队是不能战胜敌人的。"①抗日战争时期，文化教育工作始终受到八路军各级首长和机关的普遍重视。据不完全统计，抗战期间，中共中央，八路军总部、各个军区、师及抗日根据地发出关于文化教育工作的指示、决定、条例、训令、讲话等达100多次。最具代表性的是1942年5月毛泽东《在延安文艺座谈会上的讲话》，认为文化教育工作是团结人民、教育人民、打击敌人的有力武器。

由于中共中央、中央军委和八路军总部领导高度重视，八路军各级各类文化教育组织机构也得到逐步健全和完善。八路军从总部到师、旅、团，各级政治机关均有专门的负责文化教育工作的干部。1937年8月，中共中央组织部提出，开展部队的政治文化教育工作，是部队各级政治机关的职能之一。1938年颁发的《八路军政治工作暂行条例（草案）》中就部队的政治文化教育工作规定得十分具体：团政治处"领导干部战士的政治文化教育"，而连政治指导员"依照上级政治机关的规定，负责进行战士的政治文化教育"，在连队建立救亡室，开展识字运动和消灭文盲是其工作内容之一。②1940年初，该《条例》经修改后重新颁布，规定得就更加具体了。诸如规定，在连队中"文化教育干事或政治文化教员一人，协助政治指导员进行工作"，在排一级设政治战士，"组织与领导"班排识字等课外活动。③所有这些规定和组织措施，有助于有组织有领导地开展文化教育工作，真正使部队的文化教育工作落到实处。

---

① 《毛泽东选集》第3卷，人民出版社1991年版，第1011页。
② 《中国人民解放军政治工作历史资料选编》第4册，第341、338、351页。
③ 《中国人民解放军政治工作历史资料选编》第5册，第166、179、156、176页。

二、选好教员和编好教材至关重要

要搞好文化教育工作,教员和教材是两大关键环节。在中国抗日战争初期,八路军各连队都编配有政治文化教员,且"连队中的政治文化教员,全是抗大的学生"。抗战期间,部队补充了大批新干部,相当一部分是知识分子出身。尽管如此,教员仍很缺乏。为吸引优秀知识分子担任教员并稳定教员队伍,八路军倡导尊师重教,并采取了提高教员政治地位和物质待遇的有关政策规定,收到了较好的效果,缓解了教员紧缺的情况。此外,文化教育教材不统一的问题亟待解决。抗战前期,八路军各部队都是自编文化教育教材。1940年,总政治部指出各部队自编教材的弊端,并在延安开始统一编写供干部使用的文化教育教材。1942年初,罗瑞卿提出:"基本教材由师编,临时教材由旅与分区编。"[1]八路军从当时的实际出发,采取了全军统编干部文化教育教材与各部队自编战士文化教育教材相结合的方法,较好地解决了官兵不同层次文化教育教材的问题。

三、在职文化教育与院校文化教育相结合

抗战初期,八路军各部队根据红军时期文化教育的经验,依照不尽相同的文化基础状况,对干部战士采取分层次有针对性地进行文化教育和逐步升级的方法。根据不同基础分成若干组并分别提出不同的要求。例如,第115师采取分甲乙丙三组进行文化教育,教员可根据战士学习情况允许其由乙丙组逐步升级。效果不错。[2] 1942年初,中央军委、总政治部在关于干部文化教育的指示中提出,可按其文化基础将干部分别编至初级班、

---

[1]《中国人民解放军政治工作历史资料选编》第6册,第704页。
[2]《中国人民解放军政治工作历史资料选编》第6册,第399页。

中级班和高级班，有针对性地进行文化教育。抗战时期，延安创办了军政大学，各根据地建立抗大分校，团级以上政治机关开办短期训练班，野战政治部与中共中央北方局继续办高级党校。这些学校和训练班，都开设有文化课，为提高干部的文化水平做出了贡献。

四、建立与完善检查督促制度，确保文化教育质量

为确保文化教育工作落到实处，确保文化教育质量，八路军在开展文化教育工作中主要采取了上级领导检查签字制度、文化教育奖惩制度和考试制度等举措。如第129师规定：干部日记"连排长的每晚要交营级干部检查签字。营团级干部的每星期六交团级首长检查签字"。而战士文化学习情况，则有"连队文化干事每日检查"。1941年10月，彭德怀、八路军前方总部参谋长左权和罗瑞卿进一步提出要建立文化教育奖惩制度，"实行作文制度（不是写简单的日记），每十天一次，所有授课干部都要参加，由专门任教员出题目……教员要定期测验。对于学习优良者，应有表扬和鼓励，对于不用心学习而落后者应受批评与责备"。1942年初，中央军委、总政治部又提出要建立文化教育考试制度："确立干部教育中的定期考试制度。如学生入校及毕业时，轮训班开始及结束时，均须举行考试。在职干部则须举行定期的考试，以测验我们干部教育的成果，以改进往后的教育内容与方法。"①

由于领导重视、组织落实，并采取了部队教育与院校教育相结合，根据不同情况分别施教和有效的检查督促制度，在八路军中形成了浓厚的学习氛围，提高了广大官兵的文化素质，增强了战斗力。现虽已时过境迁，

---

① 《中共中央文献选集》（1941—1942），第321页。

但抗日战争时期八路军开展文化教育工作的一些有益经验,仍可为新时期部队文化教育工作的开展提供一定的借鉴。开展新时期军队的文化教育工作,最重要的一个方面就是抓好官兵的科学文化知识的学习,以适应未来信息化战争的需要。这就要求各级党委机关要把学习科学文化知识纳入部队的教育训练规划之中,安排专门人员备课、专门场地实施、专门时间学习,改变文化"学习是软指标、可有亦可无"的现象。要把学习科学文化知识与打赢未来信息化战争结合起来,紧紧围绕科技的需要确定学习的内容,增强学习的针对性和实效性。要对科学文化知识学习实施正规化管理,作为"硬指标"抓好落实,区分层次实施,定期检查验收,逐步优化结构,改变随意现象和在低层次徘徊状况。要积极开拓科学文化学习的渠道,组织好在职学习、院校深造,依托国民教育、利用传媒等多种手段,组织官兵学好科学文化知识,全面增强官兵的科学文化素质,增强部队的战斗力。

作者简介:

彭训厚　军事科学院原军事历史部研究员

从解密档案看抗战初期党的文化宣传工作

苏 杭

抗战初期党的文化宣传工作,是抗日战争时期党的文化宣传的奠基之作,在党的抗日文化宣传工作历史上具有开创性的意义。对于抗战初期党的文化宣传工作的状况及取得的成就,此前的研究并不缺乏,但这些研究所依据的史料主要是党的文件和当时的一些报刊。笔者在俄罗斯解密的档案中,发现了一些珍贵史料。解读这些史料,有助于进一步深入研究抗战初期党的文化宣传工作。

一、解密档案的来源

1993年,俄罗斯开始实行《关于俄罗斯联邦档案馆馆藏及档案馆库管理的基本法》。根据这一法规,俄罗斯开始陆续公布大量罕见的档案资料,其中与中国有关的档案资料也开始陆续解密。为了使这些解密的档案资料能够服务于史学研究,俄罗斯科学院远东研究所和俄罗斯现代历史文献保管与研究中心同德国柏林自由大学东亚研究会联合,编辑、翻译、出版了《联共(布)、共产国际与中国》(1920—1943)大型文献资料集。

在这个文献资料集中,98%以上的档案资料是我国此前从未接触过的。为了把这批具有很高学术价值的档案资料介绍给我国史学界,进一步深化对于中共党史、中国革命史、中国近现代史、中苏关系史、国共关系史、共产国际与中国革命重要历史人物的研究,中共中央党史研究室第一研究部根据与俄方签订的协议,组织有经验的学者独家翻译了这套档案文件集,并聘请中外专家进行译审、校阅。

在这套丛书中,有关抗日战争时期的档案资料集中在《联共(布)、共产国际与抗日战争时期的中国共产党》(1937—1943),本书共两册,收录自1937年8月抗日战争爆发至1943年5月共产国际解散期间,有关的档案文件,还有一些在时间上超出这一时期但在内容上与这一时期又有密切联系的档案文件,共有300份,绝大部分为首次公开。其中,1937年8月至1938年5月,共有19份档案,其中涉及我党的文化宣传工作的有3份,其中两份为绝密,一份为秘密。这3份档案文件的珍贵之处在于两个方面:一方面,填补了国内文件在相关问题上的空白,使我们对党在抗战初期的文化宣传工作有一个更为全面的了解;另一方面,进一步丰富了国内相关文件所传达的信息,使我们对相关问题的研究有了更为翔实的资料。总之,通过对这些文件内容的解读,有助于进一步推动史学界深入研究抗战时期特别是抗战初期党的文化宣传工作。

二、解密档案中有关抗战初期的党的文化宣传工作的内容

最早一份涉及党的文化宣传工作的文件,是《安德里阿诺夫①同中共中央书记张闻天谈话的简要记录》,标为"绝密",时间是1938年2月2日,地点是延安。该文件内容全部是张闻天的谈话,其中涉及党的文化宣传工

---

① 时为工农红军驻中国特区无线电中心站上尉。

作的,主要有以下内容:(一)由于国民党放松文化管制,"对我们的书报检查几乎已经不存在。可以公开发表关于八路军的材料"。"八路军的徽章使它的佩戴者在全中国的任何一个城市和乡村都会受到了欢迎。"(二)受党影响,宣传党的抗日主张的报纸相当多。"仅在汉口一地就有40到60种报纸经常刊登关于我们的消息。在全中国有200多种报纸成了我们的义务宣传员。一些国民党人士指责我们把从政府那里得到的八路军薪饷用到宣传上和支付那些刊登关于我们的材料的报纸的费用。实际上,报纸编辑这样做仅仅是为了利用我们在群众中的影响来保证他们报纸的销售。"(三)共产党游击战争的宣传工作已经深入到学校和国民党军队。"在武汉、汉口,经常在学校和俱乐部举办有关游击战的讲座。在那里我们的演讲人大受欢迎。""云南、四川省省长①请求我们派干部到他们那里去。所有师、军指挥员都请求我们派干部、送书籍,以便学习如何进行游击行动。我们已经把我们所有能够在我们地区以外工作的干部都派出去了,但对他们的需求仍在增加。"(四)党中央对于文化宣传的经费保障高度重视。"我们每月从蒋介石那里总共得到50万墨西哥元。这些钱是这样使用的:25万元用于前线需要,其余25万元用于后方需要、党务工作、报纸和杂志的经费。"②

第二份档案文件是《安德里阿诺夫与毛泽东同志的谈话》,标为"绝密",时间是1938年2月3日,地点是延安。毛泽东在谈话中涉及党的文

---

① 即龙云、刘湘。
② 中共中央党史研究室第一研究部译:《联共(布)、共产国际与抗日战争时期的中国共产党)》(1937—1943.5),中共党史出版社2012年版,第22—27页。

化宣传工作的,主要有以下内容:(一)党的文化宣传工作影响很大,人民渴望了解共产党。"载有关于我们的消息的书刊很快就卖光了。一位美国人写了一本《毛泽东传》①,一下子就卖出了很多册。朱德同志的两篇文章我们用小册子出版了。""如果人们想把报纸或小册子卖出去,那就在其中刊登有关我们的材料。"(二)八路军和游击战的宣传收到良好效果。"编写并出版了关于八路军和游击战的几十本小册子。""全国各地纷纷向我们索要关于如何进行游击战的材料。请求派遣我们在这方面的教员。在汉口有一所学校上游击战课。如果那里是我们的人在讲课,那么大厅就会爆满,而如果是国民党的人在讲课,那么大厅就会空空如也。国民党内有一个反对我们的派别出版了报纸《游击行动》。第一天报纸很快就销售一空,但当民众看到报纸上登载着反对我们的材料,而不是关于游击战的材料,他们就痛打卖报者。"②

第三份是《任弼时向共产国际执行委员会主席团所做的报告——〈中国的抗战形势及中共的工作和任务〉》,标为"绝密",时间是1938年5月8日,地点是莫斯科。这份绝密文件是任弼时报告的全部内容,其中涉及党的文化宣传工作的,有如下内容:(一)八路军内部的抗战文化教育及其成果。"八路军早在红军时期就有优良的政治工作传统。这个传统至今还完全保留着。现在在战士中正在进行系统的统一战线和抗日战争问题的教育。八路军战士的政治水平远远高于其他中国军队的战士。八路军战士

---

① 可能是指埃德加·斯诺的《红星照耀中国》。
② 中共中央党史研究室第一研究部译:《联共(布)、共产国际与抗日战争时期的中国共产党)》(1937—1943.5),中共党史出版社2012年版,第31—37页。

懂得，为什么要同日本进行斗争，并且只有长期抗战才能战胜日本。在八路军的所有部队中，在行军时和作战时都进行政治工作。战士们自觉遵守纪律，绝对服从长官的命令。在日常生活中，战士们能够忍受艰苦的生活条件。他们始终是积极向上的。官兵之间保持着友好的同志关系。党组织起着先进的领导作用。部队中开小差的现象很少发生。在作战时官兵们都表现得非常勇敢。我们部队的积极性和内部团结引起了其他中国军队对它们的尊敬。有一次，一家国民党报纸的记者来到八路军司令部会见了朱德同志。回去后他写了一篇长长的文章发表在《大公报》上。他写道：'当我走近八路军总司令部的大门时，我看见一位穿着战士服装的老头。这位老头战士戴着眼镜在看报。当我走进司令部时，司令部一位长官接待了我，并向我介绍了朱德同志。当我得知这就是朱德时，我为他的朴素和真诚而感到惊讶。他和我一起吃了午饭（吃的午饭和所有战士吃的都一样）。我既和战士们聊天，也和八路军伙夫聊天。我得出一个结论，八路军有这样一个特点：从总司令到战士、伙夫和马夫，都是一个样子。我钦佩八路军的团结一致和所进行的教育工作。'"（二）八路军对日军士兵的宣传工作取得明显成效。"八路军还特别注意瓦解敌军的工作。用日文、中文、蒙文和朝文出版了许多传单和小册子。通过政府的飞机或通过游击队，由当地居民和武装宣传队在日占区散发这些传单和小册子。所有官兵都学会说几句日本话，以便在作战时可以向敌人士兵进行宣传。我们对被俘日本士兵采取了较好的态度，并在他们中进行教育工作。我们散发的传单对日本士兵起了一些作用。在搜查日本被俘士兵和日本阵亡士兵时，我们常常发现我们散发的传单。有过这样的事，一些日本兵在作战时被我们包围，在我们的鼓动影响下，他们自愿携带武器向我们投诚。有些被俘的日本士兵现在帮我们写日文的传单和小册子。此外，他们还要求留在八路军工作,请求允许他们的家属到中国来,以免受日本政府的迫害。"(三)八路军的宣传教育工作得到国民党军队的效仿。"目前,在各个部队中吸收了许多大学生,他们在进行培训,然后就担任部队的政工人员。在阎锡山部队中,根据八路军的范例建立了政治部,并实行了政治委员制度。"(四)党的文化宣传工作随着党的威望的提高而产生了巨大影响。"中国共产党在中国广大群众中享有巨大的政治影响和威望。我们党出版的报刊在广大群众中很受欢迎。我们中共中央的机关刊物《解放》周刊的发行量达到3万份。今年1月份开始发行我们的《新华日报》,到2月份,该报的发行量已超过2万份。据苏联报刊的最新消息,《新华日报》的发行量已达5万份(这就是说,它已经成为中国最大的报纸)。在汉口出版的《群众》周刊发行量为2万份。最近,八路军政治部开始出版《前线》周刊,至今发行量达1万份。"(五)共产党影响下的文化宣传工作也很出色。"除了我们出版的报刊以外,还有诸如文化世界组织①和救国会②在大范围出版的其他小册子。这些报刊和小册子都处在我们的影响之下。在上海直到沦陷前,有53家各种杂志,其中49家处在我们党的影响之下。目前在汉口出版40家各种杂志,其中有38家处在我们党的影响之下。此外,在广州、长沙、重庆、成都、西安等城市还出版为数众多的报纸和杂志。其中许多报刊是同情我们或者处于我们党的影响之下。许多出版社主动地出版关于八路军的小册子,或者搜集我们党报刊上的文章,然后以小册子的形式单独出版,因为他们知道,载有我们的文章,载有共产党人和八路军领导人文章的小

---

① 原文如此,可能是指"全国抗敌文化艺术工作者协会"。
② 原文如此,可能是指"全国民族救亡联合会"。

册子可以很快销售出去。因此，许多出版社虽然抱着投机的目的，但也在为我们做宣传方面帮了我们不少的忙。"①

三、抗战初期党的文化宣传工作的特点及取得成就的原因

通过以上三份绝密档案文件对党在抗战初期文化宣传工作的叙述，可以看出，抗战初期党的文化宣传工作主要有以下特点：一是规模大。除了共产党自己主办的报纸杂志以外，还采取措施，将许多文化宣传团体置于党影响之下，用来宣传党的领袖、党的抗日主张和党领导下的军队。二是重点突出。文化宣传内容主要集中在动员群众、团结抗日、游击战争等方面。三是对象广泛。除了广大人民群众外，还有国民党军队，以及日军士兵。

抗战初期党的文化宣传工作之所以能够取得令人瞩目的成就，据笔者分析，主要有以下两方面原因。

第一，在共产国际指导下党的战略策略发生重大转变的结果

1935年12月17日至25日，中共中央在陕西安定县（今子长）瓦窑堡召开政治局会议。会议根据共产国际七大关于建立反法西斯统一战线的总方针，提出建立抗日民族统一战线的理论和策略。不过，由于主客观条件的限制，党的战略方针的彻底转变，和国共合作的最终形成，还有一个过程。在这个过程中，共产国际起了重要的指导和推动作用。

1937年7月卢沟桥事变爆发后，共产国际继续推动中国共产党转变战略策略，推动国共建立抗日民族统一战线。也是在俄罗斯的解密档案

---

① 中共中央党史研究室第一研究部译：《联共（布）、共产国际与抗日战争时期的中国共产党》（1937—1943.5），中共党史出版社2012年版，第41—81页。

中，笔者发现了一份标题为"季米特洛夫在共产国际执行委员会书记处会议上的讲话"的文件，时间是1937年8月10日。季米特洛夫时为共产国际主要领导人，他在讲话中肯定了中国共产党在共产国际七大后实行战略策略转变的成就，认为党在政策策略上已经"作出一百八十度的转变"，而这一转变"是正确的"，"是符合共产国际第七次代表大会总路线的，是适应中国革命的发展的"。他明确指出："中国的问题已经不是苏维埃化的问题，而是保卫中国人民使之免受日本帝国主义侵吞的问题。必须将中国人民的巨大力量联合起来，反对日本侵略，保障中国人民的独立、自由和领土完整。而在这方面党应该（它基本上也是这么做了）转到不是为争取中国苏维埃化而斗争的立场上，而是为争取民主化，争取在民主基础上团结中国人民的力量来反对日本帝国主义，反对日本侵略而斗争的立场上。"①

正是在共产国际的促动下，中国共产党积极转变对国民党蒋介石的方针，为了中华民族的根本利益，与国民党开展了建立抗日民族统一战线的谈判，并最终实现了第二次合作。这一战略策略转变的结果，抑制了国民党对共产党的敌视态度，同时也冲破了国民党的文化封锁，使党的文化宣传工作有了较为宽松的政治环境，从而使其在更为广阔的空间产生了影响。

第二，中国共产党利用形势的变化，主动作为的结果

全面抗战爆发后，中华民族的危机日益严重。中共中央根据形势的发

---

① 《季米特洛夫在共产国际执行委员会书记处会议上的讲话》（1937年8月10日于莫斯科），《联共（布）、共产国际与抗日战争时期的中国共产党》（1937—1943.5），中共党史出版社2012年版。

展变化,在积极推动与国民党谈判的同时,进一步主动加强对人民群众和抗日武装的宣传、组织和领导工作。为了鼓舞广大人民群众和爱国将士的抗日热情,中共中央主动谋划、主动作为,通过不同渠道和不同形式,采取立体互动的策略手段,宣传党的抗日主张。

一是利用国民政府的合法机构进行宣传。在国民政府军事委员会政治部第三厅中,有不少共产党人和进步分子。为了最大限度地利用第三厅发挥宣传抗战的作用,根据周恩来指示,在其内部建立了党的秘密特别支部,采取多种方式宣传中国共产党的《抗日救国十大纲领》和抗日主张。在第三厅内,共产党人采取不同策略,组建了许多宣传抗战的专业团体,其中抗战宣传队有4个,抗战演剧队有10个,电影放映队有5个,还是1个漫画宣传队、1个电影制片厂,甚至还有1个孩子剧团。①

二是利用进步人士及其文化团体进行宣传。1938年3月27日成立的由各文化单位联合组成的中华全国文艺界抗敌协会,就是中国共产党领导文化宣传工作的一个重要团体。为了对这个组织产生政治影响,引导其宣传党的抗日主张,周恩来亲自出席成立大会,并在演讲中指出,全国的文艺作家们在全民族面前空前地团结起来,象征我们伟大的中华民族一定可以凝固地团结起来,打倒日本帝国主义。他希望文化界人士深入抗日前线,报道前线将士的英勇奋斗与战区敌人的残暴,反映后方民众的动员情况,形成不同形式的抗战文化作品。②

---

① 肖效钦等主编:《抗日战争文化史》,中共党史出版社1992年版,第218—219页。

② 中共中央文献研究室编:《周恩来文化文选》,中央文献出版社1998年版,第3—4页。

三是创办文化宣传刊物,动员和领导广大人民群众投入抗日救亡运动。解密档案中列举的报刊,特别是《新华日报》,从其数万份的发行量,就可以看出其在抗战初期的重大影响。除了党中央和中央分局的宣传外,一些地方党组织的刊物也很有影响。例如,曾担任中共四川省委书记的车耀先在成都创办和主编了《大声》杂志。车耀先在该刊发展多篇文章,满怀激情动员人民大众,呼吁全民族共同抗战。他在《我们要求的抗日救国共同纲领》一文中说:"中华民族若果真要救国,要从殖民地的奴隶地位爬上来做一个独立国的主人,这次就非坚决争取抗战的最后胜利不可。要坚决争取抗战最后胜利,就非巩固和扩大抗日统一战线不可。"[①]

通过对解密档案中有关抗战初期党的文化宣传工作的内容解读,以及党的文化宣传工作取得成就原因的探讨,可以看出,中国共产党在抗战初期的文化宣传工作,由于各种条件的限制,不论在规模上还是在形式上,都不如后来的抗战文化那么宏大,那么成熟,那么缤纷多彩。但是,毫无疑问,它是党的抗战文化的一个重要组成部分,是党的抗战文化的起步之作,也是党的抗战文化的奠基之作。

作者简介:

苏 杭 中国矿业大学(北京)思想政治教育学院教授、博士生导师

---

① 《大声》复20号,第3页,1938年3月26日。

传播学视角下的八路军文化传播研究

任慧鹏　郝晓敏

从1921年到1949年的28年间，中国共产党领导中国人民同帝国主义、封建主义和官僚资本主义进行了艰苦卓绝的斗争，经历了无数的艰难险阻，付出了数以百万计革命者的鲜血和生命，最终赢得了中华民族独立和中国人民的解放。中国共产党在领导中国革命的长期实践中，培育了不同历史阶段不同特征的红色文化和相对应的革命精神，包括红军文化、八路军文化、新四军文化、解放军文化等，以及由此铸就的井冈山精神、长征精神、延安精神、太行精神和西柏坡精神等。也正是依靠不同时期所形成的不同特征的红色文化和革命精神，我们党才能克服重重困难，不断把中国革命从胜利引向胜利。而八路军文化和太行精神，就是其中不可或缺的有机成分。

八路军太行纪念馆于1988年落成，是全国唯一一座全面反映八路军八年抗战历史的大型革命纪念馆，先后被授予"国家一级博物馆"、"全国中小学爱国主义教育基地"、"全国爱国主义教育示范基地"、"全国廉政教育基地"、"国家国防教育示范基地"等117项荣誉称号。研究、挖掘、展示、宣传八路军抗战史，弘扬太行精神，传播八路军文化，是我馆的职责使命和价值体现。

近年来,为了弘扬太行精神、传播八路军文化,充分发挥红色文化在爱国主义教育和社会主义核心价值体系构建中的独特作用,八路军太行纪念馆通过多种手段进行社会宣传、拓展公众服务,取得了良好效果。本文运用传播学基本原理,系统总结了本馆开展八路军文化宣传工作的主要成效、基本经验和理论成果,对八路军文化传播的内容、方式、途径等进行了理性分析思考,从而为我馆开展业务研究、提升公众服务水平,构建了一个较为完整的理论框架体系。

一、研究主体信息,科学把握传播内容

抗日战争期间,八路军前方总部和中共中央北方局等我党我军指挥机关长期战斗、驻扎在华北地区(主要是太行山区),朱德、彭德怀、刘伯承、邓小平等老一辈无产阶级革命家在此指挥了"反围剿"、百团大战等众多战役战斗;中共中央北方局党校、鲁迅艺术学校、中国人民抗日军政大学、新华日报社、战斗剧社等文化组织活跃于华北敌后,为坚持抗战提供了战争动员、文化宣传、干部教育等方面的支持;八路军总部和第129师等指挥机构在此创建了大大小小10多块抗日根据地和黄崖洞兵工厂、冀南银行、药厂等一大批作战保障单位;华北敌后广大军民以国家利益为重,为夺取抗战胜利奉献了人力、物力、家庭乃至于生命,同时敌后党组织和八路军在根据地实行了一系列政治、文化、经济措施,进行了大量实践,老百姓与人民军队结下了深厚的鱼水情,实现了毛泽东"兵民是胜利之本"这一相信群众、依靠群众的科学预言。在这个过程中,中国共产党领导的华北军民与来自五湖四海的中华民族优秀儿女一道,共同创造了博大精深、内涵丰富、融多元特征于一体的八路军文化,培育了伟大的太行精神。

"八路军文化"这一概念,目前国内尚未定论,学术界鲜见论著,肇始于2010年八路军太行纪念馆与山西省武乡县共同举办的八路军文化研讨会,李蓉、岳思平、刘庭华、李蕙芬、宋河星、岳谦厚、史永平等国内众多专家纷纷撰文,从不同视角对八路军文化作了审视、剖析、开拓和深层次探讨,使得该项研究取得突破性进展,如李蓉研究员的《八路军文化问题初探》,刘庭华教授的《八路军文化概念的内涵、实质和历史特点》,宋河星研究员的《太行抗日根据地八路军主体文化综述》,岳思平研究员的《论八路军文化的基本特征》等文章,均蕴含着开创性、理论性很强的论断和见解。但不可否认的是,对这一课题的探究还不够深入,对于八路军文化的研究范畴还不明确,它究竟是一种政治文化,抑或是组织文化,还是军事文化,乃至地域文化;它是物质性指向,还是精神性指向,或二者兼具,仍未取得统一意见,有待于继续"争论"。就笔者而言,倾向于从文化软实力角度着手,认为"八路军文化",是在抗日战争的特定历史背景下,广泛吸收马克思主义文化、中国传统文化、红军文化、民间通俗文化、左翼文化等文化优秀基因基础上,通过八路军将士及根据地人民的伟大实践(生产、生活、战斗等),在与民间传统文化、根据地文化的交融交汇和与日伪英勇斗争中,逐渐熔铸成的一种集民族性、阶级性、群众性、斗争性、地域性、实用性等多元特征于一体,富于凝聚力、导向力、领导力的文化软实力。形式上,它是一种军旅文化;哲学层面,可形象化为太行精神;本质属性上讲,它从属于近现代中国革命红色文化体系。

关于"太行精神",早在抗日战争时期,邓小平同志就对太行军民的革命精神进行了科学总结,将这种精神概括为有觉悟、有本领、有科学精神、有民主精神、有群众观念等特征的革命精神。2004年以前,对太行精神一直没有统一的说法，有的称其为"八路精神"或"拼搏精神"，有的抽象为"抗日精神"或"抗战精神"，也有的浓缩为"奉献精神"，还有的干脆叫作"革命精神"。2004年8月，李长春同志在山西考察，根据新的实践和理论发展，对太行精神首次作了科学概括和高度评价，这就是"在国家和民族处于危亡的关键时刻,中国共产党领导太行儿女展现的不怕牺牲、不畏艰险的革命英雄主义精神，在极其艰苦的条件下展现的百折不挠、艰苦奋斗的精神，为民族解放展现的万众一心、敢于胜利的精神，为人民利益展现的英勇奋斗、无私奉献的精神"。胡锦涛同志2005年7月29日至31日来晋考察，把认识、弘扬太行精神提升到了新的历史高度，他说"八路军和太行儿女为抗日战争的胜利做出了巨大的牺牲和重要贡献。抗日战争中培育的太行精神，凝聚着中国共产党人的优秀品质，凝聚着中国人民的奋斗精神，永远是中华民族的宝贵精神财富"。习近平同志2009年5月视察八路军太行纪念馆时，也对太行精神作了深入阐述："要结合新的实际，与时俱进地大力弘扬太行精神，坚定正确的理想信念，始终保持对党对人民对事业的忠诚；坚持执政为民的政治立场，始终保持同人民群众的密切联系；锤炼坚忍不拔、百折不挠的品格，始终保持知难而进、奋发有为的精神状态；坚守党的政治本色，始终保持艰苦奋斗的优良作风，为推动经济社会又好又快地发展提供强大的精神动力。"2012年2月刘云山同志在我馆考察，特别指示我们要"把工作做好，大力弘扬太行精神，传承八路军文化"。

正如前文所述，八路军太行纪念馆承担着"研究、挖掘、展示、宣传八路军抗战史，弘扬太行精神，传播八路军文化"的使命，从传播学的角度讲，"太行精神"、"八路军文化"即是八路军太行纪念馆传播的主体信息，纪念馆的基本展陈可以符号化地概括为"弘扬太行精神，传承八路军文化"。因此，要做好八路军太行纪念馆的八路军文化传播工作，其基础就是要做好对"太行精神"、"八路军文化"这一主体信息的科学把握。而这两者之间又存在内在关联，因为精神必须依托于一定的文化载体，我们弘扬太行精神，必须通过研究、展示、传播八路军文化来实现。由此，笔者将八路军太行纪念馆传播的信息主体概括为"八路军文化"。

首先要从发掘有关"八路军文化"的史学内涵着手，梳理体现"八路军文化"的史实并加以阐发，并从"八路军文化"的命名特点，从历史外延角度探究其修辞效果和历史方位，将其与红军文化、新四军文化、解放军文化等进行比较研究，把握好这一信息符号的确切内涵。其次，要引入革命史、文化史研究的方法、理论，深入挖掘"八路军文化"的历史内涵、时代价值，用以诠释"八路军文化"对于推进我国文化软实力建设、弘扬中国精神的积极作用，从而把握好符号信息的时代价值。再次，要充分搜集有关科研机构、各省区相关部门、高校、学术团体自觉开展"八路军文化"研究活动的成果，注意集大成，不断深化，形成有关"八路军文化"的理论体系、主要内容、现实意义、弘扬途径等系列成果，以此为我馆的八路军文化传播工作提供强有力的理论支撑。

二、关注现实需求，主动服务传播对象

八路军文化传播必须十分关注传播对象的现实需求，结合党和国家大政方针自觉开展符合主旋律的文化宣传，或迎合大众文化时代特征，推出面向不同群体的教育项目。如习近平总书记在十八届中央政治局第五次集体学习时强调，要积极借鉴我国历史上优秀廉政文化，不断提高拒腐防变和抵御风险能力。我馆积极响应，及时组织专题研究，系统梳理、提炼、总结抗战时期我党我军廉政建设实践，编写了《八路军将领廉政故事选》，与山西省纪检委合作推出了《光辉典范——抗战时期中国共产党党风廉政建设展》；再如当前中共山西省委提出要"大力加强党的纯洁性和先进性教育"、"深入开展党的群众路线教育实践活动"、"建设中部文化强省"。我馆顺应时事，认真领会、落实省委指示，从纪念馆馆藏实际、展陈特色和资源优势出发，有侧重地在展陈、社会宣传、研究方向等方面作出努力，自觉服务于现实需求。总的来说，在关注传播对象方面，我馆主要是坚持做好以下几方面工作：

第一，坚持"太行精神光耀千秋"主题宣传，利用八路军抗战史陈列馆、八路军将领组雕《太行山》、八路军将领馆等设施，配合举办重要纪念、节庆、教育活动，有效激发传播对象——各级党政机关、企事业单位、军队院校，来馆学习八路军文化，使广大干部群众不断提高思想修养，转化为保持先进性、纯洁性、坚持群众路线的政治动力；第二，坚持贴近生活、贴近实际、贴近群众，自觉服务于党的建设工作，借助临时展览、文艺节目、宣传册、出版物等载体，切实发挥红色文化引领风尚、教育人民、服务社会、推动发展的作用，为实现"中国梦"注入不竭的精神动力；第三，坚持发挥"基地"作用，抓好中小学爱国主义教育示范基地、爱国主义教育基地、国防教育示范基地、廉政教育基地建设，主动承接社会责任，深入开展弘扬八路军文化专题宣传活动，真正把纪念馆办成党员干部接受教育、加强党性修养的重要场所，广大人民群众观光旅游、增德益智的精神乐园，青少年学生学习知识、陶冶情操的重要课堂。

三、共建互动一体，系统优化传播效果

传播的系统性是指由相互联系、互生效果的主客体互动结合在一起的有机整体。传播学通常把向社会传播区分为自我传播、人际传播、群体传播、组织传播、大众传播五种传播系统，也称信息系统。八路军太行纪念馆作为全国爱国主义教育示范基地、全国中小学爱国主义教育基地、全

国廉政教育基地、国家国防教育示范基地，已与500多家党政机关、企事业单位、部队院校建立了广泛的共建关系，这是八路军文化传播工作的重要渠道。这些单位大多分布于山西省域内，来往方便，联系便捷，我们将这些共建单位结成有机的八路军文化传播共同体,把他们看成是一个系统，在各种纪念日及学校寒暑假时，主动走进这些单位，与他们深入交流探讨、共同策划共建活动，做到活动年年搞，年年出新意，以达到"与时俱进"、"适销对路"，切实提升传播效果。

与此同时，利用八路军抗战史知识的讲授传播，参观者学习体会的人际交流传播，各种主题活动的群体传播，党团队活动的组织传播，演出、宣传页、出版物、网站等各种媒体的大众传播，共同构成八路军文化传播的有机体系。在此过程中，还可适当融入青少年"志愿者"队伍、社会公众"博物馆之友"等纪念馆的各种社会组织建设，不断提升八路军文化传播工作的有效性和美誉度。应该说，八路军太行纪念馆所有的资源都是为八路军文化传播准备的，通过与社会有关群体互动，将这些资源充分利用起来，让社会各界共享，将太行精神传承光大，推动八路军文化传播工作不断结出丰硕成果。

四、整合资源载体，拓展完善传播功能

八路军太行纪念馆2005年大型改扩建以来，随着自身实力和员工队伍素质提高，社会教育与公众服务能力不断增强，拥有陈列展览、专题教育、学术研讨、文艺演出、阵地讲解等多种八路军文化传播单体。传播的目的旨在通过多维手段，使观众增长知识、受到教育，发挥自身作用，扩大影响力。教育学原理告诉我们，教育效果并不是各个教育单体作用的简单相加,对人的教育效果更多地取决于各个教育单体的相互联系和相互影响。因此，在八路军文化传播工作中，我们将传播单体划分为展厅参观、讲解导览、主题教育、信息服务、体验互动、文艺演出等区块,并在日常管理中细化落实。如我馆酝酿启动的博物馆数字图书馆建设项目,全面收集国内博物馆行业专家学者的学术成果,整合目前国内公开出版的抗战史学、博物馆学、红色旅游、文物考古等领域的各种馆藏书籍、期刊、电子图书等数字资源,致力于打造国内博物馆界第一个开放型数字图书馆平台,以此为博物馆学者及公众提供优质的信息服务;如2012年建成对外开放的图书馆(位于八路军将领馆内),成为山西省第二家拥有实体图书馆的博物馆,在社区居民和当地中学生中产生了积极影响;如每年度面向青少年的"军事夏令营"活动,事先与合作方充分讨论,拟订方案,考察活动地点,制定安全措施,安排专职人员,事后做好总结,深受广大师生欢迎;如在讲解导览中通过语言与多媒体技术、歌曲、图片、实物等交互教育方式,向受众传播八路军抗战史知识,阐释"八路军文化"的具体历史内涵;如将反映八路军文化的抗战题材,改编成干部群众喜闻乐见、富于时代特色的歌舞、快板、小品、情景剧等文艺节目,以讲、唱、跳结合的方式进行宣传演出,让观众艺术地感知、回溯峥嵘岁月,延伸深化传播信息。以上所有这些活动可根据受众不同需求,从拓展完善传播功能的主旨出发进行有机整合,科学安排,交互影响于受众,拓宽八路军文化传播载体途径。

五、构筑合作体系,联动扩大传播效应

传播总是在社会的一定系统内部及系统之间发生的。社会上一切事物无不处于一定系统中,在个体和社会传播之间,存在着人际、群体、组织及大众传播等不同层面的传播关系,各个传播系统之间的相互影响、相互依赖,共同维持了传播系统的正常运转和向前发展。纪念馆作为社会系统的一分子,要做好八路军文化传播工作同样离不开与社会各部门、机构、团体的合作，从而形成有机联动的传播系统。

一是主动与各级党群组织建立长期合作关系，让纪念馆成为干部教育的思想基地；二是与各级团组织、各高校、各教育行政部门建立长期合作关系，让纪念馆成为广大青少年和志愿者开展活动的实践基地，成为对青少年教育的第二课堂，从而将博物馆教育纳入国民教育体系；三是与各级旅游部门、旅行社广泛合作，积极开展体验式红色旅游和八路军文化宣传活动；四是与各级工会、妇联、民主党派等组织合作，根据传播对象的不同特点和个性需求，开展有侧重点的教育活动；五是顺应信息时代需求，建设八路军文化宣传专题网站，利用好互联网这块阵地，组建八路军文化传播网络联盟，发挥集聚效应；六是与理论界建立良好合作关系，筹建成立全国八路军研究会，为开展相关理论和应用性研究奠定坚实基础；七是与各级电台、平面、网络媒体建立良好的沟通联络机制，优势互补、共同发展；八是强化与业界同行合作，相互借鉴，加深互动，资源共享，合作共赢。目前，我馆已经建立了较为完善的合作体系，具体实践表现在以下几方面：

与中央统战部（中央社会主义学院）、山西省纪检委、解放军62190部队等机关保持着良好的合作关系；与山西省教育厅、长治市教育局、南开大学法学院等教育行政主管部门或教育机构建立了长期合作关系，山西省教育厅2012年曾给全省各地市教育局及省属高校下文，要求有条件的学校和教育行政部门每年度组织师生到武乡（八路军太行纪念馆）接受体验式爱国主义教育；加入山西省旅游局主办的旅游政务网，与山西境内各景区加强沟通，相互提供客源信息，进行推荐宣传；开通了业务QQ群和电话专线，为全国各地旅行社提供咨询服务；与山西省总工会、长治市妇联、中共武乡县委统战部等单位合作，开展文艺演出、阵地讲解等主题宣传活动;打造了八路军太行纪念馆网和中红网八路军太行纪念馆专题网站两个基本网络平台;与全国有关纪念馆合作,筹建成立八路军研究会,每年度举办全国八路军文化研讨会;与新华社、人民网、华夏地理杂志、山西日报、山西电视台等媒体合作,开展八路军文化研究宣传、专题报道等业务活动;通过中国纪念馆群等方式,与侵华日军南京大屠杀遇难同胞纪念馆、中国人民抗日战争纪念馆、井冈山革命博物馆、韶山毛泽东同志纪念馆、延安革命纪念馆、西柏坡纪念馆等全国著名革命纪念馆建立协作关系,合作研究,互换展览,共同举办探寻"红色之旅"、"追寻中国红"等活动。

六、结语

2013年7月,中共中央办公厅、国务院办公厅、中央军委办公厅印发《关于进一步加强烈士纪念工作的意见》,指出要"广泛开展纪念烈士活动"、"每年清明节、国庆节等节日和重要纪念日期间,各级党委、政府和驻军部队以及企事业单位、社会组织要充分利用烈士纪念设施、爱国主义教育基地、国防教育基地等红色资源,组织开展祭奠烈士、缅怀英烈活动",预示着八路军太行纪念馆等全国爱国主义教育基地将迎来又一个繁荣发展的"春天"。我们必须主动适应形势,以高度的文化自觉和文化自信,努力探寻红色文化传播规律,坚持理论与实践创新,服务于社会主义精神文明建设和核心价值构建,以此为促进公益性文化事业大发展大繁荣、弘扬民族精神做出积极的贡献。

作者简介:

  任慧鹏 八路军太行纪念馆办公室

  郝晓敏 八路军太行纪念馆办公室

八路军与武乡农村社会意识的变迁

赵永强　沈　乔

抗战时期，由于外敌入侵，以八路军为主要代表的外部力量纷纷进入山西偏僻农村地区，建立革命根据地，开展民族、民主革命斗争。八路军、共产党代表了当时历史时期的先进文化和前进方向，他们带到根据地的新生事物和先进文化，使得革命根据地在为民族解放事业做出巨大贡献的同时，本土社会也发生了"静悄悄的革命"。这种本土社会的变革，不仅仅体现在政治、经济、社会、文化的显要层面，更深刻地表现在人们的思想观念、社会意识等内在层面。

位于山西省东南部的武乡县，抗战前属于典型的内陆传统农村县份。抗战时期，这里成为太行根据地的中心，不仅为共产党、八路军补充了大量的新鲜血液，而且也是共产党、八路军进行组织活动、改造社会活动的最主要区域——双方是互动的，八路军、共产党的进入和活动对武乡当地社会各方面都产生了很大的影响。这样的影响特别体现在人们的思想意识深处。

本文以抗战时期的武乡县为考察范围，以农村社会意识的变迁为视角，探讨社会变革时期普通民众的思想、观念和意识在潜移默化中的巨大反差。这些探讨,无论是对于历史时期农村社会的细微观察和反思,还是对于现时代的先进文化建设,都有一定的借鉴、参照作用。

一、迷信与命运观念的变化

抗战前,武乡农村老百姓和山西其他农村地区一样,迷信观念非常强。

对于神,不分阶层不分男女老少,基本上都有信仰。大些的村庄,都修有龙王庙,年年唱戏进会,非常恭敬;尤其到天旱时节,各村都要向龙王祈雨,因为正好在雨季天往往也就下了雨,老百姓便更加信仰龙王爷了。监漳村年年天旱了都要向黄龙爷求雨,三天不下,再三五天总会下,雨后又大唱贺雨戏、献猪头,形成了当地的文化娱乐活动。在这种文化气氛熏陶下,一代一代的民众无意识地继承了旧的传统和信仰。在武乡民众信仰的神中,有三个最灵验的"神神家",一个是新村的牛王,一个是广志的皮神,一个是活岭的五道爷。凡是牲口有了病,去新村;人身体有恙,到广志拜皮相爷;丢了东西,打官司,就到五道爷那里许愿抽签,祈求保佑。这三个地方,平时祭祀者不少,尤其是初一十五,求神者来往不断。还有些农民,因为生活苦,相信修行学道能成仙,所以,终日焚香打坐,不修今生修来世。韩壁村的韩四栋加入天仙道,修行20多年,家中生活依然贫苦,但他不灰心,使他最信服的一点就是打坐时合了眼,就悠悠然地不知到了什么地方,他以为那就是成神的妙处。① 所以,武乡老百姓的生活处处和神分不开:厨房内有灶君、火神,想发财供财神,井上有井神,

---

① 中共太行区党委研究室:《武乡群众意识调查材料》(1943年4月)。山西省档案馆馆藏A181 - 1 - 45 - 2,无页码编号。

磨上有白虎神,门上有门神;当木匠的供鲁班爷,下煤窑的供老君爷。真是无人不供神,无处不有神,连老鼠都是土神。因此,每月都有各种神的节日,一到时节,老百姓便焚香祈祷、唱戏进会。这些节日主要集中在农闲时间,除了信仰外,也带有娱乐的性质和功能,成为普通民众日常生活的组成部分。

在信神的群众中,以妇女最为认真,这一方面是因为她们管理家庭内务,另一方面妇女在各种知识上也更缺乏些。此外,生育问题是家庭生活、家族延续中的重大事项,而妇女们不了解生育原理,生了孩子总认为是"奶奶家"送的,有了孩子,要给"奶奶"烧香、上供、织鞋;如果不生孩子,要去奶奶庙祈祷、跪香,甚至切吃泥孩子的阳物(奶奶庙摆着很多)。如果家中孩子有了病,妇女们要到灶君爷前或五道庙烧香,求神保佑。所以,在当时的根据地,要破除对神的迷信,妇女工作是重点。

除了神以外,对于鬼和精气的迷信也很普遍。最怕鬼的人是青年和妇女,但许多人到了外村、外地就不怕了(因为他心理上联想不到),所以武乡俗语说:"出门怕水,在家怕鬼"、"害怕就有鬼"。而精气的传说主要是围绕着财主们而编造的。一般群众不清楚财主们的财富来源,认为他们财命好,有精气专门扶持。武乡六区王家垴村有个地主侯根保,有些贩粮者到他家买完一囤粮,第二次去时,这个粮囤又满了,于是便有人说他家有猫精扶持,没有粮食了,猫精就会送来;侯家的一个雇工不信,说了几句怪话,黑夜身上被抓得皮破血流,人们便说是被猫精抓的。大有镇的裴玉澍,是武乡四大家之一,老百姓传说他家有个狐精,狐精忠实,要扶持谁家就一直扶持,不破坏;所以不破产的财主是狐精扶持的,而猫精是变化的,有时扶持,有时祸害,财主破产,也是猫精倒光的①。

寿命长短、家庭穷富、事业成败、子孙有无,这些人生中的所有问题,老百姓不探讨主客观具体条件如何,而是一概推到命运这一虚无的概念上。武乡老百姓总结事情时只有一个结论:命运好或者不好!命是生辰八字就注定了的,而运气的红黑,则是时时变化的。因为有这种观念,所以老百姓把事情的好坏,都归结于命运。对于财富,常说"发家不由人,该穷躲不过",富人阶层也常用这些观念讽刺穷苦百姓:"穷胎骨,四两重,不够一斤硬扎挣——天生穷命鬼!"、"长了些,截了些;粗了些,刮了些;天生雀儿命,长不上鸽子大——该穷躲不过。"②

抗战八年,武乡老百姓的迷信观念有了明显的转变。首先是八路军、民主政府进行了广泛的反迷信宣传说教活动。其次,残酷、紧张的战时生活,给群众以最有力的实际教育。无数次的经验,告诉了民众神灵的虚妄,靠那种精神的幻想并不能制止和避免敌人的烧杀抢掠,不能保证生命安全和解除目前的苦痛。敌人常来扫荡,连武乡最灵验的神庙——城隍庙、广志皮神庙、新村牛王庙等都被日军焚烧了,所以,群众认为神连自己都保护不住还能保护人,"咱也没有见神是怎样个,日本家来了它也顶不住"。加上根据地反迷信教育的开展,一般的青年人基本上不信神的说法了。因为他们对家务事不负责,没什么难事要他解决,战争时他们能跑,找八路军部队作保护,所以根本不信神。而在老年人中间,虽然也觉得"神神家"

---

① 中共太行区党委研究室:《武乡群众意识调查材料》(1943年4月)。山西省档案馆馆藏A181 - 1 - 45 - 2,无页码编号。

② 中共太行区党委研究室:《武乡群众意识调查材料》(1943年4月)。山西省档案馆馆藏A181 - 1 - 45 - 2,无页码编号。

现在不顶事，但在危急的时候又要幻想和依靠，尤其是那些入过道门的人。1942年年关日军"扫荡"时，由于敌人威胁严重，民兵武装活动受到打击，于是许多村庄的老年人便寻求依靠，祈祷神灵保佑平安。在战争年代下，各种神都无人供养了，只有活岭五道爷的威信很高，香火不断，因为群众认为他厉害，能保护人的生命财产。

鬼和精气的说法相对来讲更加少了。战争中"鬼子"比"鬼"更可怕，所以过去怕鬼的青年和妇女们，黑夜走路怕的是鬼子而不怕鬼；在"扫荡"中，好多人往往是从死人身下、死人堆中逃出的命，所以，他们因为仇恨而战胜了怕死人怕鬼的胆小心理。从前传说财主家有猫精狐仙扶助，但抗战中实行新的负担政策，地主的经济被削弱了，一般人也都不再说有精气了。精气的传说和命运的观念，在过去很好地掩盖了富人阶层财富的剥削渠道和来源。当群众生活得到明显改善，地主削弱后（而这些又都是八路军实行新法令，通过各种斗争才实现的），老百姓都认为"这是时代变成这地个，八路军来的过"。过去老百姓在院里挖个茅坑还邀请阴阳先生看风水气脉，现在为了战争逃难，任意打洞挖窑，破路断桥，谁也不怕刨断地脉了。然而，群众对命运的看法仍然顽固地存在着，地主们以"三十年河东，四十年河西"的轮回思想威胁落后农民，幻想战后变天；而一般农民对那些自己看到的人力改变的事，就说是"时代过""年月过"，如果在一般情况下发生特殊问题（如一起逃难，有的人死了，有的人幸存），或者是基本问题暂时解决不了（如穷人一下子富不起来），老百姓想不通道理，仍旧归结原因到命的好坏、运的黑红上。

迷信、命运观念在抗战中经历的是一个逐渐消退的过程，这些思想上的东西，和战争、政策等外在的东西紧密地联系在一起，尤其是生产、生活问题。随着人民生活水平的提高、大生产运动的组织和开展，迷信和命运的说法在武乡农村的市场也越来越小。

可以说,落后的思想观念是和落后的经济、社会发展程度联系在一起的。要改变广大民众的社会意识,首先要提高社会生产力,改善他们的经济和社会生活;脱离了生活、生产的实践,实行单纯的"文化建设",其实际功效便要大打折扣了。这一点,对于今天的先进文化建设仍然是具有指导意义的。

二、婚姻与伦理

婚姻形态是社会生活的折射和体现,武乡民众头脑观念的剧烈变化,在婚姻生活这一最日常化的因素中体现得极为明显。我们从订婚、结婚、离婚、寡妇再嫁等方面考察抗战前后的不同情形。

订婚是男女婚配的必经程序,对青年男子而言,"父母之命,媒妁之言",天经地义;而在女子来说,武乡当地有"先嫁由爹娘,再嫁由自己"的说法,所以订婚是一种普遍的形式。武乡的订婚主要有:(1)娃娃亲。这种订婚形式在武乡反而是最纯洁的形式,男女双方父母都有身份、关系较好,为了表示亲密,所以孩子往往只有一二岁,就结为亲家。(2)亲上加亲。往往是姑表亲、姨表亲的形式,目的在于闺女到男方家不会受到欺侮。(3)闺女卖钱。这种情况一般按女孩年龄大小而谈论订金高低。贫雇农为了省钱娶儿媳,往往为儿子说个小十岁左右的闺女,以便省钱;而穷苦人家为了早些花钱,也把女孩早早地许亲。(4)后婚、纳妾。这种形式一般男方都很富有,不惜金钱;而女方家一般穷苦,为钱为名(男家当官等),也为了将来过上好生活。

从结婚的早晚看,早婚是一般的风俗,一般不过十六七岁。特别是地主富农家的儿子、中农人家缺儿子的,为了早些抱上孙子,当初订婚时男方就比女方至少小两岁或四五岁(小三岁在武乡属于"六害婚",没有),

结婚时都在 11—15 岁。而这时丈夫年纪小贪玩，不懂男女知识，新娘却已是成人，有性欲需求，所以，往往发生通奸的现象，造成农村男女关系的紊乱。而对于经济困难的贫雇农来说，有一些人终生娶不起女人，一般的也都是到20多岁以后结婚，但早就定亲的女方往往只有十三四岁，双方年龄很不相称。男方要求女人能够缝衣服做饭，并且解决性的需求，而女方一方面也不能满足，只愿意住在娘家，怕见丈夫。所以，丈夫经常毒打老婆，在外乱搞女人，夫妇关系紧张。这样就导致离婚现象的发生，而抗战前离婚的主导权完全掌握在男方手中，俗话讲"娶到妻，买到马，由我骑来由我打"，男人对老婆，"高兴了是个耍的，不高兴了是个打的"，退也自由，卖也自由，而妇女一旦被退或卖掉，社会舆论没有好评，所以，妇女们"嫁鸡随鸡飞，嫁狗随狗跑""生是男家人，死是男家鬼"。

　　当妇女变成寡妇以后，社会地位更加低下了。比如别人家有娶嫁，寡妇们就不能到场，怕冲了别人。寡妇守寡则已，如果改嫁的话一般得出于自愿，见了男方以后觉得如意，便由自己亲自订婚（一般交换一件东西即可）。但是如果婆家、娘家有一方不同意，也就改嫁不成。一般对于比较年轻的寡妇，武乡群众常说："年轻细小的，不要误了牙孩们闹人家"，如果是家庭困难无法生活的，舆论上也原谅说"应该寻个搁落处"；最不满意的是老寡妇改嫁，"老也老了，还嫁汉啦！"①寡妇再嫁时，要被卖许多钱，由婆家和娘家瓜分。另外，写改嫁文书要花很多的钱，因为传说死去的前夫会在跟前跪着哭，一般没人愿意写这样的文书，而且寡妇的出嫁也

---

① 中共太行区党委研究室：《武乡群众意识调查材料》（1943年4月）。山西省档案馆馆藏 A181－1－45－2，无页码编号。

只能在深更半夜起身。

抗战爆发之后,一方面受战争和政策的影响,另一方面武乡人受到外来的八路军战士、共产党干部以及青年学生、知识分子的耳濡目染,婚姻观念发生巨大变化。从小订婚的基本上很少了,即使年纪大些的青年男女订婚,父母也要征求双方的意见;在彩礼方面,由于政府提出反对买卖婚姻,一般人不敢公开谈说闺女价钱,但转换了形式,变成背地里进行,或把财礼减少表礼增多,因为要上些财礼也是买棉花布匹等东西。在婚姻的选择上,过去女家觉得男家越有钱财越好,但现在由于地主在经济上政治上的日益削弱,经常被批斗打骂,一般人都不愿意把闺女嫁到老财家了。但同样也没人愿意选择穷人家庭,一般人还是多选择中农阶层。原来男女选择,除了财富以外,最重要的就是"人长得漂亮",而这一时期由于政府鼓励妇女参加劳动和生产,所以,"劳动第一"的择偶观念也在农村兴起,不能参加生产的小脚妇女,成为大多数男青年排斥的对象。

抗战后,早婚的风气在武乡一般是被刹住了。因为过去早婚的多是地富家庭为了人丁兴旺,现在地主富农经济上受到削弱,政治上遭到打击,加上婚姻法令的公布实施,不够年龄不允许结婚,所以很少有早婚的家庭。但是,旧的封建礼教并没有绝迹,有的家庭老人年纪大,认为世道乱,也有将子女年龄虚报到法定年龄而匆匆办理嫁娶的情形。所以,妇救会在婚姻上有了很大的发言权,经常有年龄不够的女子被妇救会阻拦出嫁。

晚婚的现象更加普遍了。在战前,晚婚的人多是贫雇农,战后依然是这些人,甚至更晚也订不下婚。实行自由结婚以后,妇女不嫁年纪大的和穷人;过去那种买个小闺女慢慢熬,长大后再娶的办法也不行了。所以,抗战前期武乡农村出现了一批穷苦大龄男青年,但是随着社会的均富,这种情形逐渐减少,和战前相比较,农村中因为经济贫苦而不能成家的人数越来越少,这也为新中国成立后农村人口的大量增长打下了基础(战前乃至战争时期,农村人口长期处于一种基本稳定的低速增长或减少状态,一个重要原因在于农村贫苦男丁无力成家)。

离婚的现象在婚姻法令颁布后变得十分突出。妇女在离婚问题上已变成主动的一方,1940年到1942年底,武(乡)东县共离婚310多人,其中大多数是女方提出的。过去妇女在家庭中受不了男方的欺压,往往选择自杀,现在则找妇救会,请求离婚。所以,妇女在家庭中的地位普遍得到了提高,尤其是穷苦家庭,男人宁愿受女人支使,也不愿让老婆提出离婚。但也出现了一种现象,一些妇女好逸恶劳,嫌男人年纪大、家庭穷、人才不好,动辄提出离婚,这成为政府面对的难题。寡妇改嫁也成为自由的事情,受到政府的鼓励和提倡。1942年,武乡县妇救会在石门村主持召开了寡妇改嫁大会,十几位寡妇披红挂彩、胸佩大红花现场改嫁,成为轰动一时的新闻事件。①

除了婚姻上的变化外,抗战前后,武乡农民家庭中的其他伦理关系也发生了很大变化,总体上从旧的封建伦理那种压迫、专制的关系改变为一种自由、民主的新型关系。战前,父子之间主要强调父慈子孝,但许多家庭子女忤逆不孝的事情也屡见不鲜;战后,一般家庭由于年轻人更多地参加社会活动,见识丰富,老年的父亲也就能够更多地尊重和听取他们的意见了,同时,政府和干部更多地干涉家庭的事务,所以,即使是父子之间,借助干部调解的情况也并不鲜见。孝的观念也不是过去那种绝对服从,而

---

① 中华全国妇女联合会主编:《中国妇女运动史》,春秋出版社1989年版,第502页。

表现在父子之间的互相尊重和商议。夫妇之间，过去实际上就是主人和奴仆的关系，随着婚姻政策的实行和男女平等政策的宣传，一般人都了解政府主张提高妇女地位，实行男女平等，开始改变以男子为中心的伦理观念。妇女们家庭地位提高了，她们也敢于和男人讲道理、打官司，尤其是那些参加了生产的妇女，如参加纺织运动，对家庭的经济收入有很大帮助，所以妇女更能够得到平等和发言权。相反地，由于妇女家庭地位的提高，家庭中婆媳的关系似乎比过去更加紧张了，因为在战前婆婆处于家庭的领导地位，媳妇言听计从，不能反对，否则便会受到丈夫的拳打脚踢。战后，首先丈夫往往迁就老婆，加上妇女们往往以遭受封建压迫为名，向妇救会诉苦，婆婆们失去了从前的威严地位，而年轻妇女们的社会活动却不断增多，如开会、学习、接受训练等，妇女参加这些活动遭到了婆婆们的激烈反对。老一代人往往无可奈何，他们常聊以自慰的乃是："唉，如今世道变了，是年轻人的天下……"①

三、风俗与节日

农村中的节日形成于几千年的农业生产传统，在武乡农民的世代生活中延绵不断代代相传，变化很小。这种稳定性也正是农业社会的特色。然而，抗战时期处于大变革的时代，武乡农民的这些记忆也悄悄地发生着改变，衍生出一些具有时代特征的产物。

战前，农民的节日主要有：正月初一过大年，正月十五元宵节，正月二十五老天仓，二月二龙抬头，清明节上坟祭祖，五月五端午节，六月六

---

① 中共太行区党委研究室：《武乡群众意识调查材料》（1943年4月）。山西省档案馆馆藏 A181－1－45－2，无页码编号。

羊工节,六月十六供观音,七月十五中元节(供奉神庙,收获后表示感恩),八月十五中秋节,九月九重阳节,十月初一寒衣节(上坟祭祖),十月十五下元节,腊月初八、二十三。①这些节日,一方面和节气分不开,是农业生产的空闲时期或过渡期,农民们利用节日表达庆祝、感激之情,同时交流感情和怀念先人;另一方面,也和一些封建迷信思想分不开,节日时总要烧香敬神,有一定的程序和规矩,吃食也有讲究。战争爆发后,这些旧的内容一切都依据形势的变化而变化,赋予了新的内容。

抗战爆发后,随着革命力量的兴起,一些过去与农民群众根本无关的新节日闯进了农村社会,说明农民和社会之间的新关联。如1月1日元旦成为新年的标志,3月8日妇女节,3月12日孙中山忌日成为植树节,4月4日儿童节,5月1日劳动节,6月6日教师节,7月1日中国共产党成立,7月7日抗战建国纪念节,10月10日国庆节,11月7日苏联十月革命节。②这些节日在武乡农村历史上第一次出现,表明武乡的农民们再也不像以前那样独立生存在社会大体制之外,而已经被卷进了时代和斗争的旋涡之中。在传统节日中,也包含了新的风俗习惯:如正月初一成为敬老节,正月十五为拥军优属节,清明为追悼死难烈士节,七月初七为全民抗战团结节(按民间传统本来是牛郎织女鹊桥相会的乞巧节),八月十五为杀敌节,十月初十为群英节,元旦为拥军爱民节。这些新的节日内容,很好地联系

---

① 山西省武乡县县志编纂委员会编:《武乡县志》,山西人民出版社1986年版,第450—451页。
② 山西省武乡县县志编纂委员会编:《武乡县志》,山西人民出版社1986年版,第445页。

了传统的民间习惯,又赋予了抗战时期的任务和特色,对于旧习惯的冲击和新时代的动员起了不可低估的作用。如清明节追悼烈士把本来属于政府行为的纪念活动上升到了社会和传统的文化体系中,对于全社会的尊崇起到了悄然而有效的引导作用,实现了民间传统与政府功能的良好对接。当时的武乡秧歌中这样唱新风俗:"正月里,旧社会流氓腐化,无组织不劳动,还要赌博。正月里,新社会大有变化,有组织有计划,还要娱乐。二月里,旧社会村村祭灾,讲迷信求神灵,瞎想平安。二月里,新社会大闹春耕,又造肥又垒堰,春耕生产。"①

作者简介:

  赵永强 原山西省地方志办公室

  沈 乔 山西省地方志办公室副研究员

---

① 山西省武乡县县志编纂委员会编:《武乡县志》,山西人民出版社1986年版,第445页。

武乡敌后抗日文化运动的成就及重要意义

肖 牲

在抗日战争时期,晋东南根据地的武乡县是八路军总部、中共中央北方局、晋冀豫区委、第129师师部和太行三分区司令部等领导机关的所在地。朱德、彭德怀、刘伯承、邓小平、杨尚昆等老一辈无产阶级革命家,长期在这里生活和工作,领导华北敌后抗日游击战争和各种斗争。特定的历史机遇和得天独厚的地理条件,使武乡成为八路军华北抗日的坚实基地。武乡不仅是华北敌后抗战的指挥中心,也是华北敌后抗日根据地的文化中心。这一时期,党领导下的各种文化团体、剧团、报纸刊物和军政学校等在武乡十分活跃,硕果累累。本文对武乡敌后抗日文化运动的成就及重要意义,作一略述。

一、武乡敌后抗日文化运动成绩斐然

抗日战争爆发后,1937年11月,刘伯承、邓小平率领的八路军第129师进入太行山区,派出20多个连队组成的工作团、宣传队,分散到太行山各地,组织动员民众,举办各种抗战演出。初期的抗日文化活动,是以宣传抗日救亡为宗旨,以开展抗战宣传教育为核心内容。1938年4月,八路军总部和中共中央北方局移驻武乡县后,在八路军工作团的帮助下，利用各种文艺形式，宣传抗日救亡活动，使沉寂多年的山区出现了空前活跃的局面。

在敌后根据地文化发展的基础上，1940年9月10日，中共中央发出《关于发展文化运动的指示》，分别对国民党统治区和各根据地的抗日文化运动作了部署。指出："我各地党部与军队政治部应对全部宣传事业、教育事业与出版事业作有组织的计划与推行，用以普及与提高党内外干部的理论水平及政治水平，普及与提高抗日军队抗日人民的政治水平，要使各根据地干部、军队与人民的理论、政治及文化水平高于与广于全国各地。"在强调发展抗日文化运动必要性的同时，还提出文化统一战线的重要性，要求联合一切可以联合的力量，"使他们参加在我们领导下的广大的革命文化战线"①。这一《指示》，标志着中共对抗日文化运动的认识有了新的突破，为开展敌后抗日文化运动进一步指明了前进方向。

武乡的敌后抗日文化运动是晋冀豫根据地抗日文化的重要组成部分。主要包括两大类：一类是武乡本土的抗日文化教育建设事业，在党的领导下发挥了越来越重要的作用；另一类是在八路军总部和中共中央北方局直接领导下的各机关在武乡的文化团体和文艺宣传活动。综观而言，包括文化、教育、出版和文艺队伍建设四个方面。

（一）文化事业

首先，各种文化团体纷纷组建

为促成文化教育统一战线，1939年4月，晋东南文化教育界救国总会

---

① 《中央关于发展文化运动的指示》，见中央档案馆编：《中共中央文件选集》第11册，中共中央党校出版社1986年版，第488页。

（简称"文教总会"）筹备委员会发出《建立晋东南文化教育的堡垒》的号召，强调建立文教总会的重要性：一、"文化教育彼此需要工作上的配合，经验上的交流和技术上的合作"；二、"面对敌人的'围剿''扫荡'，文教界要密切配合军事、政治、群众运动，粉碎敌人的进攻"；三、"为使文化教育工作与群众动员工作取得有系统、有计划的合作，要进一步强化文化教育工作，并在配合群众运动、辅助群众工作中发展自身"；四、"根据地的文化教育工作，一方面要继承和发扬民族文化的优秀遗产，另一方面要创造新文化"。[①]5月，文教总会在沁县正式成立；秋天又移驻武乡县下北漳村。至1940年8月，太南、太北、太岳、冀西各地先后成立了文教总会办事处及县区各文教分会。

为了发展专业队伍，培育专业人才，在文教总会的协调下，各专业协会相继组建。主要有：中华全国戏剧界抗敌协会太行山区分会（简称"剧协分会"），中华全国美术界抗敌协会太行山区分会，中华全国歌咏协会晋冀豫剧分会，中华全国文艺界抗敌协会晋东南分会（简称"文协分会"）等。各专业协会的建立，以及文教总会与各专业协会之间的密切协作，大大促进了晋冀豫边区各专业文化艺术的发展。

这里特别值得提及的，一是剧协分会，一是文协分会。这两个组织较为庞大和广泛，影响也较大。剧协分会于1939年2月在长治召开成立大会，对于敌后抗日根据地剧运的统一起了重大的推动作用。会后，相继成立了太南、太北、太岳区分会。文协分会是在中华全国文艺界抗敌协会组织的作家

---

① 转引自王照骞、郝雪廷：《武乡，敌后文化的中心》，山西人民出版社2011年版，第20—21页。

战地访问团帮助下成立的。作家战地访问团1939年6月从重庆出发，跋山涉水，9月来到武乡县。有部分人因体力不支，只好返回。访问团的叶以群、杨朔和袁勃3名成员，留在八路军总部。经过紧张的筹备，于11月在武乡县下北漳村召开文协分会成立大会。会后，广大文艺工作者，分别到太南、太北、冀西等区开展抗战文艺活动，促使根据地的文化工作蓬勃发展起来。

其次，各种剧团的演出异常活跃

随着晋东南根据地的巩固，以戏剧为主的文化运动在武乡迅速发展起来。各种剧团和宣传队在晋东南根据地相当普及，凡各部队、学校、民众团体，都有剧团成立。一般来说，规模不大，而且大都是业余的，但异常活跃，经常流动演出，深受广大群众的喜爱。

武乡县组建的著名剧团有：儿童话剧团、光明剧团、盲人曲艺宣传队和武西县战斗剧团。这些剧团，曾得到八路军太行山剧团和著名作家赵树理、陈荒煤、洪荒（阮章竞）等的指导与帮助。儿童话剧团于1938年春夏之交成立，这是武乡第一个县立剧团。剧团演出过《打倒汉奸卖国贼》《送郎参军》《誓死不做亡国奴》等小剧和《义勇军进行曲》《大刀进行曲》《游击队之歌》等歌曲以及各种舞蹈。武乡县光明剧团于1939年9月成立，这是县政府领导的抗日剧团，名列晋冀鲁豫边区职业剧团的榜首。自编自演过宣传抗日救国的《换脑筋》《上前线》等戏剧。表演的反映国统区暗无天日的《血泪仇》，表演逼真，演艺超群，观众赞叹不已，在全边区几十个剧团里首屈一指。光明剧团曾为1944年11月召开的太行区第一届群英大会公演。武乡县盲人曲艺宣传队，是由武东游乡说书的83名盲艺人组成，演出过119个新旧剧目。这些盲艺人冒着战火硝烟，呕心沥血，走村串户，到处宣传群众、慰问部队，感人肺腑。盲人曲艺宣传队曾得到文化名人的高度评价。陈荒煤指出："在党的领导下，眼明心亮，高唱八路军和人民在太行山英勇抗战的颂歌,是山西文艺战线上的一支应该永远纪念的轻骑兵!"①鲁艺校长李伯钊在《敌后文艺运动概况》中说:"武乡这种形式的盲人宣传队,我在知县还是第一次看见,其影响之大,是无须再论的。"②上述剧团,本着为抗战服务,为大众服务的宗旨,多次到敌占区和游击区进行抗日宣传,鼓舞抗日军民的必胜信心,在抗战中起到了宣传鼓动的作用。

在抗战期间,除木地剧团外,影响更大的是先后从延安等地来到武乡的剧团,著名的有:八路军太行山剧团、抗大总校文工团、火星剧团、鲁艺实验剧团、先锋剧团(即129师宣传队)、前哨剧团和太行三分区宣传队等。到1940年,活跃在晋冀豫敌后根据地的剧团总数达到140余个。在上百个剧团中,以武乡剧团和襄垣剧团最好。

八路军太行山剧团成立于1938年5月,是晋东南根据地戏剧运动的排头兵。该剧团在武乡经常参加巡回演出,指导并帮助全县的农村剧团使其得到较大的发展。1939年9月,太行山剧团来到武乡,为中共晋冀豫区第一次党员代表大会召开进行慰问演出。11月,太行山剧团来到武乡下北漳村,为文协分会成立大会献艺助兴。会后,广大文艺工作者分别到太南、太岳、太北、冀西等区开展抗战文艺活动。1939年7月,八路军火星剧团随八路军总部进驻武乡。该剧团在武乡的一年多时间,经常到各地慰问演出,自编自演了《百团大战》《破铁路》等几十个小剧以及演唱歌曲等。抗大总校文工团在太行山区创作演出,历时3年半,节目丰富多彩。在戏剧方面,有话剧、歌剧、歌舞剧、京剧、活报剧、秧歌剧等;在音乐方面,

---

① 王照骞、郝雪廷:《武乡,敌后文化的中心》,山西人民出版社2011年版,第129—132、第144页。

② 《中国共产党武乡简史》,山西古籍出版社2000年版,第87页。

有合唱、乐器演奏；在曲艺方面，有相声、大鼓、快板等。①

值得一提的是，1940年初，在武乡县下北漳村成立了晋东南鲁迅艺术学校（简称"鲁艺"），由李伯钊任校长兼党总支书记，下设音乐、戏剧、美术3个系。还组建了鲁艺实验剧团和戏曲团。学校的条件十分艰苦，但学员们的学习积极性却是非常高涨。中共中央北方局和八路军总部的领导同志时常来校做报告或讲课。为纪念五四青年节，5月4日这一天，在武乡蟠龙镇的河滩上，由鲁艺实验剧团和抗大总校文工团的上百人，同台演出了冼星海的名作《黄河大合唱》。部队官兵和周边上百个村庄的群众观看了演出，受到广大观众的热烈欢迎。该校前后为冀中、冀南、太行、太岳各抗日根据地培养了数以千计的音乐、戏剧、美术等专业优秀艺术人才，创造了大量为群众所欢迎的艺术作品和多种多样的文艺活动形式，对于掀起抗日救亡热潮和抗日文化运动，做出了重要贡献。②

（二）教育事业

当时最急切的教育，首要是干部教育。为了训练和培养各种类型的干部参加抗战工作，在晋东南太行山区创办了各种高级学校、干部学校和干部训练班。

首先，名气大的干部学校都在武乡

一是抗大第一分校。根据中共中央六届六中全会提出的到敌后办学，培养大量军政干部，开展游击战争和建设抗日根据地的指示，中国人民抗日军事政治大学（简称"抗大"）从1938年12月起到抗战胜利的7年间，

---

① 肖效钦、钟兴锦主编：《抗日战争文化史》，中共党史出版社1992年版，第213—214页。

② 郝雪廷主编：《八路军的故乡》，山西人民出版社2010年版，第131—134页。

先后在各敌后抗日根据地创办了12所分校。1939年7月,抗大本部的几个大队,从陕西向晋东南敌后根据地转移,成立了抗大第一分校,这是抗大创办最早的分校。后第一分校东移山东办学。由大部分学员组成的留守大队,于1940年3月到达武乡县蟠龙镇与抗大总校合并,编入总校第六期继续学习。①

二是抗大第六分校。1940年11月,八路军在太行山区取得反日军"扫荡"战斗胜利后,由抗大总校派出的9个学员队和八路军第129师随营学校,于太行山抗日根据地河北省浆水镇,合并组建为抗大第六分校。11月底,抗大六分校迁驻武乡县蟠龙镇。招收的第一期学员1000人,全部是129师的基层干部和部分晋冀豫边区的地方党政机关干部。1942年4月,太行山春季反"扫荡"胜利结束后,抗大六分校奉命调回总校归建。1943年1月,抗大六分校重新开办,直属129师领导。1943年冬,太行军区部队整编,抗大六分校停办之后,由六分校第二大队教职员编为太行大队,大部分干部都分配到太行军区各部队工作,新的六分校即告结束。抗大六分校共招生4期,其中军队干部训练1期,学习1年;地方干部先后训练3期,每期3个月。抗大六分校为第129师和太行区地方培训数千名军政干部,为坚持太行山抗日游击战争做出了重要贡献。时任抗大组织部部长的李志民指出:"新、老六分校创办三年的历史,为整个抗大校史写下了闪耀着艰苦奋斗革命精神的光辉一页。他们不仅要在日军频繁'扫荡'的战斗环境中坚持教学和根据地建设工作,而且要克服生活上的严重困难,勒紧裤带,咬紧牙关,渡过抗战时期最艰苦的岁月。"②

---

① 李志民:《抗大抗大,越抗越大》,《中共党史资料》第8辑,第61—62页。
② 李志民:《抗大抗大,越抗越大》,《中共党史资料》第8辑,第135页。

三是北方局党校。从1939年起，日军对晋东南发动第二次"九路围攻"，北方局党校随八路军总部及中共中央北方局向武乡转移。北方局党校在武乡的两年时间，共办4期，每期接收学员100余名，为党培养了大批优秀干部。通过学习，学员们提高了把马列主义理论与中国革命实际相结合的能力，加强了自身的党性修养。

其次，武乡十分重视社会教育和学校教育。

武乡党组织强调教育为战争服务，教育与生产劳动相结合。在社会教育方面：为组织和教育农民群众，1938年2月，成立了"武乡青年抗日救国公学"，这是武乡县第一所抗日救亡学校。随后又创立了两所分校。该校为全县培养了一批抗日教师和青年干部。为组织和教育农民群众，还创办了"民族革命救亡室"，成为农民识字、学文化、进行时事教育的重要阵地。①以后还开展了农村冬学运动，以及进行消灭文盲工作。在学校教育方面：抗战初期，武东、武西兴办了7所抗日高级小学校，还创办了抗日救国小学。中小学的学校数量和学生人数不断增加，教学内容也有很大的改革。

（三）出版事业

在党中央的号召下，晋东南根据地的新闻出版事业也迅速发展，出版了大量的抗日报纸杂志。《新华日报》是中共在抗战期间在国民党统治区公开出版的机关报。《新华日报》（华北版）（亦称华北《新华日报》）作为中共中央北方局的机关报，在十分困难的条件下，于1939年元旦在沁县正式创刊。这是敌后根据地第一个铅印日报，著名记者穆欣在《敌区文化工

---

① 《中国共产党武乡简史》，山西古籍出版社2000年版，第88—90页。

作在开展中》写道:"《新华日报》华北版的出现,是一件很重要的事。这以前,这一地区只有一个铅印报《中国人报》,两天一张,铅字特别不好,是在《新华日报》出版时才停刊的。《新华日报》的印刷、编排及内容,都具有它特殊的风格。"①10月,华北新华日报社迁移到武乡县大坪村。该报社社长兼总编辑何云、副社长兼副总编辑陈克寒率领报社全体工作人员,克服种种困难,以战斗的姿态全力投入办报工作。该报着力宣传马列主义和党的路线、方针、政策和中心任务;全面报道华北抗战的军事、政治、经济、文化等各个方面的斗争;报道华北各个抗日根据地的各项事业;揭露日伪军对华北敌后根据地的疯狂"扫荡"及敌寇汉奸无耻的阴谋;表彰华北敌后军民浴血奋战的英雄事迹。该报纸的报道和发行范围,由最初的晋东南根据地扩展到太行、太岳、冀南、冀鲁豫、晋绥、晋察冀,发行量达3万份,成为指引华北军民前进的灯塔。报馆先后印行了45万册有关社会科学方面的读物和马克思、恩格斯、列宁、斯大林的经典名著以及学校用书,并为北方局和八路军总部等各种报刊输送了骨干力量,培养和联系了几千名工农兵通讯员。129师师长刘伯承在华北《新华日报》一周年时题词,赞颂该报纸是"华北抗战的向导!"②以华北《新华日报》为代表的新闻出版事业,在坚持敌后抗战这个中心任务中,起到了重要的宣传者和组织者的作用。

在华北《新华日报》的影响、帮助和带动下,晋东南各地创办报纸杂志达100余种。曾在武乡出版的宣传党的抗日主张的报刊多达十五六种,

---

① 《抗战中的中国文化教育》,中国现代史资料编辑委员会1957年翻印,第317页。原载《全民抗战》第69号,1939年5月5日。

② 郝雪廷主编:《八路军的故乡》,山西人民出版社2010年版,第122页。

如《胜利报》、《中国人报》、《生产小报》、《前线》杂志、《党的生活》、《华北妇女》、《抗战生活》、《文化哨》、《文化动员》、《鲁艺校刊》等,都在根据地有较大的影响。

（四）文艺队伍

1940年10月10日,中共中央宣传部、中央文化工作委员会发出《关于各抗日根据地文化人与文化团体的指示》(以下简称《指示》),提出应该重视包括小说家、戏剧家、音乐家、哲学家等在内的文化人,使他们的才力能够充分地使用;保证他们写作的充分自由,可以组织各种不同类型的文化团体,应采取一切方法来发表他们的作品等。《指示》还要求"继续设法招致与收集大批文化人到我们根据地来"。[①]为响应党中央的号召,在此前后,大批作家、记者、画家、歌唱家、艺术家,或从八路军总部,或从延安,或从国统区,纷纷来到太行山区,形成一支声势浩大的文艺大军。相继来到武乡的文化名人有：丁玲、卞之琳、叶以群、任白戈、刘白羽、安岗、阮章竞、白朗、李季、李庄、吕班、苏里、李伯钊、杨朔、杨献珍、张磐石、陆定一、陈沂、陈克寒、陈荒煤、赵子岳、赵树理、徐懋庸、黄镇、郝汀、袁勃、罗工柳、彦涵、李伟等作家、诗人、画家、音乐家、电影艺术家、宣传家、文艺理论家等。他们以自己强烈的时代责任感和非凡的艺术才能,为挽救中华民族的危亡而奔走呼号。

同时,武乡本土也涌现出不少文化名人,冈夫(王玉堂)和高沐鸿为代表人物。王玉堂,曾任中共武乡县临时工委书记,晋东南文教界救国总会和

[①]《中共中央宣传部、中央文化工作委员会关于各抗日根据地文化人与文化团体的指示》,中央档案馆编：《中共中央文件选集》第11册,中共中央党校出版社1986年版,第493—496页。

中华全国文艺界抗敌协会晋东南分会理事,太行区文联副主任等。新中国成立后,任山西省文协主任、省文联副主席、省作家协会副主席等职。主要著作有长篇小说《草岚风雨》,诗集《冈夫诗选》等。高沐鸿,曾任中共武乡县临时工委宣传委员、《黄河日报》总编辑,并创办《文化消息》《文化动员》《华北文化》等刊物,后任太行文联主任。新中国成立后,任山西省文联主席、省委宣传部部长、省政协副主席等职。著作有《高沐鸿文集》等。①

在文化群雄集聚的晋东南根据地,小说、报告文学、戏剧、诗歌、音乐、美术等的创作异常活跃,产生了一大批为广大人民和士兵所喜爱的文艺作品。赵树理就是一个杰出的代表,他的短篇小说《小二黑结婚》、中篇小说《李有才板话》和长篇小说《李家庄的变迁》,被誉为"解放区的代表之作",是根据地文化史上的经典之作。著名的剧作还有:李伯钊的《农救秘书》《流寇队伍》《母亲》,洪荒的《保卫抗日根据地》《军民合作》《糠菜夫妻》,赵子岳的《家庭幸福》,赵树理的《人间地狱》,集体创作的《九死一生》等,都是广大群众耳熟能详、喜闻乐见的作品。优秀的歌剧、歌舞剧、活报剧、街头剧、秧歌剧等,比比皆是。此外,全县还掀起了抗日歌咏活动,无论是在学校、兵营,还是在乡村、田庄,无论男女老少,每个人都能够哼出来几支抗日救亡的歌曲和小调。《在太行山上》《救亡进行曲》等抗日歌曲,嘹亮的歌声不绝于耳,美不胜收。

二、武乡敌后抗日文化运动的重要意义

众所周知,武乡不仅有丰富的文化底蕴和优良的革命传统,还有深厚

---

① 王照骞、郝雪廷:《武乡,敌后文化的中心》,山西人民出版社2011年版,第177、234页。

的八路军文化根基。这正是在抗日战争极端困难的环境下，加上武乡在抗战时期的特殊地位和地理环境，使武乡敌后抗日文化得以突飞猛进发展的主要缘由。武乡敌后抗日文化业绩，为后人留下了难忘的红色印记，有着重要的历史意义和现实意义。

首先，武乡在文化、教育、出版等方面始终处于根据地的领先地位，成为晋东南乃至华北敌后根据地的文化中心

随着晋东南抗日根据地的巩固，武乡敌后抗日文化、教育、出版等事业也随之发展起来。如前所述，文化方面：先后成立或驻留了晋东南文化教育界救国总会、中华全国文艺界抗敌协会晋东南分会、中华全国戏剧界抗敌协会太行山区分会等许多文化团体，还有西北战地服务团、妇女儿童考察团、作家战地访问团等文化团体。武乡本地区也组建了儿童话剧团、光明剧团和盲人曲艺宣传队等。教育方面：北方局党校、抗大第六分校、晋东南鲁迅艺术学校等，在武乡相继成立或迁至此地，对全县的抗战教育事业产生了深远的影响。武乡地区还创办了抗日青年救国公学、民族革命救亡室等。出版方面：除《新华日报》（华北版）外，还有《胜利报》《中国人报》《前线》《党的生活》《华北妇女》《抗战生活》《文化哨》等十五六种报纸杂志，还出版了《小二黑结婚》《李有才板话》《李家庄的变迁》等经典名著，都在根据地引起较大的影响。队伍方面：来自全国各地的大批文化名人纷纷从后方来到太行山区和武乡。广大文化工作者团结一致，共赴国难，济济一堂，积极投身于伟大的抗战之中。他们把服务抗战当作自己的神圣职责，积极宣传党关于坚持抗战的路线、方针、政策，宣传在抗击日军的战斗中涌现出来的英雄人物和感人事迹，使武乡的文化教育战线出现了前所未有的繁荣局面。这一切，使武乡敌后抗日文化教育始终处于晋东南根据地的领先地位，对晋东南根据地县区的文化教育工作起了示范和推动作用。武乡成为华北敌后根据地的文化中心，实至名归。

其次，武乡敌后抗日文化运动直接服务于抗战，是配合与支援八路军抗战的生力军，是团结、教育抗日根据地军民的重要途径，成为抗战军民的精神食粮

抗日文化教育是特殊的重要的抗战武器，正如中共中央所指出的："要把一个印刷厂的建设看得比建设一万几万军队还重要"，"要把运输文化粮食看得比运输被服弹药还重要"。① 武乡抗日文化运动，是在为抗战服务的前提下开展的。党组织利用各种艺术形式宣传抗战、发动群众，推动并形成了宣传抗日救亡的新局面。这对于八路军指战员和广大群众，有着极大的吸引力和感召力，起到了极大的轰动效应。

抗日根据地的文化工作，与建党、建军、建政，培养大批干部，巩固抗日根据地是密切相关的。深入开展抗日文化运动，对于提高广大人民群众的政治水平与文化水平，对敌伪进行有计划的宣传战，以及沟通敌后与八路军后方的文化工作，对于晋东南抗日根据地的巩固和发展，对于敌后抗战的持久坚持，都起到了有力的辅助和配合作用，成为配合八路军作战并不断取胜的重要原因之一。正因如此，"我们不仅不因战争影响而放松文化教育工作，并且为了坚持抗战而更加注重文化教育的各种建设"②。

---

① 《中央关于发展文化运动的指示》，中央档案馆编：《中共中央文件选集》第11册，第488页。

② 若飞：《八路军与抗日根据地》，中国人民解放军国防大学党史党建政工教研室编：《中共党史参考资料》第16册，第335页。原载《八路军军政杂志》第2卷下册第12期。

在抗日救亡旗帜下,广大文艺工作者以实际行动响应党的号召,为挽救中华民族的危亡而奔走呼号,创作出大量优秀的文艺作品,鼓舞了广大军民的抗战热情和战斗意志,增强了战胜一切困难,夺取抗战胜利的信心和决心,使革命文艺真正发挥了团结教育人民、揭露打击敌人的战斗作用,成为武乡抗日根据地军民不可或缺的精神食粮。

第三,充分体现了可贵的太行精神,我们不仅需要传承和弘扬,更应该创新和发展

在党的领导下,太行山区军民在极其艰苦的环境下,为开展抗日游击战争和敌后根据地建设,团结奋战,艰苦奋斗,流血牺牲,百折不挠,无私奉献,取得了一个又一个的胜利,在这块黄土地上形成了可贵的太行精神。关于太行精神,许多党和国家领导人以及专家学者,都有很深刻的论述和精辟的概括。这里不必赘述。问题在于,是什么力量使太行儿女具有这样巨大的革命英雄主义精神?李志民在讲到抗大精神时回答:"是党的坚强领导,是党强有力的政治思想工作,使大家明确今天吃苦是为了打败日本帝国主义,为了社会主义、共产主义事业的胜利,甘心情愿为了祖国幸福的明天而艰苦奋斗,以苦为乐。"[①]李志民的这番话,同样适合于武乡文化所展示的太行精神之源流。

武乡敌后抗日文化本质上就是政治文化,它根源于抗战又服务于抗战,与武乡抗战时期的政治、军事、经济等各种斗争,息息相关,相辅相成,融会贯通,所以,太行精神在武乡文化运动中都能得到充分的展示。换言之,武乡敌后抗日文化是太行精神的集中体现,它从文化事业这样一

---

① 李志民:《抗大抗大,越抗越大》,《中共党史资料》第8辑,第136页。

个侧面展现了武乡党组织和人民群众在抗日战争中的光辉业绩和革命英雄主义气概。

　　文化本身又是精神的载体，武乡敌后抗日文化承载了太多的太行精神。虽然今天社会环境发生了重大变化，但这种精神仍有着非常重要的现实意义。中国革命精神固然需要传承，但任何一种精神的传承都没有一个固定的模式，而是要随着社会的发展变化赋予新的时代内涵和价值观。我们不仅需要传承和弘扬太行精神，更重要的是在实践中去创新、去发展这种革命精神。只有这样，太行精神才能在实现强国梦中更好地发挥其导向和激励作用。这也是今天探究武乡敌后抗日文化运动的现实意义之所在。

作者简介：

　　肖　甡　原国防大学教授

论抗战时期延安和各根据地新秧歌运动的产生及作用

王新生

抗日战争时期,在中国共产党领导的根据地内,一种新的文艺形式产生并风靡一时,并在中国现代文学艺术史上具有光辉的地位。这种新的文艺形式就是新秧歌。笔者试对这一问题进行粗浅的探讨,以就教于方家。

一、新秧歌运动的产生

全国抗战爆发后,大批进步人士和青年先后进入中国共产党领导的抗日民主根据地,其中一部分是文学艺术家和文艺青年。这些人为抗日民主根据地文学艺术界补充了新鲜血液,壮大了人才队伍。但是,这些文学艺术人才也面临着新的问题,即他们是知识分子或小知识分子,原先生活在国民党统治区,主要是生活在城市,有的是来自中国最大的城市上海(并且是中国最大的工业中心)的"亭子间"。因此,他们来到抗日民主根据地之前,其文艺作品更多的是关心本身的命运,对小资产阶级出身的知识分子寄予满腔的同情,甚至对他们的缺点也给予同情甚至鼓吹。来到抗日民主根据地后,随着环境的变化,面临的新任务、面对的宣传对象有很大不同。他们面临着同根据地群众相结合,适应根据地建设,坚持抗战并夺取抗战胜利的新要求的问题。但无论如何,他们来到抗日民主根据地是一件好事,为抗日新文艺发展提供了人才条件。

毛泽东十分重视文艺在抗战中的作用,1939年他为"战地文化资料展览会"题词:"发展抗日文艺,振奋军民,争取最后胜利。"[1]他号召文艺工作者"到群众中去",认为这样"不但可以丰富自己的生活经验,而且可以提高自己的艺术技巧"。[2] 1940年1月,毛泽东在《新民主主义论》中提出了新民主主义的文化是"民族的科学的大众的文化"的概念,并指出"革命文化,对于人民大众,是革命的有力武器。革命文化,在革命前,是革命思想的准备;在革命中,是革命总战线中的一条必要和重要的战线"。"一切进步的文化工作者,在抗日战争中,应该有自己的文化军队,这个军队就是人民大众。"[3]

毛泽东注意到了来自大城市的文艺工作者创作的艺术作品脱离抗日民主根据地实际的情况。1942年5月,中共中央在延安召开文艺座谈会,毛泽东亲自到会讲话。他指出:"抗日战争爆发以后,革命的文艺工作者来到延安和各个抗日根据地的多起来了,这是很好的事。但是到了根据地,并不是说就已经和根据地的人民群众完全结合了。我们要把革命工作向前推进,就要使这两者结合起来。"毛泽东认为:革命文艺工作者的对象,"是工农兵以及革命的干部"。根据地"各种干部,部队的战士,工厂的工人,农村的农民,他们识了字,就要看书、看报,不识字的,也要看戏、看画、

---

[1]《毛泽东文艺论集》,中央文献出版社2002年版,第25页。
[2] 毛泽东:《在鲁迅艺术学院的讲话》(1938年4月28日),《毛泽东文艺论集》,中央文献出版社2002年版,第20页。
[3]《毛泽东文艺论集》,中央文献出版社2002年版,第41、43页。

唱歌、听音乐,他们就是我们文艺作品的接受者"。尤其是干部,"许多是久经锻炼的革命家,他们是从全国各地来的,他们也要到各地去工作,所以对这些人做教育工作,是有重大意义的。我们的文艺工作者,应该向他们好好做工作"。毛泽东批评了文艺工作者中存在脱离工农兵群众的现象,指出:"许多文艺工作者由于自己脱离群众、生活空虚,当然也就不熟悉人民的语言,因此他们的作品不但显得语言无味,而且里面常常夹着一些生造出来的和人民的语言相对立的不三不四的词句。"并说:"如果连群众的语言都有许多不懂,还讲什么文艺创造呢?"因此,毛泽东明确提出:"我们的文学艺术都是为人民大众的,首先是为工农兵的,为工农兵而创作,为工农兵所利用的。"他号召:"中国的革命的文学家艺术家,有出息的文学家艺术家,必须到群众中去,必须长期地无条件地全心全意地到工农兵群众中去,到火热的斗争中去,到唯一的最广大最丰富的源泉中去"观察、体验生活,创作出"为人民大众所热烈欢迎的优秀的作品","把革命根据地的文艺运动和全中国的文艺运动推进到一个光辉的新阶段"。①

毛泽东的讲话在延安文艺界激起强烈的反响,尤其是鲁迅艺术学院(以下简称"鲁艺")。当时鲁艺整风运动开展得很热烈,大家针对学院的方针任务一致认为,鲁艺以前的情况是"关门提高,脱离实际"。院长周扬作了《艺术教育的改造问题》的报告,认为:"鲁艺的教育,从方针到实施,贯穿了主观主义和教条主义。"②报告提出了八项改进方案。根据毛

---

① 毛泽东:《在延安文艺座谈会上的讲话》(1942年5月),《毛泽东文艺论集》,中央文献出版社2002年版,第49、51、52、63—64、83页。

② 周扬:《艺术教育的改造问题》,《抗日战争时期延安及各抗日民主根据地文学运动资料》(上),山西人民出版社1983年版,第211页。

泽东在文艺座谈会上讲话的精神，鲁艺排练了一套有花鼓、旱船、小车、挑花篮、大秧歌在内的节目。这套节目上演之后，老百姓非常爱看，尤其是秧歌这种表现形式，收到了意想不到的效果。秧歌队走到哪里，群众就跟到哪里。有相当多的人一看再看。当时，黄钢写了一篇《皆大欢喜》的文章，专门报道延安各界观看了秧歌后一致赞赏的情况。由此，鲁艺的秧歌一炮走红。

鲁艺秧歌演出成功，周扬召集有关人员开会总结经验。周扬指出，鲁艺演出的秧歌是新秧歌，要表现新时代的人物。旧秧歌有许多丑化劳动人民的地方，必须抛弃。经过周扬这样一说，秧歌队的同志认识到，新秧歌的确应当不同于旧秧歌，应当美化劳动人民，应当歌颂抗日民主根据地的新生活。

经过总结经验，鲁艺以宣传生产为主题，编排了一批新节目。这回的大秧歌带头人换上了手拿斧头、镰刀的工人、农民，参加扭秧歌的人都化妆成新社会的工、农、兵、学、商等。小节目中除了农村常见的形式之外，加了一个秧歌剧《兄妹开荒》。这个小秧歌剧采取的是男女相互对唱和对扭，是山西、陕北、关中一带老百姓喜闻乐见的形式，主题是反映群众积极生产，批评懒汉。这场秧歌的演出轰动了整个延安。在大边沟口的一场演出，从半山坡一直往下全坐满了观众，达2万多人，可以说是盛况空前。后来，鲁艺的秧歌队还到枣园演出，毛泽东亲自去观看，并充分肯定了演出。

鲁艺推出的新秧歌，推动了延安的新秧歌运动。其他一些文艺单位，如青年艺术剧院、西北文工团、民众剧团等也都开始排演秧歌。接下来，部队的文工团也搞起了秧歌。一些机关、学校也慢慢搞起了业余秧歌队。到1942年冬天，中共中央西北局认为延安的新秧歌运动已经普及，要求鲁艺等五个专业团体分别到陕甘宁边区的五个分区去，一面劳军，一面为老百姓演出，把秧歌运动普及到各分区去。

可见，延安新秧歌运动的产生，是文艺界积极响应毛泽东提出的文艺为人民大众服务、与工农兵群众相结合、为工农兵而创作、为工农兵而所利用的号召，结出的一个硕果。

二、新秧歌运动的发展

1943年的春节，延安的秧歌运动达到了一个高潮，演出的秧歌队达27个之多。由于专业剧团都下乡去了，这些秧歌队主要是由群众、工厂、部队、机关、学校组织起来的，演出节目达150多种，有秧歌剧、秧歌舞、花鼓、旱船、小车、高跷等，丰富多彩。据周扬的统计，演出的节目中，秧歌剧有56部，其中反映生产劳动（包括变工、劳动英雄、二流子转变、部队生产、工厂生产）的26部，军民关系（包括自卫、归队、优抗、劳军、爱民）的有17部，自卫防奸的有10部，敌后斗争的有2部，减租减息的有1部。①在这些秧歌剧中，反映生产劳动的最多，也最受群众欢迎。如：军法处秧歌队的《钟万财起家》，枣园秧歌队的《动员起来》，南区秧歌队的《女状元》《变工好》，中共西北局党校秧歌队的《刘生海转变》《孙老汉拾粪》，中央党校秧歌队的《一朵花》，杨家岭秧歌队的《组织起来》，八路军留守部队政治部第二宣传队的《张治国》，延安市民秧歌队的《模范纺织》，行政学院秧歌队的《好庄稼》，延安县秧歌队的《雷老汉种棉花》等等，演出的效果非常好，得到群众的好评。

---

① 周扬：《表现新的群众时代——看了春节秧歌以后》，《中国现代文学史参考资料》第2卷，高等教育出版社1959年版，第59—60页。

群众为什么喜欢这些秧歌剧？主要是这些秧歌剧反映的人和事就发生在他们身边，甚至是真人真事。如反映二流子转变的《钟万财起家》，就是钟万财本人给秧歌队提供的素材。这个秧歌剧在钟万财本人所在乡演出时，他是每场必到的观众。"当演到钟万财从二流子转变的过程的时候，观众中的二流子就被人用指头刺着背说：'看人家，你怎么办？'"①

秧歌剧在延安的这种火爆情况，引起了周扬的高度关注。他撰写了《表现新的群众的时代——看了春节秧歌以后》一文，对1943年春节延安新秧歌运动进行了全面评述。

周扬认为："艺术工作者及一般学生知识分子在这次秧歌活动中也表现了他们非常有效的努力，他们尽了骨干的和指导的作用，同时也向群众学得了东西。""在实际中体验了毛主席指示的知识分子与工农兵结合、文艺为工农兵服务的方针的正确。"对于这年春节新秧歌运动的成就，周扬评论说："这次春节的秧歌成了既为工农兵群众所欣赏而又为革命所参加创造的真正群众的艺术行动。创作者、剧中人和观众从来没有像在秧歌中结合得这么密切。这就是秧歌的广大群众性的特点，它的力量就在这里。"②

周扬对新秧歌这种形式进行了分析，指出："秧歌本来是农民固有的一种艺术，农村条件之下的产物。新的秧歌从形式上看是旧的秧歌的继续和发展，但在实质上已是和旧的秧歌完全不同的东西了。现在的秧歌虽仍然是农民的艺术，仍然是农村条件之下的产物，但却是解放了的，而且开

---

① 周扬：《表现新的群众时代——看了春节秧歌以后》，《中国现代文学史参考资料》第2卷，高等教育出版社1959年版，第60页。

② 周扬：《表现新的群众时代——看了春节秧歌以后》，《中国现代文学史参考资料》第2卷，高等教育出版社1959年版，第61页。

始集体化了的新的农民的艺术,是已经消灭了或至少削弱了封建剥削的新的农村条件之下的产物;我们要保持农民的特色,但却是新的农民的特色。新的秧歌必须表现'新的群众的时代'。群众对于新的秧歌已经有了他们自己的看法。他们已不只把它当作单单的娱乐来接受,而且当作一种自己的生活和斗争的表现,一种自我教育的手段来接受了。"①

周扬敏锐地指出:"秧歌的前途是无可怀疑的,它已经成了广泛而热烈的群众的艺术运动。"认为"它完全证明了毛主席在文艺座谈会讲话中所指示的文艺新方向的绝对正确"。周扬还指出了新秧歌还存在有不足之处,认为要使新秧歌"前进得更好,更顺利",还必须做到"文艺工作者与工农兵结合,工农兵与文艺结合,新文艺与民间形式结合"。要求"让我们从理论、实践各方面来推进这个新的秧歌的运动吧,每个文艺工作者都应当为表现'新的群众的时代'而努力!"②

艾思奇对1943年春节延安的新秧歌运动作了较高评价,认为:"我们现在的秧歌剧虽然还不能说是伟大,但是有些也确已达到了一定水平的艺术性。因为这种形式在今天中国的农村环境中还大有发展余地,因为广大的农民群众很需要这种融合音乐、诗歌、戏剧、跳舞和装饰美术于一炉,富有伸缩性且不受舞台限制的综合艺术,文艺工作者在这个方向上作更大的努力是必要的。"③

---

① 周扬:《表现新的群众时代——看了春节秧歌以后》,《中国现代文学史参考资料》第2卷,高等教育出版社1959年版,第61—62页。

② 周扬:《表现新的群众时代——看了春节秧歌以后》,《中国现代文学史参考资料》第2卷,高等教育出版社1959年版,第66、72、73页。

③ 艾思奇:《从春节宣传看文艺的新方向》,《中国现代文学史参考资料》第2卷,高等教育出版社1959年版,第76页。

产生于延安的新秧歌运动很快就在其他抗日民主根据地推广。

在晋绥抗日根据地,出现了秧歌下乡与乡下秧歌结合运动,有职业剧团、业余剧团,主要剧目是秧歌剧,机关、学校、部队、工厂、农村,到处都在演秧歌剧。当时有篇文章记载了秧歌剧的盛况:"罗家坡村剧团演出的剧本统统是秧歌剧。临南二区招贤镇一带就有50多个秧歌班子,今春他们就以变工生产,发展种棉,选举劳动英雄,坦白运动,反顽固斗争等工作任务为主题,创作并演出无数精彩节目。离西碛口一带,每村都有一个秧歌队,每村都有几个把式手,说声闹秧歌,个个争先。二分区有些变工组,同时又是民兵组又是秧歌班子。临南劳动英雄刘能林今春又参加劳动英雄大会回去刚到区上,就有5个秧歌班子集合起来欢迎她,隔了几天,回到乡下又是5个秧歌班子集合起来欢迎她。"①一些劳动英雄还是秧歌剧的创作者,如劳动英雄李汝林创作了秧歌剧《变工好》;劳动英雄张秋林创作了秧歌剧《送郎上前线》。1944年,晋绥边区举行"七七七"②文艺作品评奖活动,在戏剧类12部获奖的作品中,秧歌剧《大家好》获甲等奖(即一等奖),秧歌剧《三个女婿拜新年》《提意见》《劳动英雄回家》获丙等奖(即三等奖),占获奖作品的三分之一。可见,秧歌剧在晋绥边区受欢迎程度是非常高的,也创作出了一批精品剧目。

在晋察冀抗日民主根据地,秧歌剧也受到了普遍欢迎。各军分区剧社不仅排演了延安鲁艺的经典秧歌剧《兄妹开荒》和《周子山》,而且还创作了《两个英雄》《革命夫妻》《哨》《前线后方》《欢迎站》《赶路相遇》

---

① 《中国人民解放军文艺史料选编·抗日战争时期》第1册,解放军出版社1988年版,第281页。

② 意思为1944年7月7日,抗日战争第七周年。

《新年秧歌队》《翻身记》《四十一号桥》《龙虎斗》《拜新年》《李长胜捉俘虏》《军民一家》《破击战》等秧歌剧。晋察冀的秧歌剧创作一直延续到解放战争时期。

抗日民主根据地的新秧歌运动也受到了来访的外国记者的关注。G. 史坦因在《新民主主义ABC——红色中国的挑战之三》中，对"秧歌"一词作了这样的介绍："是西北中国的一种古代的民间舞蹈，经过了共产党的复兴与政治化之后已经像野火一般地传播到他们所有的地区里去了。这是一种舞蹈和戏剧的联合,用一种艺术的逗人的方法以使各种不同的群众运动的口号通俗化起来。"[①]他认为秧歌是"政治的旋律"，"戏里的坏蛋，不是日本兵便是汉奸、巫医、浪子，以及其他阻碍战斗力的，阻碍增进生产的，或是阻碍政治和社会进步的恶劣分子。男主角和女主角则是八路军战士、民兵，或者是提倡阶级合作和互助的先锋；向迷信、文盲、污秽、疾病作战的人；或者是乡村、工厂、合作社和政府机关的，那些个人的行为曾经引起了群众动力的模范工作人员。"他指出："不管有些特殊的戏剧的内容和情节怎样，秧歌舞中的主题似乎是不变的。这主题就是对于抗战胜利和新民主主义完全实现路程中物质和人类困难的克服。"并认为"秧歌比任何别的经历更要深切地使人感到"，秧歌"正确实践人民新民主主义的权利和义务；增加生产；普遍地资助军队以及协助军队方面的人士；推广教育和现代卫生,实践别的许多新民主主义的目标这种群众运动"[②]。

[①] G. 史坦因著, 伊吾等译:《新民主主义ABC——红色中国的挑战之三》, 晨社1946年版, 第10页。

[②] G. 史坦因著, 伊吾等译:《新民主主义ABC——红色中国的挑战之五》, 晨社1946年版, 第1、2、4页。

另一位到延安的外国记者福尔曼,在《北行漫记》里留下了这样的记载:"我曾经看过许多形式的秧歌剧,它们永不使我不被迷惑。它们与在中国各地所能看到的东西完全不同。它们大多数采取战争的题材:一个乡村奸细的故事,一个士兵妻子的英雄行为,日本人在俘虏营中的残忍行为。""也有关于本地各种问题的——特别是关于共产党打算着手实行的新的设施。譬如卫生法、小孩保护法、饲养家畜法、滚筒收割法等新式的办法,冲破根深蒂固的传统与迷信。这些斗争便是秧歌题材的丰富来源。"[1]令福尔曼印象最深的是一部反映打击巫医的秧歌剧,他在《北行漫记》中记下了基本剧情,然后说:"有二点理由,我想值得把这个基本的情节告诉出来。第一,这一个例子说明共产党的文化工作者怎样应用秧歌,其传统价值是仍被保留着,如所有说白是用诗歌体的,每一行都是应用七拍子节奏唱出来的,不是讲出来的。第二点理由是对于迷信的问题他给予一个良好的观念。"[2]

通过这些外国记者的有关记述,我们穿越历史时空,不难看到当时新秧歌运动的影响力。

三、新秧歌运动的历史作用

新秧歌运动是抗战文化的一个主要方面,它的历史作用主要表现在:

第一,以喜闻乐见的艺术形式教育广大人民群众,坚持抗战、坚持进步,争取抗战最终成为人民的胜利

新秧歌剧以老百姓能够看得懂的形式,紧密配合抗日民主根据地的

---

[1] 福尔曼著,陶岱译:《北行漫记》,燕赵出版社1946年版,第82页。
[2] 福尔曼著,陶岱译:《北行漫记》,燕赵出版社1946年版,第86页。

各项工作，取得了很好的效果。如鲁艺派出的工作团到绥德，正赶上绥德农村搞减租减息运动，他们把当地的一些事实综合起来，编了一个减租减息的剧本，音乐用的是绥德、米脂一带群众爱唱的道情调。这个秧歌剧在减租减息大会、和地主讲理大会上演出，效果特别好。又如，当时陕甘宁边区正进行扫盲、卫生、植树等运动。鲁艺的马可和贺敬之分别编了《夫妻认字》、《栽树》秧歌剧，上演之后，受到农民群众的热烈欢迎，对推动这些运动起到了很好的作用。再如秧歌剧《牛永贵受伤》，反映的是一对农民老夫妻拼死掩护受伤八路军战士的故事。当观众看到两个老人宁死也不向日本兵交出八路军伤员牛永贵时，"一点声响也没有，只在他们眼睛里充满了对敌人愤怒的光"。"一个观众看完了说：'要不是演戏，我就要把那日本人打死！'"①中共中央西北局党校秧歌队在一个剧目中演到有关军民关系的情节的时候，观看的一个农民群众说："军队离不开老百姓，老百姓也离不开军队，这个谁也离不开革命。"周扬认为："这是老百姓的心里话，是关于军民关系的全部正确的观点。"②新秧歌运动对于教育群众、鼓舞群众、动员群众，坚持抗战，争取最终胜利的作用可见一斑。

第二，带动了其他大众文艺形式的繁荣和发展

在秧歌剧的带动下，其他大众文艺形式也发展起来，活报剧就是其中之一。访问过延安的福尔曼在《北行漫记》中这样写道："共产党的活

---

① 刘白羽：《新的艺术，新的群众》，《抗日战争时期延安及各抗日民主根据地文学运动资料》（上），山西人民出版社1983年版，第315页。

② 周扬：《表现新的群众的时代——看了春节秧歌以后》，《抗日战争时期延安及各抗日民主根据地文学运动资料》（上），高等教育出版社1959年版，第287页。

报是活泼的,真实的,把本日的消息很通俗地描述给不识字的人们,去增广他们的见识,使得他们认识更大的世界。"活报演出"不用舞台,只有很少的道具。极多轻松活泼含有幽默性的说白,它们真是像一个时事的观察者"。"活报的表演往往带有宣传性的,但特别宣传关于鼓励民众自动抵抗日本。"①福尔曼特别点出了活报剧的快捷性,并说一部名字为《开辟第二战场》的活报剧,上演时间是艾森豪威尔指挥盟军在法国诺曼底登陆的第三天。当时延安文艺工作者创作的活报剧还有《保卫边区》《无敌红军》《加强团结准备反攻》等。晋绥边区创作的活报剧有《军民合作》《新旧光景》等。晋察冀边区创作的活报剧有《反对敌伪合流》《太平洋战争》《过难关》《空城计》《胜利在前头》等等。此外,快板剧等也很盛行。

第三,促进了革命文艺工作者同人民群众相结合,培养了一大批人民艺术家

在创作新秧歌的过程中,革命文艺工作者深入农村、工厂和部队体验生活,了解工农兵群众的思想,了解发生在他们之间的事情,向他们学习语言,学习民间歌舞和音乐,从而得到了创作的源泉。在这个过程中,革命文艺工作者的思想感情也发生了变化,认识到自己的使命,将文艺为工农兵大众服务,与争取抗战胜利、争取中国革命胜利紧密地结合起来。新秧歌运动锻造出了一大批作家、诗人、舞蹈家、演员、音乐家、编剧、导演等等。这些人在新中国成立后,都是国家的骨干文学艺术人才,撑起了文学艺术各个领域的天,在现代中国文学艺术史上产生

---

① 福尔曼著,陶岱译:《北行漫记》,燕赵出版社1949年版,第86页。

了极为重要的影响。

第四，推动了红色经典歌剧的产生

1945年10月，周恩来在重庆召开中华全国文艺界协会的一次会议上介绍延安的文艺活动时指出：延安的许多文艺工作者"从城里走到乡村，走到广大的农民中去，并且生活在他们中间，因此发现了深厚的民间艺术源泉，如秧歌舞等等，中国的新歌剧是从这里发展出来的"。他要求，"话剧也要吸收这个形式的优良因素"[1]。新秧歌运动的普遍开展，大批优秀秧歌剧的涌现，为中国新歌剧的诞生打下了雄厚的基础。1944年冬至1945年春，鲁艺根据流传在晋察冀边区民间传说的"白毛女"的故事，创作了歌剧《白毛女》。这部歌剧透过贫苦农民杨白劳的女儿喜儿的悲惨身世，集中、典型地反映了中国亿万农民身受重重压迫和野蛮剥削的残酷事实，深刻地揭示了"旧社会把人逼成鬼，新社会把鬼变成人"的重大主题，有力地批判了旧社会，歌颂了新社会。《白毛女》首演在中央党校礼堂，观众是中共中央领导、中共七大代表。毛泽东也观看了演出。演出获得了很大成功。第二天，中央办公厅转达了中央书记处的意见：第一，这个戏是非常适合适宜的；第二，黄世仁应当枪毙；第三，艺术上是成功的。[2]在延安，每当演到斗争恶霸地主黄世仁一场戏时，台上台下同声高呼："枪毙黄世仁！"在此后的解放战争中，无论是战斗的前线还是进行土地改革的农村，在《白毛女》演出时都取得了很好的艺术效果。在农村，一看完《白

---

[1] 见《新华日报》，1945年10月22日。
[2] 张庚：《回忆延安鲁艺的戏剧活动》，山西人民出版社1983年版；《抗日战争时期延安及各抗日民主根据地文学运动资料》(上)，山西人民出版社1983年版，第468页。

毛女》，就有许多青年报名参军；在部队，许多战士把"为喜儿报仇"刻在枪托上。以《白毛女》为代表的一大批优秀歌剧，在夺取抗战胜利、打垮蒋家王朝、巩固新生政权斗争的历史进程中，发挥了重要作用。《白毛女》标志着中国新歌剧的诞生，在中国歌剧史上具有里程碑的意义。

作者简介：

王新生　中共中央党史研究室副巡视员、研究员

八路军与《国共合作歌》

叶成林

第二次国共合作实现后,全国各地文艺工作者——无论是专业的还是民间艺人,都自觉拿起文艺武器,热情地投入团结抗日的宣传,以维护团结抗战的大好局面。

在诸多文艺样式中,音乐有着其他诸种所不具有的特点。如丰子恺所说,文学没有声音,只是静静地躺在书铺里,待人去访问;演戏原限于时地,只有一时间一地点的人可以享受;造型艺术(绘画雕塑之类)也受着与上述两者相同的限制。"只有音乐,普遍于全体民众,像血液周流于全身一样。"[①]所以,在抗战时期,音乐创作尤其活跃,音乐作品尤其众多,歌咏活动尤为普及。在音乐活动中,维护国共合作主题作品的创作、传唱,意义重大。国共合作主题作品的创作、传唱,八路军的文艺工作者占有十分突出的地位,发挥了十分重要的作用。

---

① 丰子恺著,丰陈宝、丰一吟、丰元草编:《丰子恺文集·艺术卷四(1938.4~1965.4)》,浙江文艺出版社、浙江教育出版社1990年版,第4页。

一、维护国共合作主题音乐作品的创作

最早创作国共合作主题歌曲的是陆定一。陆定一（1906—1996），1934年10月随中央红军第二纵队干部队参加二万五千里长征。遵义会议后，担任中国工农红军总政治部宣传部部长，主编《红星报》。红军到达陕北后，他参加了东征、西征，后任红一方面军政治部宣传部部长、红军前敌总指挥部政治部宣传部部长。红军改编为八路军后，陆定一曾任八路军总部野战政治部宣传部部长、八路军野战政治部副主任。第二次国共合作基本实现后，陆定一适应当时形势需要并依据第一次国共合作的历史经验撰写了《国共合作纪念歌》。他后来回忆说："记得1936年我曾经写过一个歌，其中写道：'两党合作，中国就兴旺；两党合作，中国不会亡。'我们中国共产党人，赞成两党合作，不赞成两党分裂。"①

国共合作纪念歌

陆定一词

今天大家都来想一想，大革命时代中国情形是怎样？五卅运动激起了大浪潮，北伐军的雄师到长江，帝国主义吓得缩紧头，军阀官僚一扫光。不平等条约取消，收回租界汉口和九江，四万万同胞快得到解放，中华民族好风光。国民党，共产党，两党合作中国就兴旺，两党合作中国不会亡。

---

① 陆定一：《第二次国共合作·序》（1984年4月），童小鹏主编：《第二次国共合作》，文物出版社1984年版。从歌词的内容看，陆定一记忆的日期可能有误，写于西安事变后、1937年全面抗战爆发前的可能性较大，并且确有资料注明写于1937年（见下一条注）。

今天大家都来想一想，困难严重我们责任是怎样？十年的血肉痛苦和创伤，难道我们都还不够尝，孙文先生三大政策，重新实行这主张，联俄容共和工农，对内和平对外决死战，建立中华民主共和国，驱除日寇到东洋。国民党，共产党，两党合作中国就兴旺，两党合作中国不会亡。（注：写于1937年）①

周巍峙创作《国共合作进行曲》。周巍峙，音乐家，江苏东台人。原名周良骥，周巍峙为笔名。1934年参加上海左翼歌咏活动。1937年参加八路军。曾任中国歌曲作者协会常务理事、中华全国歌咏协会常务理事，八路军驻临汾办事处秘书。1938年赴延安。同年加入中国共产党。后任八路军西北战地服务团主任、晋察冀边区音协主席。周巍峙谱写的著名歌曲有《上起刺刀来》《前线进行曲》《子弟兵进行曲》等。1937年11月，周巍峙在山西临汾创作了《国共合作进行曲》。

国共合作进行曲

周巍峙作词、作曲

国民党和共产党，现在已站在一条线上。我们贡献了全部力量，一齐走上了抗日的战场！全国精诚团结，促成了中华民族的全民动员，两党亲密合作，发挥了抗敌杀敌的坚实力量！看抗日高于一切，谁还不站在一条线上？我们贡献了全部力量，一齐

---

① "注"是原有的。见四川省仪陇县政协文史委员会、四川省仪陇县文化局编：《抗战歌曲大演唱：纪念抗日战争胜利五十周年》，四川省仪陇县政协文史委员会、四川省仪陇县文化局1995年版，第198页。并见殷群：《高歌一曲团结情：忆彭总在太行和战士同唱〈国共合作纪念歌〉》，《山西老年》1987年第4期。其歌名，称《国共合作歌》和《国共合作纪念歌》的都有，歌词相同或略有差异。

走上了抗日的战场!

国民党和共产党,现在已站在一条线上。我们建立了统一战线,全国举起了杀敌的刀枪!充实国防政府,要成为国共两党的共同目标,加强国防军队,也就是全国上下的努力方向!看一切服从抗日,两党是站在一条线上;我们建立了统一战线,一齐举起了杀敌的刀枪!

国民党和共产党,现在已站在一条线上。有人说我们不能持久,有人说我们将各奔一方!特务们的谣言,攻不破中华民族的统一战线;汉奸们的妖言,动不了抗日将士的铁石心肠!看一切挑拨无效,抗日的战线更加坚强!各党各派都清楚知道,假使不合作国家会灭亡!

国民党和共产党,现在已站在一条线上。我们要一同打倒仇敌,收复一切的失掉的地方!一切艰难困苦,绝不会影响我们的抗敌决心;实际工作经验,更使那团结精神是光大发扬,看前途已现曙光,最后的胜利定属我方!那时共建那民主共和国这个责任在两党的肩上。①

流传于八路军开创的晋察冀、晋冀鲁豫、山东抗日根据地而创作者失传的国共合作歌还有:

---

① 周巍峙著:《周巍峙声乐作品选》,中国文联出版社2006年版,第22—24页。并见丁玲主编,劫夫、史轮、敏夫等著:《西北战地服务团丛书之一·战地歌声》,西北战地服务团1939年版,生活书店总经销,第3—4页。

两党合作来救亡

颜金城忆唱

国民党,共产党,两党合作来救亡。依得儿呀得儿外嗨,依得儿呀得儿哟。两党合作来呀么来救亡。

打东洋,打日本,全国军民要齐心。依得儿呀得儿外嗨,依得儿呀得儿哟。全国军民要呀么要齐心。

总动员,齐参战,有力出力有钱出钱。依得儿呀得儿外嗨,依得儿呀得儿哟。有力出力有钱出钱。

上前线,拼命干,鬼子一定要完蛋。依得儿呀得儿外嗨,依得儿呀得儿哟。鬼子一定要呀么要完蛋。①

国共合作歌

国民党和共产党,现在已站在一条线上,他们建立了统一战线,一起走上了抗日的战场。军民两党合作,发挥了抗战杀敌的全民力量,看!抗日高于一切,谁还不站在一条线上!②

国共合作

张纪乐唱

今天大家都来想,日本鬼子怎么样,屠杀中国人,妄想占领全中国。

七七事变显原形,狗娘养的日本兵;见人就杀真可恨,鸡犬

---

① 王瑞璞主编:《抗日战争歌曲集成·晋察冀、晋冀鲁豫》第1卷,花山文艺出版社2005年版,第352页。

② 宫天才口述,宫纪斋、宫冀莲记录:《烽烟旧事》,中国文史出版社2005年版,第83页。

不留一烧光。

四万万同胞团结起,赶快起来去抗日。大家一齐上战场,工农一心杀东洋。

共产党,抗日忙,促成国共两大党,合作抗日有主张,国共合作中国不会亡。①

国共合作歌

耿宝元忆唱

国共合作,互相帮助啊,长期抗战胜利属于我,前方军队后方百姓一齐来救国,打倒日本鬼子救中国。

国共合作,一齐来救国,长期抗战胜利属于我,日本鬼子想他儿子想他的老婆,想死他也不能回他的国。②

国共合作歌

太阳照红了东方,春风吹荡了麦浪。我们自由地走,纵情地唱,在这广大的敌后方。我们没有见过这样的敌人,有过这样的后方。国民党、共产党两党合作中国不会亡;国民党、共产党两党合作中国就兴旺。太阳照红了东方,春风吹荡了麦浪,我们自由地走,纵情地唱,在这广大的敌后方。③

---

① 莒县中楼镇人民政府、莒县地方史志办公室编:《中楼镇志》,山东省地图出版社2008年版,第1125—1126页。
② 王瑞璞主编:《抗日战争歌曲集成·晋察冀、晋冀鲁豫》第1卷,花山文艺出版社2005年版,第353页。
③《抗日时期〈国共合作歌〉歌词》,见乔同兴主编:《淮颍怒潮》,安徽人民出版社1992年版,第526页。

国共合作

王秀英忆唱

叫声好老乡,嘿!叫声好老乡,你听我说说中国的两大党,中国的两大党啊,共产党国民党啊。

国共要合作,嘿!国共要合作,消灭了日本鬼儿才能够救中国,只有救中国呀,咱们才能活呀。①

统一战线歌

申秉正忆唱

统一战线同志们都要服从,民族革命大家齐来完成,努力努力为救国而努力,不怕流血为解放而牺牲。②

统一战线歌

卢玉忠忆唱

日本鬼(儿)凶又残,一心侵占我中原,七月七日卢沟桥事变,中国统一来抗战吧!一个呀儿哟。

有飞机空有旋,扔下炸弹冒白烟,轰隆轰隆一阵响,房倒屋塌真可怜吧!一个呀儿哟。

八路军真勇敢,他们实行游击战,我的仇敌要打倒,中国全民来抗战吧!一个呀儿哟。③

---

① 中共河北省清苑县党史研究室供稿,王瑞璞主编:《抗日战争歌曲集成·晋察冀、晋冀鲁豫》第1卷,花山文艺出版社2005年版,第357页。

② 王瑞璞主编:《抗日战争歌曲集成·晋察冀、晋冀鲁豫》第1卷,花山文艺出版社2005年版,第353—354页。

③ 王瑞璞主编:《抗日战争歌曲集成·晋察冀、晋冀鲁豫》第1卷,花山文艺出版社2005年版,第354页。

统一战线歌

有钱出钱,有枪出枪,出人出力上战场,万众一心团结起来,日本强盗难逞强。各业各行、工农兵学商,大家一起来救亡,都要英勇作战去吧,为了民族得解放。走狗汉奸、托派敌探,敢与日寇讲亲善,兄弟一齐起来,无耻败类铲除完。①

抗日建国纲领歌

刘铁成整理

诸位静听我来讲,来讲抗战建国纲领,中国国民党,共产党,领导抗战有主张,领导抗战有主张。②

当然,在全国其他地方也有创作流传国共合作主题的歌曲。

二、维护国共合作主题音乐作品的传唱

国共合作主题的歌曲,特别是八路军文艺工作者创作的国共合作主题的歌曲,不仅在八路军中、在八路军开创的抗日根据地内,而且在全国各地广泛传唱。丰子恺当时记述说:我从浙江通过江西、湖南,来到汉口,在沿途各地逗留,抗战歌曲不绝于耳。连荒山中的三家村里(我在江西坐船走水路,常夜泊荒村,上岸游览,亲耳所闻),也有"起来,起来","前进,前进"的声音出之于村夫牧童之口。都会里自不必说,长沙的湖南婆婆,汉口的湖北车夫,都能唱"中华民族到了最危险的时候"。宋代词人柳永所作词,普遍流传于民间,当时

---

① 唐海县地方志编纂委员会编:《唐海县志》,天津人民出版社1997年版,第584页。

② 王瑞璞主编:《抗日战争歌曲集成·晋察冀、晋冀鲁豫》第1卷,花山文艺出版社2005年版,第357页。

有"有井水处,即有柳词"之谚。现在也可以说:"有人烟处,即有抗战歌曲。"唐代诗人白居易的诗,平易浅明,世人有"老妪能解"之评。现在的抗战歌曲,当然比白居易的诗更为平白,直可称之为"幼童能解"。原来音乐是艺术中最活跃、最动人、最富于感染力和亲和力的一种。①英国人杰·布鲁斯写道:新四军的战地服务团的工作主要是在宣传、教育,以及一切政治性的活动上。这种宣传、教育的工作,当然是都收到了很好的效果。在战地有很多过去的旧式女子,以及小孩,现在差不多都能唱歌(最流行的歌曲是《国共合作歌》《游击队歌》,以及《生死关头》等)甚至演说了。一切原来就潜伏在群众中间的抗日力量,经过战地服务团员的工作后,现在已都爆发出来成为一个很大的力量了。②

在陕北延安中国人民抗日军政大学,"唱歌成为一切工作的政治动员的号角。如《国共合作歌》《统一战线歌》影响就很大"③。

李健彤(小说《刘志丹》作者)回忆她1937年底经八路军驻陕西办事处介绍到云阳,参加安吴堡"青年干部训练班"的情景说:我们五个人编在一个大队,大队长名叫董毅岫,穿着灰军衣,是延安"抗大"毕业生,

---

① 丰子恺著,丰陈宝、丰一吟、丰元草编:《丰子恺文集·艺术卷四(1938.4~1965.4)》,浙江文艺出版社、浙江教育出版社1990年版,第4页。

② [英]杰·布鲁斯:《新四军中的教导营与战地服务团》(1938年11月9日),中国人民解放军历史资料丛书编审委员会编著:《新四军·参考资料》(1),解放军出版社1992年版,第449页。

③ 延安精神研究会编,高兴海、郭必选、任景信、师银笙主编:《时代的精神支柱——延安精神概论》,陕西人民美术出版社1990年版,第112页。

像个知识分子，高头大个儿，很有魄力，会管理这些学生"新兵"。他一看入学登记表，就叫我出来教唱歌。……大队长一看我这学生腔，他就挥着双臂，大声地、放开嗓门唱起了《国共合作歌》："两党合作，中国不会亡……"，唱了几句，又扭头对我说："放开！这是战士，不是学院，这是战斗，不是教室。"①青年干部训练班学员于绍谦也曾回忆青训班生活说："我们天天唱着'国共合作中国不会亡，国共联合中国就兴旺，大刀向鬼子的头上砍去，杀！'这振奋人心的歌曲。"在关于安吴堡青年干部训练班唱《国共合作歌》，1938年7月16日《新华日报》在报道世界学联代表团6月27日到访的情况时也曾提到："27日世界学联代表团柯乐满、福洛特、雅德、雷克难4位先生由西安抵安吴，列队欢迎的除青训班全体学生外，还有当地……堡外树林内的欢迎代表团露天大会，到了2000余人。代表团走进会场时，全体起立致敬，高呼'欢迎国际学生代表团'等口号，并唱《国共合作歌》。"②

有人回忆说，山西省长子县新人话剧团不但在根据地进行演出活动，还经常到游击区开展抗日宣传。演出的节目形式多样，内容丰富，题材新颖……主要歌曲有：《国际歌》《国共合作歌》《松花江》《保卫黄河》《义勇军进行曲》《救亡进行曲》《大刀进行曲》等。……如1939年春，西北军冯钦哉部队北上抗日路过长子时，新人话剧团为他们慰问演出了《拥军优抗》、《国共合作歌》等节目，对指战员们鼓舞很大，提高了他们的抗战情绪，有力地促进了战争动员。冯钦哉代表部队献大洋200元嘉奖

---

① 李健彤：《足迹》，《延安文艺研究》1985年第2期，第42页。
② 《世界学联代表团在安吴堡》，《新华日报》1938年7月16日第4版。

新人话剧团。①

1937年冬,山西决死二纵队、牺盟洪赵中心区及第六行政公署在汾西县暖泉头驻地举办了干部学习班,参加学习班的学员,绝大部分是现职干部,其中有共产党党员,也有国民党党员,有旧政府的干部,也有青年知识分子,有朝气蓬勃的学生,也有老气横秋的教师。学习内容除政治课外,特别强调抗日歌曲的演唱,以强化抗日宣传、动员工作。学习班规定:学员必须学会十个以上抗日歌曲的演唱与教唱,歌曲的第一个便是《国共合作歌》,第二个是《义勇军进行曲》,其余则是……②

国民革命军第十七路军老战士回忆说:第十七路军第530旅和补充团1938年5月15日在赵伊镇以西两公里多的马铺头村南北之线截击敌人后,又和虞乡县(今属永济市)牺盟会领导的人民自卫队取得联系,研究攻打虞乡县城的作战计划。部队唱着《国共合作歌》,牺盟会的同志听了很高兴,给部队积极筹粮,又派队员朱盛家(共产党员)进城侦察,得知虞乡车站驻有日军30余人,城内只有维持会,遂派第1060团于5月19日进占县城,攻占车站。③

1937年12月,河北张荫梧组织的"干部养成所"派学员到八路军中

---

① 程千:《抗日战争时期的长子新人话剧团》,见中国人民政治协商会议山西省长子县委员会文史资料研究委员会编:《长子文史资料》第1辑,1985年版,第14—15页。

② 秦建基:《抗战初期晋西统战工作简述》,见中国人民政治协商会议山西省隰县委员会文史资料研究委员会编:《隰县文史资料》第2辑,1986年版,第91页。

③ 姚杰著:《抗日战争中的第十七路军》,见中国文史出版社1997年版,第27页。

学习游击战。当时的学员韩铭书回忆到辽县拐儿镇听八路军第129师副师长徐向前做报告的情景说,在报告开始前,由程世兰给我们大家唱歌。第一支歌就是《国共合作歌》,接着她又指挥唱了《义勇军进行曲》,之后,是学生队和八路军互相拉唱,歌声此起彼伏,高潮接着高潮。①

山西吉县牺盟会干训班学员刘沧回忆说:1938年5月在县牺盟会干训班学习时,听说"民族革命大学"招生,就联络了几个同学去那里看看。到了吉县南村遇见原认识的赵老师在"民族革命大学"总务处工作,于是我们就报了名,经考试,被录取,介绍到大圪塔村的新生队。在"民族革命大学"学习期间,特别是那支《国共合作歌》,激昂高亢的"国民党,共产党,两党合作中国就兴旺,两党合作中国不会亡"的歌词,使我们懂得了抗战时期国共合作的重要。②

河北省《大城县县志》记载:1938年秋,中共大城县委和抗日政权建立后,就开展了统一战线工作,团结各阶层人士一道进行抗日。在组建抗日民主政府时,就吸收包括国民党在内的进步力量和中间力量进行参政议政。当时有一首国共合作的歌是:"国民党和共产党两党站在一条线上,他们贡献了全部力量。一起走到抗日战场,全国精诚团结,组织一切抗日力量。……"③

在河北省内邱,"在以国共合作为主体的各阶级各阶层抗日民族统一

---

① 韩铭书:《记在八路军实习游击战的一段经历》,中国人民政治协商会议山西省委员会文史资料研究委员会编:《山西文史资料》第44辑,1986年版,第6页。

② 刘沧:《民大二期学习漫记》,见《山西文史资料》编辑部编:《山西文史资料全编》第5卷第50—60辑,1999年版,第1093页。

③《大城县志》编委会编:《大城县志》,华夏出版社1995年版,第191页。

战线中，有人出人，有力出力，有钱出钱，有枪出枪。'国民党，共产党，两党合作中国不会亡'的统一战线歌，曾一度在内邱山区回荡。1938年，山区抗日根据地救亡运动蓬勃兴起，人民的觉悟普遍提高，共产党组织得到大的发展。同时，为执行抗日民族统一战线政策，根据上级指示，县府调出动员科长许振邦，使之公开恢复了国民党县党部，国民党组织也相应发展"①。

需要特别提到的是八路军彭德怀副总司令指挥领唱《国共合作纪念歌》的事例。1938年4月在山西参加八路军的殷群，回忆起在八路军前方总司令部政治部直属的"晋南军政学校"学习时，彭德怀副总司令指挥大家高唱《国共合作纪念歌》，并讲解唱这首歌的意义。殷群回忆说：在抗日战争时期，太行山到处荡漾着革命的歌声，歌声传播党的主张，表达人民的意志，激励人民去实现党和人民的目标。我这里要讲的，就是我们的彭总同战士共唱革命歌曲的一个故事。1938年，抗战一周年纪念日的下午，我们八路军晋南干校的全体指战员，参加了八路军前总在晋东南屯留县一个山村里召开的军民纪念大会。忽然，不知谁高喊："二号，来一个！"彭总站在战士们队前，打了个手势，叫大家静下来，和蔼地跟大家商量："听陈沂同志说，谢有法从延安来，教了你们个新歌《国共合作纪念歌》，大家一起唱好不好？""好！"全队热烈响应。彭总清了清嗓子，开了个头，就挥动双手打着拍子，我们一起唱起来。彭总在纪念大会上讲了华北抗战形势和我军任务，并阐明唱这首歌的长远意义。他说："同志们！我

---

① 南振国整理：《磨擦与反磨擦中的内邱》，见中共内邱县委党史办公室：《内邱沧桑十八年（1931—1949）》上册，1988年版，第169页。

们唱《国共合作纪念歌》,坚持抗日民族统一战线,绝不是权宜之计和什么策略,我们是在用歌声向全国人民阐明民族大义……我们共产党人,是真心实意和国民党长期合作,和全国人民一道抗战建国,把中华民族大团结的历史千秋万代写下去。"①

在山东,1939年3月在长清县参加八路军第129师平原纵队的段少勋回忆部队文化生活时说:"还有的歌曲,则是向战士和向人民进行革命历史的教育,号召军民坚持抗日民族统一战线,坚定抗日必定胜利的决心的好歌子,为以后国民党反动派发起反共高潮时,我党提出'坚持抗战,反对投降,坚持进步,反对倒退,坚持团结,反对分裂'的革命口号,打下了思想基础。如《国共合作歌》《国共合作纪念歌》等,都热情地歌唱和宣传了党的抗日民族统一战线,激励着我们团结一心,共同奋战。这些革命历史歌曲,多年来一直在我耳畔回响,它教育我从一个农民的儿子逐步成长为一个无产阶级革命战士,鼓舞着我在革命的征途中不断奋勇向前。"②有人回忆耀南剧团在山东邹平、淄川的活动情况说,1938年三四月间在邹平城南门里大寺办短期学习班,其后全部学员都编为"山东人民抗日救国军第五军政治部宣传队","当时的主要工作是:(1)下连队教唱抗日歌曲,组织文娱活动;(2)到村庄或街道去作抗战必胜的口头宣传,教群众唱抗日歌曲,重点是儿童和青年,并动员青年参加抗日军队,支援抗日军队;(3)向军民进行文艺演出活动。那时教唱的歌曲很多,最流行的有:《大

---

① 殷群:《高歌一曲团结情:忆彭总在太行和战士同唱〈国共合作纪念歌〉》,《山西老年》1987年第4期。

② 段少勋:《在大峰山》,见中共贵州省委党史办公室冀鲁豫小组编:《冀鲁豫党史资料选编》第4集,1985年版,第123页。

刀进行曲》《牺牲已到最后关头》《义勇军进行曲》《毕业歌》《洪波曲》《中国人不打中国人》《枪口对外齐步向前》《保卫马德里》《中华锦绣江山谁是主人翁》《满江红》《五月的鲜花》《送郎参军》《流亡三部曲》《国共合作中国不会亡》《航空员之歌》《囚徒之歌》《工人之歌》等"。①

罗炳辉将军夫人张明秀的传记中写道：一次武汉市召开宣传抗日的群众大会，出席大会的有国民党官员，也有八路军办事处的成员。会前群众团体不时地高唱着《国共合作歌》：国民党和共产党，现在已站在一条线上，他们高举起杀敌的旗帜，一齐走上了抗日的战场！②

在四川南充，南华宣传剧队在每次舞台表演结束前演出几个谢幕节目，其中一个是唱《国共合作歌》："国民党，共产党，两党合作，中国就兴旺，国民党，共产党，两党合作，中国就不会亡！"这首歌是对我党抗日民族统一战线政策的很好宣传，有助于南充各阶层抗日统一战线的形成和巩固。③

安徽省《南陵县志》中记载说："民国时期文化活动。……抗日战争期间，本县成立抗日民众动员委员会，爱国民众配合新四军战地服务团和川军郭勋祺部开展抗日救亡宣传文化活动。演唱《国共合作歌》《义勇军进行曲》《五月的鲜花》《父子岭上》等歌曲……宣传抗日救国，唤醒民众。"④

---

① 石钟、彭飞、翟斌：《耀南剧团》，见八路军山东纵队史编审委员会编：《八路军山东纵队史》下卷，山东人民出版社2007年版，第1128页。

② 晓植著：《倔小姐：罗炳辉将军夫人张明秀传奇》，成都出版社1994年版，第117页。

③ 张泽友、郭全：《南华艺社的抗日宣传活动》，《四川省纪念抗日战争胜利四十周年学术讨论会论文暨史料选》编辑组：《四川省纪念抗日战争胜利40周年学术讨论会论文暨史料选》（2），四川省社会科学院出版社1985年版，第132页。

④ 南陵县地方志编纂委员会编：《南陵县志》，黄山书社1994年版，第569页。

有人回忆中共繁昌敌前县委军事部长金涛1940年春扩军时的情景说：金涛在慕英乡聚集群众尤其是进步青年，给他们讲抗日救国保家乡的革命道理。他说，一只筷子容易折，一把筷子折不断，团结才有力量，抗战才有出路。号召大家团结起来，打击日本鬼子和汉奸，宁死不做亡国奴，他还教大家唱一首《国共合作歌》："国民党和共产党，站在一条战线上……"当即就有王高明等三位热血青年报名参加了新四军。①

"在内地重庆等重要城市的戏院、电影院和茶馆中，救亡歌曲也是不绝于耳，一般战士都会唱《大刀进行曲》、《义勇军进行曲》、《国共合作歌》和《游击队歌》等。"②

有人回忆内蒙古临河市当时"新生活运动"的情景说，1937年"七七事变"后，在抗日救亡的旗帜下，国共携手合作，揭开了全面抗战的序幕，形成了举国一致，同仇敌忾，声势浩大的抗日民族统一战线，从此在人们面前展示出新的希望，开创了新的生活道路。所有社会青年、在校学生感受最深。当时从学校到部队，从城市到原野，都在高唱《国共合作歌》，其歌词是："国民党和共产党，现在已站在一条线上。……"我和同学们深有感慨地说，这才算有了新的生活气息，开始了新的生活征途。③

在西安，有人回忆说：1938年4月，神圣的抗日战争进入第二年，一

---

① 蒋世宝：《慷慨高歌捍正义 万古千秋留美名——记金涛烈士》，载《党史纵览》2001年第4期。
② 魏宏运主编：《中国现代史稿》下册，黑龙江人民出版社1981年版，第68页。
③ 刘培荣：《对旧社会"新生活运动"之片断回忆》，见中国人民政治协商会议临河市委员会文史资料委员会编：《临河市文史资料选辑》第6辑，1991年版，第135页。

些身穿灰色军装,足着球鞋或草鞋,打着绑腿,留着短头发,雄赳赳、气昂昂的年轻姑娘在讲演抗战的形势和我国必胜的道理;还表演抗日活报小品,如《放下你的鞭子》;指挥大家唱救亡歌曲。……有一首《国共合作歌》,给我留下的印象极深,其中有"国民党,共产党,两党合作中国不会亡,两党合作中国就兴旺"的歌词,我一直记得很清楚,这可以说是历史的呼唤,时代的强音。①

在广东,1938年冬成立的东江华侨回乡服务团,有7个分团,6个特殊队或专业队,分赴东江各地活动。1939年春,抵达佗城的第六分团(龙川队)有20多人。这个团经常活动内容有:召开群众大会宣传抗日救国,办夜校提高群众觉悟,在街头唱歌、演街头剧等。唱歌有《大刀歌》《流亡三部曲》《打回东北去》《国共合作歌》《春耕歌》等等。②

在广西,有人回忆说,1938年春,我从广州回到广西贺县中学就读。当时,在同学中公开传唱一首《国共合作歌》,歌词中说:"国民党和共产党,现在已站在一条线上,他们结成抗日统一战线,一齐走上民族解放战场。……"③

有人描述当时新疆乌鲁木齐传唱国共合作歌的情况,"抗日战争时期,新疆新文化运动的另一个特点是大唱抗日歌曲,大演抗战题材的话剧。大唱革命歌曲是从'新兵营'开始的。在中共党人的提倡和努力下,歌咏队

---

① 施应霆:《记彭德怀同志的一次演讲》,北京市政协文史资料委员会编:《北京文史资料》第54辑,北京出版社1996年版,第211页。
② 龙川县《佗城镇志》编纂委员会编:《佗城镇志》,2005年版,第298页。
③ 曾贵平:《走上抗日战场》,见中国人民政治协商会议南宁市委员会文史学习委员会编:《南宁文史资料》总第20辑,1997年版,第172页。

的发展,更是像雨后春笋,普遍于各学校、军营和工厂,《义勇军进行曲》《大刀进行曲》《我们在太行山上》《游击队之歌》《流亡三部曲》《国共合作歌》《黄河大合唱》等民族抗战的歌声,飞扬在迪化全城"[1]。新疆日报社阿克苏分社代社长陈清源(陈浩然,中共党员,1939年9月任新疆日报社阿克苏分社编辑长,1941年4月任副社长、代社长)、阿克苏地方税务局副局长程九柯(中共党员)、小学教师苏枚(黄火青夫人,中共党员)等都曾在新疆阿克苏地区进行过抗日救亡的宣传活动,教唱抗日歌曲,如《义勇军进行曲》《大刀进行曲》《流亡三部曲》《我们在太行山上》和《国共合作歌》等。[2]

有人回忆说,1944年时,浙江金(华)义(乌)浦(江)敌后抗日根据地不断巩固壮大。金东区办事处下辖5个民主乡政府,有将近4万人口,却没有一所完全小学。为发展敌后的文化教育事业,金义浦联防办事处在同年9月决定在傅村创办一所新型的战地学校——傅村联立小学(简称联校)。革命的战时学校,必然要具有革命的、抗日的鲜明色彩,向学生灌输革命思想,培养学生的革命感情,如音乐课就大唱八大队流行的抗战歌曲,如《黄桥烧饼歌》、《送军粮》、《国共合作》、《游击队歌》等,激发学生的革命热情。[3]

---

[1] 朱培民:《抗日战争在新疆》,载《抗日战争研究》1996年第4期。
[2] 中共新疆阿克苏地委党史资料征集小组编:《抗战时期中共人员在阿克苏区的工作情况》,见中共中央党史资料征集委员会编:《中共党史资料》第25辑,中共党史资料出版社1988年版,第274页。
[3] 李光、蒋英根:《战地黄花分外香:记抗日根据地的傅村联校》,见政协浙江省金华县委员会文史资料委员会编:《金华县文史资料》第8辑,1996年版,第80—82页。

国共合作主题歌曲的创作和传唱,维护了国共合作,推动了抗日民族统一战线的巩固和发展,为夺取抗日战争的胜利发挥了重要的作用。

作者简介:

叶成林　中共中央党校图书馆

《八路军军政杂志》的时代特色

苏若群

1939年1月15日,《八路军军政杂志》在延安创刊,至1942年4月停刊,共出版39期,每期约11万至12万字,发行量约3000份。关于创办这个杂志的目的,毛泽东在为《八路军军政杂志》撰写的《发刊词》中有明确表述:"发扬成绩,纠正缺点,是八路军全体将士的任务,也是军政杂志的任务。抗战是长期的与残酷的,发扬八路军的成绩,纠正八路军的缺点,首先对于提高八路军的抗战力量是迫切需要的;同时对于以八路军经验贡献抗战人民与抗战友军,也属需要。《八路军军政杂志》应该为此目的而努力。"实际上,《八路军军政杂志》发挥的作用远不止此。《八路军军政杂志》(以下简称《杂志》)创刊于中国人民反抗日本帝国主义侵略的特殊时期,"为抗战服务"是其终极目的。因此,它是一份极具时代特色的刊物,在党的历史上,乃至中国现代史上,都是一朵灿烂的奇葩。《杂志》的时代特色,就体现在"为抗战服务"这个时代要求上。

一、为抗战服务,研究时局变化,反对妥协投降

《杂志》密切关注时局的变化,并根据时局的变化刊出针对性的文章,阐明中国共产党的主张。

针对日本帝国主义实行的"以华制华"的策略,《杂志》发表王稼祥《论目前战局与敌后抗战的几个问题》一文,揭露日本侵略者的阴谋,指出,"日本帝国主义者企图在夺取武汉广州的战斗中及战斗后,来瓦解中国的抗日阵线……来破坏中国中部的团结,以求实现其'以华制华'屈服中国的惯技。"针对武汉、广州失守后日敌军进攻路线与进攻方针,《杂志》发表郭化若的《目前华北战局与坚持敌后的抗战》文章,认为日军在一度的急进中进行了三四个月的停顿,这不代表着战争的最后停止,事实上日军是在静观国际形势的变化以及调整其内部的困难,等待有利的时机准备新一轮的进攻。

1939年,卢沟桥事变两周年之际,针对蒋介石国民政府对日妥协倾向,《杂志》刊出毛泽东撰写的《当前时局的最大危机》一文,指出:把抗战进行到底,就必须反对任何中途的妥协。文章要求一切爱国者睁亮眼睛,密切注视投降派的活动,用一切努力去反对他们。彭德怀在1卷12期发表的《克服目前政局主要危险,坚持华北抗战》一文,提出"目前全国人民的总任务应该是克服投降妥协的危机,坚持抗战,坚持团结,坚持进步,准备反攻"。

1940年1月,汪精卫集团投靠日本后,《杂志》在2卷2期、2卷4期相继刊出《延安民众讨汪拥蒋大会通电》、《八路军新四军讨汪救国通电》等,揭露日本的诱降阴谋及汪精卫的叛国罪行,号召全国人民奋起讨汪。《八路军新四军讨汪救国通电》以八路军总司令朱德等名义发出,通电指出:"德等率部深入敌后,为保卫祖国而战,已历三年,深知敌伪阴谋,在于分裂我内部团结,以求倾覆我国家,宰割我人民。然一部分丧心病狂之人,随声附和,企图建立所谓东方反共阵线,抗战危机,千钧一发。当此之时,国内少数不明大义之徒,或策励投降,或实行反共,汪精卫之覆辙,其明证也。德等转战疆场，不怕肝胆涂地，唯求全国继续团结。"

1941年皖南事变发生后，《杂志》在3卷1期发表《朱彭叶项抗议皖南包围通电》，要求国民党当局"停止全国之屠杀，制止黑暗之反攻，以挽危局，以全国命"。在这一期上，还以"特载"形式，发表了中共中央革命军事委员会任命陈毅为新四军代理军长、刘少奇为政治委员，要求他们尽快整饬军队、重振雄风的命令。

二、为抗战服务，研究和宣传八路军的抗战业绩和经验

八路军在抗日战争中创造的战斗业绩和战斗经验，是中华民族抗日战争中一笔宝贵的财富。研究和宣传这些抗战业绩和经验，对于振奋全民族抗战精神，坚持抗战到底，起到了十分的重要作用。

为宣传和总结八路军的战斗情况，《杂志》专门设有《抗战言论》《实战经验与战术研究》《战斗总结》等栏目。据不完全统计，在《杂志》刊出的600余篇文章中，有关抗日游击战方面的文章就有100余篇，关于战斗经验介绍的文章有70余篇。《杂志》对于八路军一系列重大的战役及重大事件，都给予专题及系列报道，像陈庄战斗特辑、百团大战系列报道、抗战四周年特辑等，既宣传了八路军的战斗业绩，同时也起到激励友军开展敌后抗战的重要作用。

及时总结八路军游击战的战略战术，并使其在对日战争中得到应用并不断完善，是当时党中央的最为关注的重要工作之一。对此，《杂志》发挥了重要的平台作用，不断推动相关研究成果。《杂志》在1卷8—10期，连续刊登了八路军一二九师师长刘伯承的《两年来华北游击战争经验教训的初步整理》，对华北地区的游击战争进行了总结，文中精辟地指出："政治主张要公开明确，军事行动要秘密诡诈；要游要击，并使游与击相互配合；紧握主动权灵活而有计划地袭击"。此外，《杂志》1卷2期刊登的八

路军120师参谋长兼中国人民抗日军政大学第七分校的校长周士第的《论平地游击战争的几个问题》，1卷3期刊登的晋西支队司令员陈士榘的《晋西游击战争的回顾》，1卷4期刊登的八路军120师贺龙部358旅旅长张宗逊的《根据晋西北经验谈敌后方的游击战争》，1卷6期刊登的新四军四师师长彭雪枫的《平原游击战的实际经验》等文章，都是实际斗争经验的总结，有相当重要的思想性、指导性和可操作性。例如，平原游击战争最基本方法为硬的不打软的打、敌打我偏不打；打敌人于出其不意，根据主动优势在夜间进行突袭，夜间活动时动作要灵活机动、不断变换位置等。再如，关于埋伏战，提出要做好以下工作：第一，伏击前的准备。要侦查好敌人的兵力与兵种、行进路线、能否取得增援和我军能选择的隐蔽地点及做到的隐蔽程度，部队要准备好战斗的动员和把握好出动的时间。第二，在伏击的实施过程中，要做好部队开进，伏击部署，封锁消息和战场观察与指挥的组织。第三，战斗发起后，要听从统一指挥，一开始就应投入猛烈冲锋，突然而且迅速地结束战斗。

三、为抗战服务，研究和宣传中外军事理论和著名战例

军事技术水平的优良与否，战略战术的正确与否，直接决定着能否打败敌人，取得胜利。八路军、新四军武器装备差，而战斗中且大多数指战员战略战术理论水平不高，军事技术不强。在抗日战争中，要以最少的牺牲取得最大的胜利，必须掌握马列主义的军事理论和较为系统的军事理论、军事知识、战略战术，以提高官兵的军事水平，增强对日作战的能力。这是《杂志》的必然使命。

《杂志》在1卷11期、12期和2卷1期连续刊出《孙子兵法之初步研究》，研究古代中国军事家孙子的战略思想，总结出四种作战方法。在2卷3期、4期中，刊登《孔明兵法之一斑》，对诸葛亮的军事思想进行了分析，

研究了诸葛亮指挥的著名的战斗,并附有孔明讨魏之进攻路线图。此外,还选择古代著名的战例,进行研究,如1卷2期的《赤壁之战》、1卷4期《淝水之战》、1卷5期《齐燕即墨之战》等。

在研究介绍中国古代军事战争思想和战例的同时,《杂志》还着意介绍国外的战争理论和实践。《杂志》登载的由曾涌泉翻译的《列宁论军事纪律》一文,强调了"铁的纪律"对于军队取胜的重要性。列宁认为:"为什么一个弱而无能的落后的国家能够战胜世界上最强盛的各国,其根源就是集中制,纪律和空前未有的自我牺牲精神。战争所要求的是纪律,没有严密的秩序,没有铁的纪律,是不能在战场上得着胜利的。"曾涌泉还在3卷3期发表《帝国主义在非洲》一文,说明了非洲所处战略位置的重要性及战争的经过,还附有北非战场英军的进攻图,便于直观学习。对于当时正在进行的苏德战争和欧洲战场的情况,《杂志》也适时予以研究和介绍。

四、为抗战服务,研究和宣传抗战胜利的必然性,鼓舞士气,瓦解敌军

宣传鼓动工作是中国共产党的一个好传统,也是中国共产党的一大优势。《杂志》从为抗战服务的目的出发,不失时机刊登具有极强感染力的宣传性文章,以及指导宣传工作的文章,对于鼓舞中国人民和中国军队的抗日热情,坚定抗战必胜的信念,对于瓦解敌军,起到了重要作用。

为了搞好宣传鼓动工作,《杂志》在1卷2期刊登了萧向荣的《部队中的宣传鼓动工作》,文中总结中国共产党领导的人民军队宣传工作的经验,提出宣传工作应遵循的原则是分不同的宣传对象而进行不同的宣传内容。对日军,宣传重点应放在指明中日战争的实质上,对被强迫抽丁组成的伪保安队和黄协军,宣传重点应放在日寇经常压迫欺辱他们,以加深他们对日本帝国主义的仇恨。《杂志》在3卷8期刊登了《对敌宣传标语口号》,在4卷3期刊登了《对敌宣传工作之检视》,用来指导地方和军队的宣传工作。

为了宣传中国人民抗战的正义性,揭露日本帝国主义侵略中国的反动性,揭示抗日战争胜利的必然性,以促使敌军士兵正义感的觉醒,瓦解敌军士气,《杂志》登载了不少文章,分析日军的特点,提出对敌宣传策略口号等。《日本人民的反战活动》一文,就分析了日军的特点,指出其主要是受武士道精神以及常年军国主义的教育和熏陶,再加上政治上的欺骗,在作战之初表现得相当顽强。但是随着战争的延长,日本国内厌战情绪的高涨,以及我们对敌宣传的工作开展和对待俘虏政策的落实,大部分士兵认识到奴役他们的是日本军阀。于是,在日军中出现自杀、投诚、潜逃的士兵越来越多,如上海南市曾有敌军三百名因反战而自杀。《杂志》还在1卷10期至12期连载《敌军工作讲话》,将2卷6期作为《敌军工作特辑》,通过评论、通讯、译文、调查报告、版画等形式,对日军进行剖析,让日军士兵明确认识到他们的处境。与此同时。《杂志》还宣传八路军对俘虏的政策,明确提出:不杀俘虏,不取俘虏财物;在可能条件下将俘虏放回,愿留下者,给予适当的工作。这样的宣传起到了很好的效果。

以"为抗战服务"为目的的《八路军军政杂志》,以研究抗战军事理论与实践为办刊方针,以宣传中国共产党领导下的八路军的抗战事实以及中国共产党的抗战政策与思想为办刊宗旨,其时代特色远不止上面所列举的几点。

《八路军军政杂志》所具有鲜明的时代特色,在抗战时期所发挥的重要作用,将永远载入中国共产党和中国人民军队的史册。在高度评价这个杂志的时候,一定不能忘记在硝烟弥漫的抗日战争中托举着这个杂志奋力前行的人们:这个杂志的编委,由毛泽东、王稼祥、萧劲光、郭化若、萧向荣五人组成，萧向荣任主编；这个杂志的作者除了一般人员外，还有毛泽东、周恩来、朱德、彭德怀、邓小平、叶剑英、刘伯承、贺龙、陈毅、聂荣臻、谭震林、谭政、萧克等党政军负责人；为了如实报道抗日前线的战况，八路军政治部还特地为这个杂志组织了前线记者团，分别前往115师、120师、129师及晋察冀军区等地进行火线采访，其中知名记者有戈里、范瑾、普金、干向立、林朗等。正是这些人，将《八路军军政杂志》办成了一份既具有时代特色又不失现代启示的经典之作。

贯彻落实党的十八大精神，构建社会主义核心价值体系，推进社会主义文化强国建设，是坚持和发展中国特色社会主义的必然要求，是实现全面建成小康社会和中华民族伟大复兴的必然要求。《八路军军政杂志》所具有时代特色启示我们，只有具有时代特色的文化，才是这个时代所需要的文化。在改革开放新时期，只有具有中国特色社会主义的文化，才是建设社会主义文化强国所需要的文化。

作者简介：

　　苏若群　中国矿业大学（北京）思想政治教育学院博士生

朱德在山西抗日前线对群众路线思想的丰富和发展

陆仁权

朱德是人民军队的主要缔造者之一。1927年参加领导南昌起义，1928年率部到井冈山与毛泽东领导的部队会师，成立工农革命军第四军。朱德任军长，毛泽东任党代表。此后他配合毛泽东领导中国共产党人走出了一条农村包围城市的武装斗争道路，为托起中国革命的磅礴朝阳奉献了心血和力量。朱德是中国革命战争战略战术的主要创造者之一，是把一支以农民为主体的革命军队锻造成为无产阶级新型人民军队的主要领导者之一，坚持党对军队的绝对领导，三大纪律八项注意，军事民主、政治民主、经济民主，军民一致、军政一致、官兵一致等建军治军中，蕴含着他的实践和思想。党的群众路线在红四军中孕育产生也有朱德的一份贡献。

在强大敌人包围的严酷斗争中，红军要生存、要打仗，就必须赢得群众的支持，重视做群众工作，注意工作的方式方法。1929年红四军第九次党代会通过的《古田会议决议》指出，"红军是一个执行革命的政治任务的武装集团"，"红军绝不是单纯地打仗的，它除了打仗消灭敌人军事力量之外，还要负担宣传群众、组织群众、武装群众、帮助群众建立革命政权以至于建立共产党的组织等项重大的任务"。①1929年4月5日,毛泽东起草的红四军前委给中央的信中指出:我们的战术是游击的战术,"分兵以发动群众,集中以应付敌人"。红军的主要任务是做群众工作,打仗与做群众工作是一与十之比。还说,要用很好的方法来发动群众,使"群众工作的技术"更娴熟,这样群众斗争的发展就会一天天扩大,"任何强大的敌力是奈何我们不得的"。②这些军规和文献中的群众路线思想,起于毛泽东笔下,成为治军的经典。在全党深入学习十八大精神,开展党的群众路线教育实践活动中,回顾朱德在山西抗日前线的群众路线思想,弘扬八路军文化正能量,有一定现实意义。

1937年9月,身为八路军总指挥的朱德,怀着"与日寇决一死战,复我河山,保我民族"的决心,率领抗日将士挥师东渡黄河,开赴山西抗日前线,开辟了华北抗日根据地。1940年5月,他从山西抗日前线回到延安。在山西抗日前线的近三年中,运用和发扬红军时期群众路线的经验和传统,结合抗日战争时局,开创华北抗战局面,指挥八路军的游击战及抗日游击队的建立发展,推进和拓展八路军的生存发展空间,丰富和发展了红军的群众路线思想。

一、朱德在云阳镇出征宣示八路军抗日的宗旨是为中华民众谋利益

1937年8月20日,朱德与彭德怀在陕西云阳镇以抗日人民红军的名义发表《留别西北同胞书》:"敝军要与相聚八个月的父老兄弟姊妹们暂且告别。为了国家,为了民族,为了使西北父老兄弟姊妹不做亡国奴,敝军

---

① 《毛泽东选集》第1卷,人民出版社1991年版,第86页。
② 《毛泽东文集》第1卷,人民出版社1996年版,第56、57页。

要走上抗日的前线去。要以我们的头颅和热血把日本强盗赶出中国，把汉奸铲除干净，那时再回来与我们亲爱的父老兄弟姊妹相见，过快乐日子。"同时，发布《为东下抗日告同胞书》，表示："我们改名为国民革命军，受命上前线去。我们抱定了最大的决心，要为民族的生存流到最后一滴血，不把日本帝国主义赶出中国，不把汉奸卖国贼完全肃清，决不停止。"还发布《告抗日友军将士书》，指出："我们和你们同是黄帝子孙，同是中华军人，同是患难中的朋友。我们的敌人只有一个——日本帝国主义。我们要胜利，要不做亡国奴，只有亲密团结起来，结成铁的长城。"①朱德这两份《告同胞书》、一份《告友军将士书》，针对的对象不同，表达了一个目的宗旨：八路军赴抗日前线，把日本帝国主义赶出中国，使父老兄弟姊妹、黄帝子孙，过快乐日子。

1937年9月5日，八路军总部在云阳镇举行出师抗日誓师大会。朱德率领全体指战员宣读《八路军出师抗日誓词》：日本帝国主义是中华民族的死敌，它要亡我国家，灭我种族，杀害我们父母兄弟，奸淫我们母妻姊妹，烧我们的庄稼房屋，毁我耕具牲口。为了民族，为了国家，为了同胞，为了子孙，我们只有抗战到底。我们是工农出身，不侵犯群众一针一线，替民众谋福利，对友军要友爱，对革命要忠实。②《抗日誓词》宣告八路军出征的原因是：日本侵略者残害我百姓、毁我家园；申明作为工农子弟兵的八路军出陕入晋抗日的宗旨是：为民族、为国家、为同胞、为子孙，替民众谋利益。

---

①《朱德年谱（1886—1976）》中卷，中央文献出版社2006年版，第659页。
②《朱德年谱（1886—1976）》中卷，中央文献出版社2006年版，第665—666页。

二、提出了发动群众、开展群众运动，打赢抗日战争的重要思想

只有争取和发动群众，广泛开展群众运动，才能打赢抗日战争的思想，体现在朱德的一些谈话和论著中。

早在卢沟桥事变前的1937年6月9日，中央召开的白区工作会议上，朱德就对争取大多数群众抗日问题发表了他的意见：中央党校和抗日军政大学要加紧培训干部，学会打游击战。国民党军队抗日，我们要联合他们一起去干，他们不抗日，我们也可以打游击战。充分利用地形和群众条件，有把握就打，没有把握就不打。"在战争中最要紧的是要争取大多数群众，即使对日本兵也要去做争取工作。"[①]

6月23日，朱德在会见美国学者托马斯·彼森时指出：中国要打败日本，必须靠全国的工人和农民的力量。唯有中国共产党才能开展这场群众运动。……国民党如果只要用他的精锐正规军再加上西方帝国主义的援助就行了，那他是打错了算盘。那他是不明白，只有群众性的人民抗战才能打赢这场战争。[②]这些论述表明，作为八路军军事统帅的朱德来说，把争取和发动群众作为赢得抗日战争胜利的基本前提条件，是坚定的、明确的。

1938年初，朱德在八路军总部出版的《前线》上，陆续发表《论抗日战争》这部三章十七节的论著。他认为：抗日游击战争是在日本帝国主义侵略中国领土这一历史条件下产生出来的。它的实质，是一切不愿做亡国奴的同胞为了救死求生而采取的一种最高最广泛的斗争方式。它以日本帝

[①]《朱德年谱（1886—1976）》上卷，中央文献出版社2006年版，第640—641页。

[②]《朱德年谱（1886—1976）》上卷，中央文献出版社2006年版，第642页。

国主义为其敌人。由此朱德对抗日游击战争下了一个定义：抗日游击战争是"抗日的大众战及民兵战"。这个定义表明，"它是抗日的，以与其他的游击战争分别开来"；"它是大众战或民兵战，以与正规武装部队的战争分别开来"。这从理论上界定了抗日游击战争的时代性、民族性和群众性。这显然是告诉世人，八路军的抗日游击战争与抗日正规军的战争有区别。当然这种区别不是绝对的，而是相对的。因为一方面，抗日游击队当它长大起来，或者几个游击队集中在一起时，也能作较大规模的战斗；另一方面，正规军队，只要它与群众有着很好的联系，得到群众的同情与拥护，它也可以分派出小的甚至相当大的部队，进行游击战争。由此朱德深刻指出了八路军抗日游击战争的本质。他说，抗日游击战，绝不是某个军事天才的独得之秘，或者什么奥妙无穷的东西。抗日游击战争，本质上是抗日的群众运动，不过它是群众抗日斗争的一种最高方式罢了。离开了群众，就根本谈不上抗日游击战争，而抗日游击战争的全部秘密就在于它是一种群众运动，一种群众抗日自卫的武装斗争。在揭示了这种本质之后，朱德明确指出：任何地方，凡是有了这种群众运动，有正规军队帮助的能够发动和发展游击战争，没有军队帮助的，也可以发动起来。①

1938年6月25日，朱德为抗战二周年发表《我们一定要胜利》的文章，指出："日本法西斯原来打算用二三十万军队在三个月内灭亡中国，但这个计划完全失败了。""两年来，中华民族愈战愈强，特别是华北的抗战中，当日本法西斯入长城以后，以为再无第二道长城可以阻挡他囊括华北

---

① 《朱德选集》，人民出版社1983年版，第31—34页。

的企图了。但是，在华北又出现了一座用广大的游击战争筑起来不可逾越的新长城。"①就是说，亿万人民群众奋起，以血肉之躯筑起抗击日军侵略的新长城。如《义勇军进行曲》歌词所写："不愿做奴隶的人们，把我们的血肉，筑成我们新的长城。"这正是抗日的人民群众英勇斗争的真实写照。

1939年7月7日，朱德在《前线》半月刊杂志发表《八路军抗战二周年》一文，文章就党政军民团结一致、民众运动和战略战术总结了八路军两年来所取得的伟大胜利及其经验教训。关于民众运动的经验，朱德谈道："凡是在民众运动有成绩的地方，游击战争就能展开，抗战就能胜利地坚持；凡是在民众落后或受挫折的地方，抗战一定要遭受不必要的困难。想要动员民众，必须适当改善人民生活，实行民主的政治。冀察晋的民众在粉碎敌寇进攻之中，发挥了最伟大的作用。"所有的民众必须动员起来，所有的智力和体力必须用到抗战中去。"只有把全国一切生动力量动员起来，只有广泛开展游击战争，才能在基本上改变敌强我弱的形势，熬过相持阶段，转入反攻。"②这里朱德提出了抗战胜利的三个重要条件：一是动员全国一切生动力量，二是改善人民的民生，三是实行民生的政治。这三个条件也可以说是八路军贯彻党的群众路线的三个具体标志和体现。

在党的七大上，朱德总结解放区抗战经验时，有一个经典的概括："人民战争的基本内容就是群众战。"对此，他的解释是："这种群众战的特点，就是不但有人民大众在政治上、经济上的协力，而且有人民大众在军事作

---

① 《朱德年谱（1886—1976）》中卷，中央文献出版社2006年版，第893页。
② 《朱德选集》，人民出版社1983年版，第70页。

战上的协力。这种战争不是军队单独进行的,而是以人民大众共同作战的灵活配合来进行的。这种战争是主力兵团与地方兵团的配合作战,是正规军与游击战、民兵和人民自卫军的配合作战。"[1]这些论述体现了现在我们所认识的群众路线核心思想:一切为了群众,一切依靠群众,从群众中来,到群众中去。

三、提出抗日游击队与群众"好比鱼和水的关系一样"密不可分

关于抗日游击队与群众的关系,朱德有丰富的论述。

首先,抗日游击队来自群众,抗日游击队是民众抗日学校,是抗日民族统一战线的武装宣传者和组织者。抗日游击队是从民众的群众斗争中发生和发展起来的,抗日游击队的本身,就是民族英雄、爱国志士的集团,也是他们训练自己的场所。[2] "那里是千千万万最勇敢、最坚决、充满民族意识和朝气的黄帝子孙,他们不是为了升官发财,不是为了个人的利欲,而是为了民族的生存,在最困难的条件下,几乎是赤手空拳地起来搏斗。任凭敌人怎样凶狠,也丝毫不能动摇他们的决心。他们的精神,真是动天地而泣鬼神。那里能训练出和锻炼出百折不挠的铁汉、优秀的军事指挥员和政治工作人员。"[3]

其次,以群众为堡垒,把群众团结在自己的周围。如果抗日游击队不能团结群众、维护群众利益,不能使群众成为游击队的良好依托,那么,这样的游击队将会没有出路。[4]抗日游击队如果脱离民众,得不到民众的

---

[1]《朱德选集》,人民出版社1983年版,第152页。
[2]《朱德选集》,人民出版社1983年版,第35页。
[3]《朱德选集》,人民出版社1983年版,第37页。
[4]《朱德选集》,人民出版社1983年版,第41页。

拥护，就休想在敌人远近后方存在，它迟早会被敌人消灭。①

其三，抗日游击队与群众的鱼水关系。朱德指出：抗日游击队与群众的关系，好比鱼和水的关系一样，鱼在水中才能生存和长大，抗日游击队有了群众依托才能生存和长大。鱼一离水就死，抗日游击队一离开群众也就无从生存。抗日游击队是由群众之中生长起来的，而不是从群众之外来的东西。就是正规军派出的游击队，也要做到使当地的群众认为这是自己的队伍，是与自己切身痛痒相关的队伍，才能生存和发展。②

抗日游击队来自群众，以群众为堡垒，这种关系是鱼和水的关系。这种八路军与群众的关系的精辟形象比喻，既指明八路军工作的方向，又涉及方方面面的具体措施和方针，是八路军及其抗日游击队在敌后发动群众、依靠群众、武装群众开展群众性抗日斗争，求得自身生存和发展的指南针和法宝。这一命题较之一般意义上的动员口号更形象、更生动，更具有实用性。

朱德把八路军与群众的关系比作"鱼水关系"那样亲密，在毛泽东军事理论中有重要地位，这对1957年毛泽东引申出"党群关系好比鱼水关系"的命题有重要影响。至今，我们党一直坚持"鱼水关系"的命题。

四、全军传唱遵纪爱民的《抗日军人三大纪律八项注意歌》

毛泽东朱德在井冈山创建红四军时，就十分注意用严格的纪律统帅部队。三大纪律八项注意是毛泽东亲手制定，并在实践中不断完善的。在红四军第九次党代会通过的《古田会议决议》指出："红军纪律是一种对

---

① 《朱德选集》，人民出版社1983年版，第35页。
② 《朱德选集》，人民出版社1983年版，第41页。

群众的实际宣传,现在的纪律比以前松懈了,因此给了群众以不好的影响。"①军队的纪律体现的是部队的作风和形象,本质上是军队与群众的关系。1937年9月5日,朱德率八路军总部出征前,就宣布了《三大纪律八项注意》。1937年11月,朱德在一次对新组建纵队干部谈话中要求:官兵要执行三大纪律八项注意。指出:要执行三大纪律八项注意,搞好军民关系,官兵要一律平等;要爱护老百姓,把军民关系搞得像鱼水关系那样亲密。②

朱德很重视华北抗战时的宣传工作,重视用文化艺术的形式宣传抗日纲领、抗日主张和要求。《三大纪律八项注意》曾在1935年底被陕北的红十五军团改编成《红色军人三大纪律八项注意歌》在全军传唱。抗日战争爆发后,又改编成《抗日军人三大纪律八项注意歌》,在全军传唱。歌词是:

> 抗日军人个个要牢记,三大纪律八项的注意:第一实行抗日的纲领,最后胜利才能有保证;第二服从上级的指挥,坚决杀敌才能得胜利;第三不拿人民的东西,到处群众拥护又喜欢。八项注意件件要做到,一时一刻切莫忘记了;第一进出宣传一定要,抗日主张远近都传到。第二早起内务整理好,室内室外脏物要打扫;第三说话态度要和好,接近群众言语最重要。第四买卖价钱要公道,不准强迫群众半分毫;第五借人家具用过了,当面归还切莫遗失掉。第六若把东西损坏了,按价赔偿一定要办到;第

---

① 《毛泽东文集》第1卷,人民出版社1996年版,第98页。
② 《朱德年谱(1886—1976)》中卷,中央文献出版社2006年版,第721页。

七优待俘虏要周到,瓦解敌军工作最重要。第八到处厕所要挖好,绝对禁止随地拉屎尿;倘若把这规则破坏了,铁的纪律处罚决不饶。抗日军人相互监督到,军民合作一起赶强盗;到处民众动员起来了,全国胜利实现在明朝。①

这首体现了第二次国共合作抗日的历史特征歌曲,虽然人民军队身处的时代社会内容有变化,但人民军队的性质宗旨没有改变。歌词不但规定了每条"纪律"和每项"注意"的具体要求是什么,而且明确了为什么要规定这些要求。抗日军人的三大纪律、八项注意,它有三重关系。第一重是作为抗日军人的八路军取得杀敌取胜的前提条件:一是实行抗日共同纲领,二是服从上级指挥。实行抗日共同纲领,表明八路军把国家利益放在最高位置;一切行动听指挥,体现了党对军队的绝对领导的原则和八路军内部下级服从上级,达到全军高度集中统一。这是八路军从严治军、克敌制胜的第一要义。第二重是八路军与群众的八种关系,即第3条纪律"不拿人民的东西",及1、2、3、4、5、6、8项"注意"的详细规定,体现了八路军的性质,为人民服务的宗旨,坚决防止和摒弃各种不良社会行为和作风的侵蚀,一切以维护群众利益为本,树立并保持人民军队的性质和形象。这是八路军生存和发展之根本,也是群众路线在作风方面的体现和运用。第三重是第7项注意,即八路军与俘虏的关系,体现了无产阶级解放全人类的政治胸怀,体现了八路军的革命人道主义精神和瓦解敌军的原则。

---

① 叶福林:关于《三大纪律八项注意》几个问题的研究,《中共党史研究》2011年第8期,第120页。

这表明朱德所指挥的八路军用老百姓所喜闻乐听的艺术形式,武装作为国共合作的抗日军人的八路军,体现了八路军和人民群众的密切联系,既丰富了抗日文化的内容,又活跃了八路军军旅的文化生活。

五、提出抗日战争是全国人民群众进行的民族复兴的战争的论断

1940年5月,朱德从抗战前线回延安,途经黄帝陵。他对同行的40余人说:中华民族有五千年光辉的历史,然而近百年来我们这个民族却遭受了帝国主义的百般欺凌,被称作"东亚病夫"。现在,这个古老的民族觉醒了,我们这些黄帝的子孙点燃了民族解放的烽火,全国人民正进行着神圣的抗日战争。抗日战争是民族复兴的战争,我们一定要把这场战争进行到底,我们也一定能取得战争的最后胜利。①

在出席延安中央大礼堂欢迎朱德从华北前线回延安的晚会上,他回顾率八路军赴华北前线抗战所取得的战果后,指出:八路军在华北唤起了民众,组织、武装了他们,建立了统一战线的抗日民主政权,维系了华北广大人民的人心。八路军在华北保护了人民和资源,严重打击了敌人"以华制华"和"以战养战"的阴谋;改善了人民生活,发展了生产运动。八路军已成为坚持华北抗战的主力,散在乡村,同时能掌握战略枢纽(山地)的交通要点,与民众联系加强,战斗力提高。②

朱德率八路军深入敌后近三年,宣传群众,组织群众,依靠群众,武装群众,收复了大片国土,建立起晋察冀、冀中、冀南、平西、晋冀豫、鲁西北、鲁南、大青山等抗日根据地,八路军自身也从原来的三个师4.5

---

① 《朱德年谱(1886—1976)》中卷,中央文献出版社2006年版,第966页。
② 《朱德年谱(1886—1976)》中卷,中央文献出版社2006年版,第967页。

万人发展到有正规军22万人（游击队未计算在内）。这是朱德运用党的群众路线思想武装和统帅八路军所结出的丰硕政治、军事成果。

六、学习朱德在太行前线坚持群众路线的思想，搞好当前群众路线教育实践活动

群众路线是宽泛的概念，它包括党群关系、干群关系、政府与群众的关系、军民关系等方面。党成立后，幼年的党为生存和发展，把党群关系摆上了政治日程。军民关系在红四军创建过程中被提到了重要地位，1929年红四军第九次党代会通过的《古田会议决议》就对军民关系作了若干规定。1931年11月中华苏维埃政府成立，政府与群众关系、干群关系问题突显出来，毛泽东的《关心群众生活、注意工作方法》就是解决这些问题的重要著作。这一时期党关于群众路线的思想还都属于经验形态的。延安整风时，以1943年6月1日毛泽东执笔的中共中央《关于领导方法的若干问题》决定为标志，作为理论形态的群众路线形成。"从群众中来，到群众中去"作为群众路线的基本方法被升华和概括出来，其后党的七大期间，毛泽东、刘少奇对之作了进一步完善，形成了一系列基本观点和原理。新中国成立以后，以毛泽东为代表的老一辈革命家，以及邓小平、江泽民、胡锦涛、习近平等历届党中央领导都从新的历史环境和党的建设和干部队伍的实际状况出发作了相应的阐发和发挥。

朱德在太行前线的群众路线思想，和红军时期的群众路线思想一样，都属于经验形态的。它为后来毛泽东把它概括升华成为理论形态提供了丰富的思想资料或营养剂。例如：关于为中华民众谋利益的思想，关于争取和发动群众、开展群众运动，才能打赢抗日战争的思想；关于抗日游击队与群众好比鱼和水关系一样的思想；八路军所传唱的《抗日军人三大纪律八项注意歌》所体现的军民关系的思想；抗日战争是全国人民进行的民族复兴的战争思想，都为后来群众路线思想升华为理论做出了贡献。

由于历史环境的变化，战争年代群众运动的办法已不适合党执政和建设时期了。但"一切为了群众，一切依靠群众，从群众中来，到群众中去，把党的正确主张变成群众的自觉行动"，这一理论成果永远是中国人和它所领导的人民军队的DNA，我们要永远坚持，永远贯彻，永远发扬。

群众路线的理论主要表现在三个层面上。第一个层面是党的理念即党的性质和宗旨层面上，即一切为了群众，一切依靠群众，即为人民服务。第二个层面是科学方法论，即从群众中来、到群众中去的基本领导方法和工作方法。毛泽东认为，群众路线既是领导方法，又是马克思主义的认识论，二者的连接点是深入实际、深入群众，调查研究。他强调，人民群众的实践活动是正确认识的来源，是检验真理的标准。他所写的《实践论》《矛盾论》是论述思想路线的，也是论述群众路线的，既是世界观也是方法论，都是马克思主义的立场、观点、方法。第三个层面是作风方面，主要是三大作风。例如理论和实践相结合的作风中，既反教条主义，又反经验主义。例如，和人民群众紧密联系在一起，号召每一个同志细心地倾听群众的呼声，每到一地和那里的群众打成一片，深入群众之中，在群众内心自愿的原则下，展开当时当地内外环境许可的一切必要斗争，反对经验主义、命令主义、尾巴主义、宗派主义、官僚主义、骄傲自大的工作态度和作风。例如，自我批评的作风，认为，房子是应该经常打扫的，不打扫就会积满了灰尘；脸是应该经常洗的，不洗也会灰尘满面。我们同志的思想，我们党的工作，也会沾染灰尘的，也应该打扫和洗涤。我们要清洗掉政治灰尘、政治微生物，以防玷污我们清洁的面貌和侵蚀我们的健全的肌体。

今年4月19日，习近平同志主持中央政治局会议，决定在全党深入开展以为民、务实、清廉为主要内容的党的群众路线教育实践活动，教育引导党员干部树立宗旨意识和马克思主义群众观点，切实改进工作作风，赢得人民群众信任和拥护，夯实党的执政基础，巩固党的执政地位。这次教育实践活动的主要任务聚焦到作风建设上，集中解决形式主义、官僚主义、享乐主义和奢靡之风这"四风"上。这"四风"不仅损害了党在人民群众中的形象，也损害了党群干群关系。为此习近平同志提出以"照镜子、正衣冠、洗洗澡、治治病"为总要求，实现自我净化、自我完善、自我革新、自我提高，使为民、务实、清廉形象在全党进一步树立起来。

十八大以来，以习近平同志为总书记的党中央力倡改进作风，密切联系群众，身体力行，率先垂范，为开展党的群众路线教育实践活动树立了榜样。第一批教育实践活动已在中央和各省、市、自治区展开。我们党有毛泽东、朱德等老一辈革命家开创和培育的红军、八路军群众路线的光荣传统和作风这一传家宝，我们相信学习和弘扬这一传统和作风，当前开展的群众路线教育实践活动一定能取得实效，以优良作风把人民群众紧紧凝聚在一起，为实现中华民族复兴的中国梦汇聚起磅礴力量。

作者简介

陆仁权　中共河北省委讲师团

任弼时对八路军文化建设的贡献

董志铭

一、保证红军顺利改编为八路军

取消红军番号,将红军改编为八路军,是中国共产党在日本帝国主义企图灭亡中国的危急关头,为促成国共两党合作、实现全民族抗战的重大决策。1937年2月10日,中共中央致电国民党五届三中全会,提出了著名的五项要求和四项保证。四项保证的重要内容之一,是"工农政府改名为中华民国特区政府,红军改名为国民革命军,直接受南京中央政府与军事委员会的指导"。为了保证红军顺利改编为八路军,任弼时从思想上和组织上做了许多准备工作。

(一)为了贯彻中国共产党全国代表会议关于在统一战线中坚持无产阶级领导权的精神,统一红军中党的高级干部的认识,主持召开红军中党的高级干部会议,深刻阐述红军改编的意义和改编后的总原则。

1937年7月22—27日,中国抗日红军前敌总指挥部在陕西省三原县云阳镇召开红军高级将领会议,讨论研究红军改编以及改编中的政治工作等问题。参加会议的有红军各方面军、军团的领导干部20余人。红军总司令朱德到会讲话,前敌政治委员任弼时作卢沟桥事变的形势报告,前敌总指挥彭德怀作《红军改编的意义和今后工作的报告》。会议主要内容有：（1）阐明卢沟桥事变后的形势和红军改编的意义。指出红军迅速改编开赴抗日前线，有利于促进抗日民族统一战线的建立，推动国民党政府实行全面抗战。（2）强调红军改编后的中心问题是坚持中国共产党的绝对领导。为保证党的绝对领导，决定团以上部队建立军政委员会，成员由中共中央及其军委指定；团以上部队建立党务委员会，领导各该部队的党务工作；连队仍设党支部。要求在红军中加强党的教育，密切党群关系，巩固党支部的核心战斗堡垒作用，发挥党员的先锋模范作用。（3）重申政治工作是红军的生命线。指出红军改编后仍须加强军队政治工作，加强马列主义教育和抗日政治教育，实行正确的干部政策，做好改编中的干部配备和保存干部的工作，保持和发扬红军的优良传统，特别是与军阀主义现象做斗争。（4）要求加强军事训练，提高部队军事素质，全面提高抗日红军的战斗力。

云阳会议贯彻了中国共产党全国代表会议关于在统一战线中坚持无产阶级领导权的精神，统一了红军中党的高级干部的认识，保证了红军顺利改编为国民革命军第八路军，及时开赴抗日前线。

（二）鉴于国共合作初期，右倾情绪的增长成为红军中的主要危险，起草、修订《关于新阶段的部队政治工作的决定》，明确新阶段中部队政治工作的基本任务，强调应该健全与加强红军中党的组织及其作用，具体说明如何健全与加强红军中党的组织及其作用、政治工作制度、政治教育工作的方针，要求部队各级首长积极开展正确的思想斗争。

同日，中共中央组织部发出《关于改编后党及政治机关的组织原则的决定》。

（三）针对抗战初期国民党抗战方针的动摇不定，提出《关于全国对日抗战及红军参战问题的意见》和《关于红军主力出去抗战的意见》,制定红军改编为八路军的方案及防区配置,推动蒋介石走上全面抵抗的道路。

二、保证八路军早日开赴山西前线和开辟华北抗日根据地

抗日战争全面爆发后,八路军能否早日开赴山西抗日前线,能否取得对日作战的胜利?这对鼓舞全国人民的抗日信心,扩大我党我军的影响,在华北开辟巩固的抗日根据地,具有极为重要的意义。对此,任弼时做出了重要贡献。

(一)在洛川会议上主张红军应该争取早出兵,在作战上要发挥自己的特长和保持力量实现对抗战的领导,要向山西前线派出得力的军代表,共同解决好扩大红军、独立自主的山地运动、游击战问题。

1937年8月22—25日,任弼时出席中央政治局在陕西洛川冯家村召开的扩大会议。他发言说:主力红军现在可以出动,这是全国人民的愿望,从而逼迫国民党承认,争取合法地位。关于红军参战行动方针,抗战是长期的战争,红军要保持战争的领导,一方面要发挥自己的作战特长,一方面要保持自己的力量,保持自己的持久的模范,在战争中争取独立自主,不失时机地在有利条件下,集中力量消灭敌人。所以,还是坚持独立自主的山地运动游击战。会议期间,任弼时代表中共中央同傅钟谈话,要他担任八路军政治部民运指导部部长。8月23日,中共中央政治局常委会决定成立由朱德、彭德怀、任弼时、林育英、林彪、聂荣臻、贺龙、刘伯承、关向应组成的中央军委前方分会,任弼时任常委兼秘书长。8月25日,中共中央军事委员会宣布红军改名为国民革命军第八路军,前敌总指挥部改名为八路军总指挥部,任弼时任八路军政治部主任。

(二)参与部署平型关战役和八路军作战的方针及任务,加强部队的政治工作,发展游击战争,创建抗日根据地。

总结平型关战斗及游击部队经验,提出开展敌军中的政治瓦解工作。中央军委前方分会发出《对目前华北战争形势与我军任务的指示》,动员广大群众发展游击战争。八路军总政治部发出关于部队进行地方动员工作的指示。在武乡县段村进行认真细致的调查研究,了解基层组织建设情况。

（三）恢复政治委员和政治机关制度。

成立军委总政治部,以任弼时为主任。听取黄克诚汇报,恢复政治委员和政治机关制度。八路军总政治部发出关于军队在战区政治工作的指示,注意统一战线的巩固,对友军要谦让、诚恳。八路军总政治部发出关于伪满军工作的指示。1938年2月,八路军总司令部与野战政治部发出关于整军的训令。

三、宣传、扩大八路军文化的影响,关注、指导八路军文化的建设

（一）利用一切机会向外国记者、美军官员介绍八路军在山西等地组织抗战的情况和八路军的政治工作情况。

（二）撰写发表文章、讲话,总结山西抗战的经验,阐发八路军政治工作的巨大威力,强调一切抗日军队必须建立健全政治工作,努力巩固培植中华民族伟大的抗战力量。

（三）在中共中央政治局会议上报告八路军情况,全面总结八路军建设的经验,强调发扬八路军自力更生艰苦奋斗精神。

（四）向共产国际介绍中国抗日战争的形势与中国共产党的工作和任务,广泛传播八路军组织山西人民英勇抗战的事迹。

作者简介：

董志铭　国防大学军队建设与军队政治工作教研部

纪念左权将军诞辰 108 周年
——兼论八路军文化建设

郝 军

左权同志是八路军副总参谋长,抗战中牺牲的八路军最高将领。左权同志曾被国民政府授予国民革命军陆军少将军衔。他是湖南醴陵人,黄埔军校第一期学员,曾赴苏联学习,与八路军副总司令彭德怀共同指挥"百团大战"。1942年,在日军残酷"扫荡"中,左权同志悲壮殉国于山西辽县,时年37岁。后晋冀鲁豫边区政府将辽县改名为左权县。左权同志是八路军中学历最高的将领。当年毛泽东同志就夸他说:"左权同志吃的洋面包都消化了,这个人是个'两杆子'都硬的将才啊!"朱德同志也说,他是不可多得的军事人才。周恩来同志夸他:"又有理论修养,又有实践经验。"八路军正是有诸多这样的指战员才形成了八路军文化和太行精神,才取得了抗日战争的伟大胜利。

一、"彭左":武乡——八路军前方总部的旗帜

她叫左太北,是彭德怀将军的养女。她的名字"太北"是根据太行山上八路军总部一个区的名字起的。关于自己的亲生父亲,左太北只知道他是一个烈士。父亲牺牲时她只有两岁。

左太北的父亲正是八路军著名的抗日将领左权同志。1942年5月25

日,左权同志在山西辽县麻田十字岭与日军激战时壮烈殉国,时年37岁。左权同志初露峥嵘要追溯到长征时期。1930年,他从苏联回国时,中央苏区正在进行第五次反围剿。由于错误指挥,红军节节败退。困难之际,毛泽东同志力排众议,亲自提名25岁的左权同志任红一军团参谋长。左权率领红军四渡赤水、强渡乌江、巧渡金沙江,他的指挥天赋得到了充分发挥。

抗战全面爆发后,中国共产党发表抗战宣言,决定取消红军的名义及番号,改编为国民革命军。1937年8月25日,左权同志被任命为中国国民革命军第八路军副总参谋长。

查阅这一时期八路军总部上报或者下发的电文,经常会看到下面的署名"彭左"。"彭"那当然指的是彭德怀副总司令;"左"就是指的左权同志。实际上,在八路军各部指战员的心目中,"彭左"就成了八路军前方总部的一个代称。

1940年夏秋,日本乘德军在西欧和北欧迅猛推进、美国的战备尚未完成、英国又无力东顾之机,积极准备实行"南进"政策,在中国战场进攻抗日根据地,特别是在华北加紧推行1940年度"肃正建设计划"和"以铁路为柱,公路为链,碉堡为锁"的"囚笼政策",企图巩固其占领区。八路军总部决心向华北日军占领的交通线和据点,发动大规模进攻战役。按八路军总部原来部署,参战兵力不少于22个团。但战役发起后,计晋察冀军区39个团、第129师(含决死队第一、第三纵队等)46团、第120师(含决死队第二、第四纵队等)20个团,共105个团20余万人参战。

当彭德怀、左权同志在八路军总部得知实际参战兵力达到105个团时,左权同志兴奋地说:"好!这是百团大战!"彭德怀同志遂将此战役命名为"百团大战"。

二、与妻女：烽火连连寄亲情的家书

20世纪80年代，左太北的母亲刘志兰将"文革"中失而复得的11封左权将军的手书信件交给了左太北。这11封家书，从1940年8月到1942年5月，均为左权将军手书。对于左太北来说，长久以来，父亲一直是一个抽象的概念。直到这一天，她才看见了一个真实的父亲、恩爱的父母。

左权同志的爱人刘志兰是一位来自北平的女学生，两人通过朱德夫妇介绍，于1939年4月16日成婚。婚后第二年，刘志兰同志为35岁的左权同志生下了唯一的女儿左太北。据左太北回忆："我觉得这段婚姻对于我父亲是很浪漫的，我父亲一眼就看上我母亲了。我母亲没有结婚的准备，她认为自己是抗日青年，来前线是抗日的，不能因为婚姻影响自己的工作。所以，她不考虑结婚的事。后来康克清同志劝说我母亲，我母亲说考虑考虑，就没音了。没办法只好请朱总司令出面。朱总司令跟我母亲谈的时候，我母亲也说考虑考虑，也没音了。后来朱总司令问，你考虑得怎么样了？并对我母亲说，你再不同意，都影响左权同志的工作了。康妈妈也一再劝我母亲，说你再不同意，再也找不到像左权同志这样从品德到为人都这么强的人了。这么多人给我母亲做工作，我母亲才终于同意了。"

1940年，八路军正在策划对日军实施百团大战，左权同志进行了近一个月的筹划和准备。战役即将打响时，左权同志考虑到刘志兰同志和女儿随总部指挥机关行动有诸多不便，便让母女俩随一部分同志撤回延安。在1940年12月23日的家书中，左权同志写道："延安的天气想来一定很冷了，记得太北小家伙是很怕冷的，在砖壁村那几天下雨起风天气较冷时，小家伙不就手也冰冷、鼻子不通、奶也不吃吗？希当心些，不要冷着这个小宝贝，我俩的小宝贝。"

百团大战于1940年8月20日打响，左权同志为此战取得胜利每天精细标明我军路线和消灭敌人的箭头,研究不断变化的敌我态势,思虑扩大战果,常常通宵达旦。历时4个多月的百团大战,八路军共作战1824次,毙伤日军2万余人、伪军5000余人,俘日军280余人、伪军1.8万余人,拔除据点2900多个,破坏铁路470余公里、公路1500余公里。八路军也付出了伤亡1.7万余人的代价。日军在遭受打击后惊呼"对华北应有再认识"。蒋委员长在给朱德、彭德怀同志发来的贺电中写道:"贵部窥此良机,断然出击,于敌甚大打击,特电嘉奖。"百团大战后,左权同志在家书中写道:"四天三夜的生死战斗回来,我第一件事就是给你们写信。如果我在战斗中牺牲,此生别无遗憾,唯一遗憾的是我们的女儿北北,我不曾给她一点父亲的爱,没有尽到一点父亲的责任,只有拜托你替我多亲吻女儿了。"

左权同志与刘志兰同志结婚之初,刘志兰同志曾颇有情绪。作为一个有着极高抗日热情的北平学生,她本想来到抗日前线能有一番大作为,但没承想终日为家务与孩子所羁绊,而且她又不是那种会弄家务的人,常常弄得焦头烂额。左权同志每次回信就反复地劝解她:"在我俩分别的过程中,我并非不感寂寞、孤单,有时更极想有人安慰,但我决不以满足我之私欲来处理你的问题,我想这是夫妻间应有的态度。""远离千里,身处敌后确是爱莫能助,你当能谅我。恳切地希望你为我及北北,珍重自己的身体及自己的一切。"

三、背着"处分":建制数一数二的八路军兵工厂

左权同志出生于湖南醴陵,青年时代入黄埔军校,后加入中国共产党,并被派往苏联留学。在苏联伏龙芝军事学院学习期间,苏联正在大搞肃反,中国留学生亦不能幸免。左权同志因和浙江同学操乡音聚会,竟被王明等人诬为"反党小组织"、"与蒋介石有勾结"。其中数人于1929年年

底，在苏联清党运动中，莫名其妙地"消失"了。左权同志被批评为"行为不检"，受到党内警告处分。1930年6月，左权同志从伏龙芝军事学院毕业回国。次年王明等人也从苏联回国。在1月召开的中共六届四中全会上，王明夺取了中国共产党中央的领导权。左权同志随后便被打成"托派"，从此便没有一天好日子可过。

抗战爆发后，1938年，在中共六届六中全会上，王明见到八路军副总司令彭德怀，恶狠狠地质问："左权同志这个人有问题，是个'托派'，你们怎么还让他当副参谋长？"彭德怀同志当时没有理睬他。回到前线，他俩谈起此事，左权同志闷闷不乐地说："只要王明在中央，我就翻不了身。"

左权同志工作勤恳尽责。抗战初期，八路军军备人数有限，只有三个师，武器装备落后。左权同志受命建制八路军兵工厂。他在山西省黎城县西北部赤峪西端的大山里，找到了一个叫黄崖洞的地方，拟建兵工厂。黄崖洞海拔1600米，壁峰矗立，陡崖千仞，北面黄崖山上有个高25米、宽20米、深40米的天然大石洞。这个洞既宽敞又隐蔽，且洞南面有一片名为水窑的山谷，是兵工厂理想的厂址。

到了1940年9月，黄崖洞兵工厂的建设完全走上了正轨，生产出来的武器、弹药，源源不断地送到各作战部队那里，年产量可装备16个团，成为八路军在抗日战争期间数一数二的兵工厂。

1942年春，日军对冀中平原开始实施"五一大扫荡"。冈村宁次之第一军主力3万多人，在"五一大扫荡"后半个月便开始实施"蚕食"太行、太岳地区的计划。为掩人耳目，日军频繁在晋、冀之间调动。5月22日，彭德怀、左权同志当机立断，命主力部队迅速开拔，跳出敌人的重兵包围圈，到外线作战。

四、血染太行山:"我们都是您的儿子"

正是1942年5月22日,左太北的母亲刘志兰收到了左权给她的最后一封信,也就是第11封家书。他在信中说:"我再重复一遍,如果时局有变,你可以任意处置太北。"他15日写的信上有"时局有变你可以任意处置太北",后来又重复了一遍,说明这个问题是他心中的一个痛。他过去没有家庭,有了家庭后,因为战争,老婆不能在一起,最后连他最疼爱的小女儿也准备放弃。

主力开拔后,敌人先进的电讯情报技术发现了八路军北方局总部这个密集向外发送电话、电报讯号的中心。日军以为是129师首脑机关,即刻以数十倍于我之重兵合围,此时突围困难重重。5月23日,左权同志得到准确情报后,向彭德怀同志汇报,并连夜召开紧急会议,部署迎敌的策略。由于敌我力量悬殊,会议决定总部各机关分散突围,以两个团的兵力在东西两头牵制敌人。战斗由左权同志直接指挥。24日晚,总部机关乘黑行动,准备通过敌人火力较弱的偏城东据点,往河北、山西交界的山区进发。一夜之间绕过日军三道封锁线,到达十字岭,暂时驻营休息。25日天刚亮,突然敌人1万余人从两翼包抄十字岭,并配备飞机轰炸。彭德怀、左权等我八路军高级将领立即召开了一个简短会议,果断决定分路突围、各自为战。左权将军坚决要求由自己担任掩护和断后,带领总直机关、北方局机关及北方局党校突围。于是彭德怀同志向西北,野战政治部主任罗瑞卿率部向东南,总后勤部部长杨立三率部向北,各路人马立即行动。当时的警卫部队很少,因为这么大的拖累,行动缓慢,被日军给合围了。左权同志找来作战科长王政柱和警备连长唐万成,叮嘱他们,要把彭德怀副总司令员护送出包围圈,这不仅关系到他个人的安全,也关系到总部的命运,关系到根据地的建设。行动方针一经决定,彭德怀副总司令员和左权同志在十字岭最后分手。日军发现我军从十字岭突围的企图,便加强兵力进行堵截,并派出飞机侦察、袭击。

在通过第三道封锁线时,护卫彭德怀同志突围的唐万成同志率部返回,专程接应左权同志。但左权同志一口回绝,并严令他原路返回保护好总部首长。

左权副总参谋长当时带着机要科的人突围,一个一个地往上拽。尤其女同志,上面飞机轰炸、底下炮打的情况下,腿都有点软了。左权副总参谋长率最后一批同志冲到距十字岭顶峰十几米处时,敌炮火十分密集。一颗炮弹在他身旁爆炸,飞溅的泥土劈头盖脸扬了他一身。作为一名老兵,他应知道紧接着会有第二颗炮弹射来,他应先卧倒,然后一个侧滚翻,就可避开第二颗炮弹。然而左权副总参谋长连腰都没弯一下,站在一高地上一直大声喊着:"同志们,赶快卧倒!"飞机来了让大家趴下,炮弹来了让大家也趴下,只要有空当又赶紧让人们站起来,往上冲,赶紧过封锁线。左权同志不停地喊。当炮弹又来的时候,他自己没顾上趴下。那一瞬间,炮弹片打到他的头上,他壮烈地牺牲了。

左权同志在给妻子的最后一封信中写道:"分别21个月了,念念念念。"就这21个月他非常想念,一天一天地算日子,"别时容易见时难,特别希望我们很快能见面"。左权同志牺牲的消息传来,如同晴天霹雳,妻子刘志兰肝肠寸断!八路军总部在河北涉县莲花山下挑选一块风景秀丽之处修了陵墓。彭德怀同志亲写墓志铭:"壮志未成,遗恨太行。露冷风凄,恸失全民优秀之指挥。"朱德题诗:"名将以身殉国家,愿将热血卫吾华。太行浩气传千古,留得清漳吐血花。"

左权将军牺牲的消息已经见诸报端,但是远在湖南醴陵老家的老母却一直不知道此事。1949年,解放军南下解放全中国。朱总司令命令所有入湘部队,都要绕道醴陵去看望左权将军的母亲。直至此时,老人仍不知道自己的儿子已经殉国。老人希望从路过家门的战士们嘴中探知儿子的下落,但得到的所有答复都是:"老人家,我们都是您的儿子!"

战后,刘志兰同志多次要求中共中央发文为左权同志平反,取消对他的留党察看处分。一直到1982年,考虑到刘志兰同志的心情,中央有关部门写出书面文件,对早年左权同志受王明路线打击迫害一事予以平反,取消对他的留党察看处分,而且把这个文件放入左权同志的档案,但是没有对外公布。此时,左权将军牺牲已经整整40年了。

作者简介:

郝 军 辽宁省党校系统党的建设研究会办公室副主任,多年研究"红船"精神和延安文化。在国家级刊物上发表文章20余篇,作品《公共关系心理学》获辽宁省2003年度哲学社会科学优秀著作二等奖

抗战时期郭化若对传统兵学文化的发掘与借鉴

——以《八路军军政杂志》为中心的考察①

黄延敏

抗日战争时期,在毛泽东的指导和督促下,郭化若认识到了传统兵学文化对于八路军军事理论的极端重要性。在《八路军的军事理论》一文中,郭化若指出:"八路军的军事理论、战略战术思想,基本上是受中国目前的物质生活条件所决定,受新哲学思想的影响,而适应于抗日的民族革命战争的;但这种理论这种思想,还有它自身发生发展的历史。首先它不仅接受了中国历代军事界的历史遗产,而且接受了外国特别是苏联军事界的历史遗产;它不是简单地承受这些遗产,而是批判地接受他们。"郭化若进而指出:"八路军的军事理论、战略战术思想是历史的产物,是适合于时代与环境的。因此,不了解中国的军事历史,不了解中国的旧的军事理论,也无法彻底了解八路军军事理论之优越。也因此,八路军的干部要发

---

① 第四届八路军文化研讨会参会论文。本论文为2011年度国家社科基金后期资助项目《延安时期中国共产党与传统文化研究》(项目号:11FDJ002)阶段性成果。

展这一理论，使之更充实更完整，则研究中外古今的军事史是必要的，首先研究中国历代的战争史及苏联国内战争与反武装干涉战争中的经验教训。"①基于上述认识，郭化若在八路军总政治部的机关刊物《八路军军政杂志》上先后发表《赤壁之役》《齐燕即墨之役》《淝水之役》《孔明兵法之一斑》《〈孙子兵法〉之研究初步》等研究文章，对古代著名的战例、战役，特别是对享誉世界的《孙子兵法》和孔明的兵法进行了深入的实证研究。其对传统兵学文化的研究主要围绕以下问题展开：

一、战例、战史研究

德国著名军事理论家克劳塞维茨认为，"史例可以说明一切问题，在经验科学中，他们最有说服力，尤其是在军事艺术中更是这样"②。"研究战史是很重要的。因为通过战史的研究就仿佛身临其境，亲眼看到实践的过程。"③郭化若认为，"在中国，历史上战争次数之多，参加人员之众，蔓延地区之广，经验教训之丰富……如果能够加以研究，则对于中华民族在战略战术上优良传统之接受与发扬，未必没有益处"④。

抗日战争进入相持阶段以后，中国抗战进入了最艰难的时期，在日本的军事打击和政治诱降下，国民党对内制造反共摩擦，破坏抗日民族统一战线，对外消极抵抗，节节败退。因此，研究古代反侵略战争的经验教训，宣传统一战线思想，加强中华民族的团结；研究古代以少胜多、以弱

---

① 郭化若：《八路军的军事理论》，《八路军军政杂志》第2卷第8期。
② [德]克劳塞维茨著，中国人民解放军军事科学院译：《战争论》第1卷，商务印书馆1982年版，第156页。
③ [德]克劳塞维茨著，中国人民解放军军事科学院译：《战争论》第3卷，商务印书馆1991年版，第994页。
④ 郭化若：《赤壁之役》，1939年2月《八路军军政杂志》第1卷第2期。

胜强的著名战例对提高民族自信心，增强必胜信念，显得非常必要。为此，郭化若翻阅了大量的古代兵法、战例，写出了《赤壁之役》《齐燕即墨之役》《淝水之役》。对历史上的赤壁之战、即墨之战、淝水之战进行了全方位的研究。

第一，内部的统一是弱国战胜强国的重要原因

在《赤壁之役》一文中，郭化若认为，当时曹操率80万大军南下攻吴，若吴蜀不实行联合，则必然被曹军各个击破。他从吴蜀联合大败曹军写起，进而阐释抵抗日军侵略，中华民族团结则存，分裂则亡的道理。文章最后指出："合作则胜利，分裂则灭亡。痛苦的教训，决不可忽视；悲惨的历史，决不可重复。我们的民族团结，长期合作，不但要创造抗日中的新赤壁的战绩，不但要使日军也像曹操一样'引军北还'，还要使他引军东归三岛，还要使我们的长期合作建立起独立、自由、幸福的新中国。"①郭化若在分析了2300多年前齐国在抗击敌人入侵时转败为胜的齐燕即墨之战后，认为"被侵略者在为了保卫自己国家的生存的战争中，不能不动员一切力量，力求内部的团结，以抵抗外敌"②。在《淝水之役》一文中，郭化若指出："单是兵力的多寡强弱，不能决定最后战争的胜负"，"内部团结，是晋朝民族抗战取得胜利的基本条件"。③在《孔明兵法之一斑》一文中，郭化若引用王安石的"区区庸蜀支吴魏"详细论述了孔明的联吴政策（统一战线思想）。文章指出了联吴的好处，同时也以事实说明了统一战线的意义及破坏

---

① 郭化若：《赤壁之役》，1939年2月《八路军军政杂志》第1卷第2期。
② 郭化若：《齐燕即墨之役》，1939年5月《八路军军政杂志》第1卷第5期。
③ 郭化若：《淝水之役》，1939年4月《八路军军政杂志》第1卷第4期。

统一战线的后果:"东吴的子孙同西蜀的子孙一样做了亡国奴,得利的是共同的敌人。"①

第二,必须同破坏统一战线者作坚决的斗争

首先,在打击主和派中获得内部的统一。郭化若通过研究赤壁之战前主战主和的争论,认为"必须客观、正确估计敌我力量;必须合力抗战,打击主和派"②。这也是赤壁之战取胜的根据和原因。从而说明:为了取得战争的最后胜利,必须在打击主和派的斗争中取得内部的统一。其次,反对任何中途的妥协,抗敌到底。"对外民族的侵略,不但应坚决抗战,并且应坚决抗战到底,'任何中途妥协即将之民族陷于万劫不复之地'"。"不进行战略的追击,不求收复一切失地"是淝水之战最大的缺点。因此,郭化若指出:"历史上不止一次冷酷地指出,凡遇到外方侵略时不积极反抗,求得彻底胜利,而贪图苟安于一时偏安于一地,没有不遭到最后破灭的惨祸。只有积极反攻才能使民族振兴。"

第三,正义的反侵略战争必然最终取得胜利

淝水之战是中华民族战胜外民族侵略的良好范例之一。郭化若在《淝水之役》一文中总结这一战役的经验教训时指出:"秦国之寇晋,是民族侵略的不义战,是冒险的战争。"由于战争的非正义性,他认为秦国"必败之因,得惨败之果。这是历史严酷的教训,绝不是偶然的事情"③。

---

① 郭化若:《孔明兵法之一斑》,《八路军军政杂志》第2卷第3、4期。
② 郭化若:《赤壁之役》,1939年2月《八路军军政杂志》第1卷第2期。
③ 郭化若:《淝水之役》,1939年4月《八路军军政杂志》第1卷第4期。

郭化若的上述研究通俗易懂，以历史上以弱胜强的战役说明了只要加强民族的团结，肯定能取得战争的胜利。这样既宣传了党的统一战线政策，又提高了中华民族的必胜信念，大大鼓舞了士气，加强了国共乃至中华民族的团结抗战。

二、对古代兵法的研究——以《孙子兵法》为中心

抗战时期，毛泽东与郭化若以马克思主义为指导，对《孙子兵法》进行深入研究，继承了"克敌制胜"的军事思想，同时对其中不合时宜的糟粕进行了实事求是的分析评判。他们所做的研究工作，既是对传统兵学文化的批判继承和创造转化，也是对毛泽东军事与哲学思想的丰富和发展，对提高全国抗日军民的作战水平具有重要的指导作用，在中国近现代军事文化史上也具有重要意义。

（一）对《孙子兵法》的哲学分析

《孙子兵法》是中国古代现存最早、流传最广和影响最大的一部军事名著，在中外军事学术史上久享盛名。它总结了古代战争的经验，揭示了许多具有普遍意义的战争规律，包含着丰富的朴素唯物论思想和辩证观点，是伟大祖国文化宝库中一份珍贵的遗产。抗战时期郭化若对《孙子兵法》进行了深入的研究，精滤了《孙子兵法》中卓越的战略思想，批判地接受其对战争指导的法则与原理，并以新的内容充实与发展了它。①

在毛泽东的影响下，郭化若对《孙子兵法》进行了专门的马克思主义哲学理论评析。郭化若指出："《孙子兵法》基本上已是唯物辩证战争

---

① 《郭化若回忆录》，军事科学出版社1995年版，第165页。

论"①；其中"先知者，不可取于鬼神，不可象于事，不可验于度，必取于人"②等阐述，"认为战争有一定的规律，这些规律是可以认识的，可以把握的"，这体现了"反对迷信，反对主观的忖度敌情"③的唯物主义态度；而"凡用兵之法，驰车千驷，革车千乘，带甲十万……日费千金，然后十万之师举矣"，"久暴师则国用不足"④等论述，则反映出"孙子不像一般唯心论者把军事脱离开经济来看，他对战争依赖于经济这一点，看得很重要"。郭化若还指出，孙子"分析各种地形的利害，但并没有机械地估计地理的条件"；"孙子强调了将帅的作用，但他对战争终局胜败决定的条件，却不仅看到了将帅一项，而且看到政治、法令、军队以及天时地利等条件"⑤。郭化若对《孙子兵法》中要求全面对待各种战争因素的辩证法内涵进行了深刻揭示。

郭化若认识到，孙子在考察战争规律时，"不是片面地、孤立地看问题，而是全面地联系地看问题"；"不把战争中一切事物看成静止的一成不变的，而是把战争中一切事情与自然界一样看成变动的"；"不把战争中一切对立的范畴看成分离的无关的，而把它看成是相互渗透的相互推移的"；

---

① 郭化若：《〈孙子兵法〉之初步研究》（三），1940年1月《八路军军政杂志》第2卷第1期。
② 《孙子兵法·用间篇》
③ 郭化若：《〈孙子兵法〉之初步研究》（三），1940年1月《八路军军政杂志》第2卷第1期。
④ 《孙子兵法·作战篇》
⑤ 郭化若：《〈孙子兵法〉之初步研究》（三），1940年1月《八路军军政杂志》第2卷第1期。

"不为复杂迷乱的现象所蒙蔽,而能从现象深处发掘出本质来"[1]。郭化若由此断定,《孙子兵法》所阐释的战争论,在哲学上是归属于唯物论和辩证法阵营的。

郭化若虽然高度重视和评价《孙子兵法》,但并不迷信。他根据马克思主义哲学理论和中国革命战争实践,科学地分析《孙子兵法》的局限性。他认为,《孙子兵法》的战争观"是朴素的,并带有某些观念论与机械论的观点"[2];其"用'兵者国之大事'的空话来掩盖着当时统治阶级进行的不义战之阶级政策的本质"[3];《孙子兵法》中的"夫将者,国之辅也,辅周则国必强,辅隙则国必弱"[4]。对此,郭化若指出:"实则将强未必能使国强,恰恰相反,国强却必然要产生常胜的将军。"[5]同时郭化若也注意到,《孙子兵法》的变动观带有浓厚的循环论色彩。

战争是政治的极端形态。战争不仅是交战双方相互攻城略地和斩兵折将,而且存在着正义与非正义的性质差别。在日本侵略中国和中国反抗侵略的历史条件下,郭化若认识到,作为纯军事学著作的《孙子兵法》存在着抹杀战争性质差别的政治弊端。其中"故兵以诈立,以利动""掠乡分

---

[1] 郭化若:《〈孙子兵法〉之初步研究》(三),1940年1月《八路军军政杂志》第2卷第1期。
[2] 郭化若:《〈孙子兵法〉之初步研究》(三),1940年1月《八路军军政杂志》第2卷第1期。
[3] 郭化若:《〈孙子兵法〉之初步研究》(三),1940年1月《八路军军政杂志》第2卷第1期。
[4]《孙子兵法·谋攻篇》
[5] 郭化若:《〈孙子兵法〉之初步研究》(三),1940年1月《八路军军政杂志》第2卷第1期。

众，廊地分利"①等论述，过分强调经济利益对战争的驱动性，而"无视了战地人民的向背"②。郭化若还特别指出，由于《孙子兵法》忽视对战争进行政治的阶级的分析，所以对本军士卒实行"愚民政策"，"利诱（所谓厚赏）与镇压（严刑），而没有（当时也不能有）发动民众，提高兵卒政治觉悟的思想"，这"对于我们今天的抗战，则全不适合"。③这些论述突出地反映出，郭化若把马克思主义的政治理论和阶级观点应用于研究《孙子兵法》，同时重视与现实的抗日战争实践相联系。

（二）对《孙子兵法》战略思想的重点探讨

抗战时期，中国共产党根据以往中国革命战争特别是红军长征的历史经验，针对抗日战争中敌我双方的军事力量对比和各自的长短优劣态势，提出"以游击战与运动战作为对敌作战主要形式"的战略方针。郭化若在研究《孙子兵法》时，也着重对其战略思想进行了深入研究。

郭化若认为，《孙子兵法》所论述的运动战具有主动、速决和进攻的性质，这种战略思想的产生是春秋时代社会背景决定的："当时的生产方法，还不进步，生产工具，也还才有金属的'白兵'。防御方面，则已有了城寨之设备，及甲胄和盾的武器，而攻城的武器，却只有'钩援'（有钩的梯子）、'临车'、'卫车'与'云车'，这些攻城器具，都还没有克服城寨防御的足够能力。因此，产生了孙子运动战的思想，而把攻城看成下

---

① 《孙子兵法·军争篇》
② 郭化若：《〈孙子兵法〉之初步研究》（一），1939年11月《八路军军政杂志》第1卷第11期。
③ 郭化若：《〈孙子兵法〉之初步研究》（三），1940年1月《八路军军政杂志》第2卷第1期。

策。"①他指出,《孙子兵法》中的"乘人之所不及,由不虞之道,攻其所不戒也"②、"攻其无备,出其不意"③、"善守者,藏于九地之下;善攻者,动于九天之上"④、"不若则能避之"⑤、"善用兵者,避其锐气,击其惰归"⑥等等这些思想是"孙子运动战思想的精华"。"孙子的运动战思想,不但包括进攻,也包括防御与退却。并且孙子对于'攻''防'这两个战争运动的基本形态,是通常联系并提的。"根据春秋时代诸侯战争的特点以及吴国的军事实力,他指出《孙子兵法》中"久则钝兵挫锐"、"久暴师而国用不足"⑦等论述,体现了"孙子的运动战思想,主要的也是进攻的运动战"。"孙子的运动战思想,不单是进攻的,而且是速决的"⑧。根据《孙子兵法》在战役组织方面"十则围之,五则攻之"⑨的论述,他进一步得出了"孙子的速决的进攻的运动战也有点'歼灭战'的意味"的见解。经过对《孙子兵法》的认真研究,郭化若的结论是:"孙子的战略思想,最主要的部分,也是最丰富的部分,是关于战略指导的主动性与灵活

---

① 郭化若:《〈孙子兵法〉之初步研究》(一),1939年11月《八路军军政杂志》第1卷第11期。
② 《孙子兵法·九地篇》
③ 《孙子兵法·计篇》
④ 《孙子兵法·形篇》
⑤ 《孙子兵法·谋攻篇》
⑥ 《孙子兵法·军争篇》
⑦ 《孙子兵法·作战篇》
⑧ 郭化若:《〈孙子兵法〉之初步研究》(二),1939年12月《八路军军政杂志》第1卷第12期。
⑨ 《孙子兵法·谋攻篇》

性问题。"他认为,《孙子兵法》战略思想中的"主动性"包括三个方面:"(一)正确判断情况;(二)消灭自己弱点;(三)造成敌人弱点";而其"灵活性"包括四个方面:"(一)迷敌;(二)击虚;(三)出奇;(四)机变。"他论述"主动性"与"灵活性"二者的关系:"灵活与主动都是战略以至战术指导的重要因素,两者存在着密切的联系。其重要性在运动战中,在带着现代所谓'游击战'的古代初期性的战争中更为重大。"①郭化若通过对《孙子兵法》的研究,以古切今,在运动战与游击战的战略战术方面实现了古今兵法理论的对接。这既是对《孙子兵法》战略思想研究的重大学术突破,也是对毛泽东关于游击战的军事思想的理论解读,同时对全国军民理解运动战与游击战的辩证关系并将其应用于抗日战争具有明显的现实指导作用。

为避免在战争实践中出现只重视运动战,只重视进攻的主动性和灵活性,而忽视战略的相对稳定性,忽视建立巩固的后方根据地,以致犯流寇主义错误的问题,郭化若从战争思想史角度对《孙子兵法》与《孔明兵法》作了认真的比较研究。他指出:"孔明战略指导的主动性灵活性,不但见之于每次战役都是采取主动的进攻战,而且更明显表现于'乘虚'与诱歼敌军。"同时他强调:"孙子上十三篇给吴王时,吴王已拥有新兴的吴国;而孔明之遇刘备,却是刘备在新败之余,无家可归的时候。"因此诸葛孔明首先必须考虑,选择"一,要富足而且险要,可战可守之地;二,要有隙可乘,可能夺取"之地来建立巩固的根据地,因为"没有根据地就不能

---

① 郭化若:《〈孙子兵法〉之初步研究》(二),1939年12月《八路军军政杂志》第1卷第12期。

'和诸蛮'、'抚夷越'、'结孙权',待机以窥中原"①。通过这一分析比较,郭化若理清了进行运动战和建立根据地之间的辩证关系,这对于启发当时全国抗日军民,把开展主动灵活的游击战与建立稳固的敌后根据地结合起来,无疑有着重要作用。

抗战时期,郭化若还从古代兵法中总结与人民战争相关的思想。他认为,孔明看到了人民在战争中的作用,他在分析曹操的民众基础时指出:"荆州之民,附曹者,逼兵势耳,非心服也。"②后来的曹操兵败华容道时,没有得到人民的拥护,这既说明了孔明上述估计的正确,也说明了人民作用的伟大。郭化若认为在齐燕即墨之役中齐国的田单在动员民众方面做了大量的政治工作,所以才使即墨的军民"……皆涕泣,共欲出战"③,通过生动通俗的战例描述,说明除了正确的战略战术以外,发动组织人民,军民团结一致,共同抗敌才是战胜日本侵略者的根本思想的道理。郭化若在总结淝水之战的经验教训时,指出敌后抗战的重要性:"在民族战争中敌后的抗战,有重大意义。""在秦晋战争中在淝水之战之前,晋右卫将军毛安之,游击将军河间王昙之,淮南太守杨广,宣城内史丘淮等次于山东济南府西之堂邑,牵制了秦军很大的兵力。"④

由此可见,郭化若通过对《孙子兵法》及其他兵法战略思想的研究,把运动战、游击战与建立抗日根据地、人民战争四者有机地融会在一起进行论述,这与毛泽东的相关论述是完全契合的,体现了抗战时期中国共产

---

① 郭化若:《孔明兵法之一斑》,《八路军军政杂志》第2卷第3、4期。
② 郭化若:《孔明兵法之一斑》,《八路军军政杂志》第2卷第3、4期。
③ 郭化若:《齐燕即墨之役》,《八路军军政杂志》第1卷第5期。
④ 郭化若:《淝水之役》,1939年4月《八路军军政杂志》第1卷第4期。

党人对《孙子兵法》等古代兵学资源进行现代军事学学理阐释的最高水平,对于弘扬《孙子兵法》中的优秀兵法思想,对于指导当时中华民族的抗日战争,都具有重要的理论意义。

三、对郭化若传统兵学文化研究的评价

抗战时期以郭化若为代表的中国共产党人对传统兵学文化的研究独具特色,既由于时代不同而不同于中国古代军事家的研究,又由于阶级不同而不同于当时国民党军队将领的研究,同时由于民族不同也不同于欧美日各国的研究。其突出特点是:

第一,唯物辩证的观点

由上文可知,无论毛泽东还是郭化若,无论探讨战争规律还是探讨战略战术问题,都是运用马克思主义辩证唯物论和历史唯物论的基本原则,同时密切结合中国革命战争特别是中华民族抗日战争的具体实践,对《孙子兵法》进行实事求是的科学研究,进而得出正确的结论。在艰苦卓绝的战争条件下,用西方哲学中的唯物论和辩证法真理来研究东方古代兵学宝典,为现实的抗日战争提供战略战术指导,实现马克思主义与中国传统兵学文化的有机结合。

第二,古为今用

抗战时期中国共产党人对《孙子兵法》的研究,具有强烈的经世致用的目的性。抗战时期,特别是抗战进入相持阶段后,国民党顽固派不断制造反共"摩擦",破坏抗日民族统一战线,对抗战危害极大;部分民众当中存在着迷信和依赖国民党军队正面战场进行正规战的思想;中共党内一些同志也存在着"速胜"的幻想和反对游击战的情绪。因此,急需加强古今中外军事理论的研究,从政治和学术的高度,对于抗战的战略战术问题给予正确的指导。1938年,针对国民党正面战场连遭败绩的情况,毛泽东

指出:"国民党中的顽固派,花岗岩脑袋,不承认游击战的战略地位,不搞运动战与阵地战相结合,处处招架,处处挨打,能不打败仗吗?"因而他对郭化若说:"化若同志,你能不能写点关于古兵法的文章,宣传点运动战的思想。对国民党的军官,搬古兵法,他们懂,听得进,讲马列,讲唯物辩证法,他们听不进。"①由上可见,毛泽东让郭化若研究古代兵法思想,宣传古代兵法的直接目的是:帮助国民党认识巩固抗日民族统一战线,坚持抗日游击战争,实行运动战与阵地战相结合的必要性。同时也是在国共合作抗日的情况下"古为今用"的一种特殊需要。郭化若自己也指出:"我们把《孙子兵法》作个初步的研究,虽然收获不多,却希望我国军事界,因此引起更多更深的研究,更热望着正在抗战中的将军们,能从我们民族的遗产——《孙子兵法》中,得到一些宝贵的武器,来帮助我们的抗战,争取最后的胜利。"②实践证明,郭化若在延安的古代军事思想研究也都贯彻了这一思想。

第三,批判继承

"批判继承"传统文化,是延安时期中国共产党人研究《孙子兵法》的一条基本原则。在《〈孙子兵法〉之初步研究》(三)一文中郭化若又指出:"我们对于《孙子兵法》的态度应该是用科学的批判的态度来评价它。足够的估计到他的伟大与高价,同时也要看到它的缺陷。要看到那时战争与今天战争的共同性,才能提滤出《孙子兵法》中的精华,同时也要看到那时战争与今天我们抗战的差异性,才能根据今天的具体情况,以唯物辩证

---

① 樊昊:《毛泽东和他的军事教育顾问》,人民出版社1993年版,第198页。
② 郭化若:《〈孙子兵法〉之初步研究》(三),1940年1月《八路军军政杂志》第2卷第1期。

法来改造与充实它，或灵活地应用它。"①

由郭化若的研究可以看出，无论是研究古代战役还是研究古代兵法，郭化若都能够将其放在当时的历史条件下，结合时代背景、思想状况、经济状况、阶级属性进行客观、全面的分析。

四、抗战时期郭化若对传统兵学文化的研究，不仅具有重要的实践意义，而且具有重要的理论意义和学术价值

第一，实践意义

抗战时期，毛泽东借鉴《孙子兵法》，写出了《中国革命战争的战略问题》《论持久战》等军事理论著作，对中国共产党领导的革命战争和全民族抗战都起到了实际的指导作用。郭化若关于《孙子兵法》的研究成果发表在《八路军军政杂志》上，在当时国共两党联合抗日的历史背景下，这个杂志可以在国民党统治区发行，对国民党将领特别是中下级军官有着深刻的影响，编辑部曾接到一些国民党军官的来信，表示郭化若的文章"令吾深省"，文章可谓"切中时弊矣"。②郭化若的上述研究通俗易懂，以历史上以弱胜强的战役说明了只要加强民族的团结，肯定能取得战争的胜利。这样既宣传了党的统一战线政策又提高了中华民族的必胜信念，大大鼓舞了士气，加强了国共乃至中华民族的团结抗战。从上述文章本身及其国民党将领的评价看，这几篇文章在当时具有重要的现实意义，无疑是用中国古代战例宣扬民族团结抗战、宣扬军民团结、宣传人民战争、增强必胜信念的战斗檄文。其政治意义远远大于其单纯的军事意义。

---

① 郭化若：《〈孙子兵法〉之初步研究》（三），1940年1月《八路军军政杂志》第2卷第1期。

② 樊昊：《毛泽东和他的军事教育顾问》，人民出版社1993年版，第201页。

第二，理论意义

郭化若的古代军事思想研究，发掘了中国优秀的军事思想遗产，为实现马克思主义军事思想的中国化奠定了基础，为丰富我党我军的军事理论，为毛泽东军事思想的形成和成熟提供了丰富的素材和养料，正因为有了对古代军事思想的研究、批判和借鉴，毛泽东才能在这一时期写出脍炙人口的军事科学著作。

第三，学术意义

抗战时期，郭化若对《孙子兵法》的研究，在中外军事学史上具有重要的学术地位。以前对《孙子兵法》的研究大都集中在校勘、注释、考辨其成书年代和作者等方面，虽然也有对其中兵学原理的关注和借鉴，但是对该书的历史背景与军事思想精华进行综合阐释，特别是对该书历史地位及其局限性进行系统的分析研究，则近乎阙如。郭化若是用马克思主义辩证唯物论和历史唯物论的思想方法系统研究《孙子兵法》的开创者，他对该书全方位的研究，给当时的人们以及后来的研究者以莫大的思想启迪。据不完全统计，1937年至1949年间，中国研究《孙子兵法》的著作共出版16部，其中郭化若一人独著2部。[①]中华人民共和国成立后，他又先后出版了《论孙子兵法》《今译新编孙子兵法》《孙子今译》等多部专著。由此可见郭化若对《孙子兵法》研究造诣之深。

作者简介：

黄延敏　首都师范大学马克思主义教育学院副教授，历史学博士后。主要研究方向为中国近现代史、中国共产党思想文化史

[①] 郭化若纪念文集编委会编：《一代儒将——郭化若纪念文集》，军事科学出版社1999年版，第463页。

丁玲与《一二九师与晋冀鲁豫边区》

李 蓉

为了弘扬伟大的太行精神,进一步挖掘八路军文化的内涵与实质,准确把握八路军文化和太行精神的关系,充分论证山西武乡是太行精神的重要孕育地和八路军文化的形成地,从而加强爱国主义教育和革命传统教育,推动社会主义文化大繁荣、大发展,并为文化大繁荣提供理论基础和充分的历史依据,是一件很有意义的事情。八路军第一二九师是中国共产党领导的重要抗日武装力量,也是战斗在太行山的主要抗日部队。现代女作家丁玲1944年写下了《一二九师与晋冀鲁豫边区——敌后抗日根据地介绍》一文,其中不少内容鲜为人知,都是作者采访当事人收集来的宝贵素材。可以说,这篇文章是有关抗战文化的一部优秀作品,也是八路军文化的生动展示和宝贵结晶。

一、丁玲创作《一二九师与晋冀鲁豫边区》的重要基础

丁玲,1904年生,湖南临澧人。她原名蒋伟,字冰之,别名蒋玮、丁冰之。早年受母亲影响,有独立自强、反抗封建礼教的思想。1922年以后,先后在上海大学、北京大学学习。1925年和胡也频结为夫妻。1927年12月发表处女作《梦珂》,翌年2月又发表了她的早期代表作《莎菲女士的日

记》。她早期的作品富于时代色彩，描写大胆细腻，形象生动，使她成为引人注目的女作家。1930年5月，丁玲加入中国左翼作家联盟，成为有影响的"左联"作家之一。1932年3月加入中国共产党。

丁玲曾回忆她刚到陕北的日子。"1936年冬天，我在党的帮助下，逃出了黑暗的南京，投奔到光明的苏区，当时党中央的所在地——保安。保安，党中央驻的这个寨子，是被反动地主武装烧毁过的，只剩有一座比较整齐的大院是外交部的所在地，李克农同志住在这里。我同几个从白区来的年轻人也住在这里。中央首长和工作干部都住在靠山的大小窑洞里。我第一次见到毛主席、周副主席等领导同志，就是在一间大窑洞里举行的欢迎我的晚会上。这是我有生以来，也是一生中最幸福最光荣的时刻吧。"①

丁玲于1936年11月到达陕北，筹备并成立边区文艺协会，当选为副主任。但当毛泽东问她："丁玲！你打算做什么呀？"她却回答："当红军。"毛泽东说："好呀！还赶得上，可能还有最后的一仗，跟着杨尚昆他们领导的前方总政治部上前方去吧。"她的心都飞了。"啊！上前线去，当红军，打最后一个仗……"丁玲能打什么仗啊，最好打的"仗"还是发挥"文小姐"的优势，开展抗日文艺宣传活动，鼓舞八路军指战员和人民群众的抗日热情。

于是，1937年8月12日，西北战地服务团，全称"十八集团军西北战地服务团"，简称"西战团"，在延安成立。丁玲任主任，吴奚如任副主任兼党支部书记。出发前往华北前线之前，他们排演了16个独幕剧和一些

---

① 袁良骏编：《丁玲研究资料》，知识产权出版社2011年版，第112—115页。

舞蹈。在华北地区的近一年时间内,西战团为抗日军民演出了话剧《八百壮士》《突击》和一些独幕剧,以及秦腔、大鼓、京戏、快板、相声、活报、双簧等节目。同时,他们还以"战地社"的名义,在西安进步报纸《国风日报》上编文艺栏,起到了很好的宣传作用。1938年7月,西战团胜利返回延安。稍事休整后,西战团又在新任团长周巍峙的率领下,于11月20日奔赴晋察冀抗战前线,开展文艺宣传活动,直到1944年5月底返回延安,历时5年半之久。

丁玲并没有完全随"西北战地服务团"转战山西抗日前线,而是在1938年春天就陪同美国记者史沫特莱从前线回到了延安。回到延安后,毛泽东又问她,还打算做什么,她说还是当红军。于是毛泽东又同意了,亲自写了一封信给后方总政治部罗荣桓,指定丁玲担任中央警卫团政治部的副主任。于是,她又和警卫团的团长、政委、主任朝夕相处……这些工作经验,对她以后的工作产生了影响。1944年,她写下了《一二九师与晋冀鲁豫边区——敌后抗日根据地介绍》。1946年至1948年,她多次参加土地改革工作。1948年6月完成《太阳照在桑干河上》,获斯大林文学奖二等奖。新中国成立后,曾担任中国作协党组书记及副主席、《文艺报》主编、《人民文学》主编等。1986年丁玲逝世。她的主要作品收入《丁玲文集》。

丁玲在山西抗日前线,亲身感受到八路军领导人对她的关心和爱护。她回忆说:"到了前方,任弼时同志送了我一匹枣红色的草地马,我这才尝到骑马的滋味,后来我又把它留在前方了。任弼时同志还问我几次要不要把它送回来,我那时不懂得有马的好处,谢绝了。还派来一个勤务员(12岁),行军常常掉队,每到宿营地,我都站在村口等他。半路上他洗脸,把我的脸盆弄丢了,我就得自己跑到司令部借用任弼时同志的脸盆。"看来,丁玲率领的西北战地服务团曾随八路军总部行动过。

全国抗战爆发后,红军改编为国民革命军第八路军,任弼时担任八路军政治部主任,同时担任中共中央军委前方分会常务委员兼秘书长。1937年9月15日,任弼时和朱德、左权、邓小平率八路军总部由韩城县芝川镇东渡黄河,开赴山西抗日前线,挺进华北敌后。9月20日,他们由侯马转乘火车抵灵石县城北之水头镇。21日抵达太原,住八路军太原办事处所在地成成中学,与先期抵达太原的彭德怀会合。23日晚,抵达五台县南茹村八路军总部驻地。10月22日离开南茹村南移,抵盂县柏兰镇。23日抵达上社。24日抵白水村。25日由白水村抵达寿阳县宗艾镇。26日越正太路抵景尚村。27日抵达和顺县马坊镇。11月7日,抵达和顺县石拐镇。12日抵达榆社县鄡村。14日抵达武乡县段村。15日离开段村,当日抵达沁县开村,16日抵达官军村,17日经沁县县城抵达中峪店。20日抵达安泽县白素村,21日抵达洪洞县苏村,22日抵达韩家庄,25日抵达高功村。12月30日,任弼时和朱德、彭德怀率八路军总部抵达洪洞县马牧村。①八路军总部在挺进抗日前线后,几乎是马不停蹄,一路行军。难怪丁玲的小勤务员总是掉队。1938年初,丁玲和任弼时等人在山西洪洞马牧村留下了一张合影。穿着军大衣、戴着一顶八路军单布帽的丁玲,站在任弼时的侧后方,却处在这张照片的正中位置。②

1939年底前后,丁玲带着西北战地服务团在前方工作,时常请朱

---

① 中共中央文献研究室编著:《任弼时年谱》,中央文献出版社2004年版,第347—463页。

② 中共中央文献研究室任弼时研究组和新华出版社编:《任弼时画册》,新华出版社2004年版,第90页。

德和任弼时来战地服务团驻地,给团员们讲课,主要讲抗战形势和马列主义。①丁玲回忆说:"这时期虽说我写得很少,但对我一生却留下了不易磨灭的印象和很深刻的教育。"写于1944年的《一二九师与晋冀鲁豫边区》一文,便是丁玲带领西北战地服务团到山西后创作的著名长篇报告。

二、丁玲创作《一二九师与晋冀鲁豫边区》的实际过程

《一二九师与晋冀鲁豫边区》一文全面记述了八路军第一二九师将士开赴山西抗日前线,以太行山为天然屏障,开展游击战争,建立抗日根据地的艰苦战斗历程。真实、感人地描写了八路军将士参加的平型关大捷、忻口战役、百团大战、长乐村战役等。同时,作者还反映了根据地军民战胜大灾荒的情景。文章内容真实,表述朴素,富有感染力。作者真实生动地记述了八路军第一二九师将士在太行山,在晋冀鲁豫地区同日本侵略者英勇作战,在艰苦的环境中正确执行党的路线和方针、政策,和广大人民群众一起,创立并巩固了抗日根据地的光辉业绩。

丁玲在写于1950年6月30日的文章序言中指出:"《一二九师与晋冀鲁豫》一文是1944年为纪念抗战七周年而写的。我对于这个材料完全是生疏的,可是有很多同志帮助我,如蔡树藩同志、杨秀峰同志、陈再道同志、陈赓同志和陈锡联同志。最后,我还见到了一二九师领导人和晋冀鲁豫解放区创始人之一的刘伯承同志,得到了他的鼓励和赞助,并且他滔滔地同我谈了起来,我听得有趣极了,我以为我已经掌握住他的思想,也就是一

---

① 中共中央文献研究室编:《朱德年谱》新编本(1886—1976)(中),中央文献出版社2006年版,第929页。

二九师的战略思想和创立根据地的政治思想与群众路线,我充满了信心和感情来动手写作。"

这段文字说明,丁玲的创作得力于很多同志的帮助。蔡树藩、杨秀峰、陈再道、陈赓、陈锡联、刘伯承等人,都是八路军第一二九师的高级指挥员、领导人,他们有的在战场上出生入死、身经百战,有的长期从事党的领导工作,经验极为丰富。丁玲有了他们的帮助,有他们提供的大量富有战斗生活基础的素材,写作起来自然比较得心应手。

但是,丁玲的写作也是在十分艰苦的条件下进行的。"那时天气热得厉害,窑洞里也闷得很,我躲在一个黑角上一面扇扇子,一面写。"丁玲的写作是十分投入的。写到得意处,她完全进入了历史的现场。"有几个地方我边写边笑,如日军进入娘子关后,国民党军队四散逃窜,官兵相失,汤恩伯四面打电话找救兵,最后找到了刘伯承同志,知道他还在前面抗敌,他大声在电话中说:'你还在那里,好极了,好极了,我可以无忧了!'又如阎锡山一听见人民解放军到了山东,便顿足说:'共产党东下齐鲁,如虎生翼,天下事不可为矣!'"①这些极为生动的素材,在丁玲的笔下,如盛夏时节山间的清泉汩汩流出,沁人心脾,令人遐想。

让丁玲感动的是,八路军第一二九师领导人、晋冀鲁豫解放区创始人之一的刘伯承鼓励她写作,而且还亲自帮助她修改文章。丁玲回忆说:"三天内我写完了这篇文章,交给了刘伯承同志。刘伯承同志很快便替我修改了回来。他加了很多材料,我觉得都是应该加的。我以为他修改得非常仔

---

① 袁良骏编:《丁玲研究资料》,知识产权出版社2011年版,第112—115页。

细,照顾得很周到。""刘伯承同志的宽阔而精湛的才智和他的认真、细腻的工作作风所留给我的印象是很深的。"

刘伯承作为共产党人的博大胸怀,让丁玲感慨不已。刘伯承对国民党的错误采取的谨慎的、不放弃希望的态度。丁玲写道:刘伯承"删掉了一些我自己认为精彩的地方,那些地方非常忠实地暴露了国民党的无用、怕死和对于人民的烧杀抢掠,以及在敌后降日反共的丑态"。刘伯承还为这些删节特意向丁玲做了说明。他写信给丁玲说:"我们还希望他们抗日,你写的虽都是真的,但不必刺激他们。我们不放弃最后一点希望。"这个希望,就是国民党继续坚持抗日。事实上,中国共产党始终维护和巩固抗日民族统一战线,对国民党采取以斗争求团结的方针,就是为着这个目的。丁玲虽然"完全承认"刘伯承删去这一些是对的,"可是心里总不情愿"。①但她仍旧依照刘伯承修改过的稿子发表了。

《一二九师与晋冀鲁豫边区》一文于1950年8月由上海新华书店出版,共分为11章:即初建奇功、发轫在太行山上、打破敌人的"囚笼政策"、向敌后抗日民主的军民"收复失地"、惊破敌胆的百团大战、建立起抗日民主的堡垒、经济战线上的斗争、军民同命战胜三年的灾荒、活动在敌人的心脏里、民族英雄与劳动英雄、今日之晋冀鲁豫。

三、丁玲创作《一二九师与晋冀鲁豫边区》的重要意义

《一二九师与晋冀鲁豫边区》一文,可以说是八路军抗战的真实记录,也是保存不多的八路军抗战实录之一。这部实录,对于年轻人了解中国抗

---

① 袁良骏编:《丁玲研究资料》,知识产权出版社2011年版,第112—115页。

战的历史，了解中国共产党抗战的历史，也很有帮助。

丁玲承认，"这篇稿子我始终对它有感情，因为在我写它时，的确是对敌后生活的一个很好的学习"。对于抗战时期敌后生活的积累，对于丁玲完成《一二九师与晋冀鲁豫边区》一文，无疑是至关重要的。丁玲对自己的写作是慎重的、严格的，虽然她谦虚地表示：从文章本身来说，她自己是不满意的。"而刘伯承同志本希望我再从头修饰一次，我却因时间关系而没有再加工。现在时过境迁，想加工也无法加工了"。所以，这篇文章，"只能做一篇实录来看，而并非一篇文艺性的报道或文学的散文"。

丁玲强调：这次写作"从保存史料的眼光上来看，从向年轻人说明历史上来看"，还是有好处的。从实录的角度来看，《一二九师与晋冀鲁豫边区》一文，会让我们看到在别的书中看不到的一些重要的或感人的细节。

关于八路军夜袭阳明堡机场的战斗，很多关于抗战的书籍都有记载。但丁玲的记载仍然让人心动："没有见过飞机的战士们，骤然站在这些钢身的大鸟前边，抑制住狂欢而用指头敲着那钢铁的机身，试探着，而且盘算着如何夺取这些铁鸟"……"站在滹沱河东岸指挥的陈锡联同志，看着他凯旋的部下，他欢迎他们，充满着胜利的愉快，然而他也沉默了，跟他一起很久的忠实而勇敢的赵崇德营长与十几个战士都光荣牺牲了。赵营长在出发前就抱着必死的决心，留下了他的文件和他仅有的三元钱。他们的牺牲稳定了太原以北的战场，激励起更高的士气。"

"当忻口敌人遭我前后夹击，攻势受挫时，石家庄敌人却沿正太路进攻娘子关，直趋太原。驻在太原的国民党的军队告急，一二九师奉命驰援。刘伯承师长由北同蒲路转赴正太路指挥，经过太原时，只领到几张不完全的地形图，连交涉昔阳山地安置伤兵，也无效果。"而在10月26日娘子关东南之七亘村战斗中，敌师团的辎重部队被抓到，"打得落花流水，夺获骡马三百余匹，炮弹无数。中国制的山西省以及华北军用地图也都在此'领到'了"。

"随着抗日游击战争火焰的燃烧，民主运动的浪潮也在各地掀起。冀鲁豫大平原，凡八路军收复的土地，当时即'还政于民'，由人民民选县长专员，建立抗日民主政权。1938年8月4日，五十几个县的军政民代表齐集南宫，成立冀南行政主任公署，选举人民爱戴的杨秀峰、宋任穷同志为正副主任，地方名流和国民党人士刘季兴、孟夫堂先生等，均担任重要职务。这样便初步统一了冀鲁豫大平原基本地区的行政。"

丁玲真实地记载下这些反映八路军抗日斗争历史以及八路军和国民党军队关系的内容，为我们研究抗战那段历史，提供了不可多得的真实的、可信的参考资料。虽然有些内容可能已经不够完整，如同经过刘伯承"删掉"的那些"非常忠实地暴露了国民党的无用、怕死和对于人民的烧杀抢掠，以及在敌后降日反共的丑态"的东西，但顾全当时国共合作共同抗日的大局，团结争取国民党坚持抗日，也是必要的。

《一二九师与晋冀鲁豫边区》是1944年为纪念抗战七周年而写的。与此同时，丁玲还有其他的作品引起毛泽东的重视和兴趣。1944年7月1日晨，毛泽东读了丁玲写的《田保霖》和欧阳山写的《活在新社会里》两篇文章后，写信给他们。信中说："快要天亮了，你们的文章引得我在洗澡后睡觉前一口气读完，我替中国人民庆祝，替你们两位的新写作作风庆祝！合作社会议要我讲一次话，毫无材料，不知从何讲起。除了谢谢你们的文章之外，我还想多知道一点，如果可能的话，今天下午或傍晚拟请你们来我处一叙，不知是否可以？"当天下午，丁玲、欧阳山应约到枣园毛泽东住处谈话。①毛泽东所要庆祝的"新写作作风"是什么呢？通过上述的《一二九师与晋冀鲁豫边区》一文的片断，或许可以找到答案。这就是文化、宣传工作要贴近生活，为人民大众服务。

中国抗日战争的历史是动人心魄、气壮山河的历史，也是中华民族应该永远铭记的历史。正如丁玲和她的朋友谈起抗日时代的故事时发出的感慨："我们觉得应该多写，那么多的动人心魄的事，那样的艰苦，那样的神奇，我们写的实在太少了，而大部分的中国人民是不太了解这一段历史的。"②而《一二九师与晋冀鲁豫边区》一文的印行，不仅仅是保存了史料，不仅仅向年轻人说明了那一段历史，而且对纪念全民族的抗战，纪念在抗日战争中为民族的独立与解放而牺牲了的一切烈士，传承中华民族的精神，包括太行精神，都具有不可低估的作用。

作者简介：

李　蓉　中共中央党史研究室第一研究部

---

① 中共中央文献研究室编：《毛泽东年谱》中卷，人民出版社、中央文献出版社1993年版，第523页。

② 袁良骏编：《丁玲研究资料》，知识产权出版社2011年版，第112—115页。

太行精神与群众路线

周浩集

太行精神,是国家和民族处于危亡的关键时刻,中国共产党人领导太行儿女展现的勇敢顽强、不畏艰难的革命英雄主义精神,是在极其艰苦的条件下展现的百折不挠、艰苦奋斗的精神,是为人民利益展现的勇于牺牲、乐于奉献的精神,是数千年来中华民族精神的积淀和延续。太行精神,与井冈山精神、长征精神、延安精神一样,都是中华民族精神的具体表现,更是党的群众路线的鲜明写照。太行精神的主体是中国共产党领导的太行儿女,是在党和人民群众血肉相连、鱼水情深的共同奋斗中形成的,必将在人民群众新的伟大实践中发展和创新,群众路线是太行精神的不竭源泉。

一、太行精神在群众路线的实践中形成

群众路线是党的根本工作路线,具体来说,就是一切为了群众,一切依靠群众,从群众中来,到群众中去。太行精神的形成恰恰是党的群众路线的实践结晶。太行精神是在极端艰难困苦的环境中形成的军民一家、鱼水依存、并肩作战、百折不挠、艰苦朴素的团结精神。

太行区包括山西省东南部、河北省西部、河南省黄河以北西南部。太行山海拔1500米以上。其山纵贯南北,峭壁如林,居高临下,易守难攻,

历代为兵家必争之地，是开展游击战争的天然战场。抗日战争爆发后，一二九师进入太行山后，即在中共中央北方局的直接领导下，大刀阔斧地开展根据地工作。一二九师与太行区地方党组织结合，发动群众、组织群众、武装群众，迅速开辟了抗日游击战争的新局面。太行山的游击队在各地如雨后春笋般成长起来了，太行山的800万劳苦大众和广大人民动员起来了，工人、农民、知识分子和广大青年学生争先恐后地参加抗日武装，每个城镇和乡村都出现了"母亲叫儿打东洋，妻子送郎上战场"的动人事迹。"村村像军营，人人都是兵，抗日根据地，一片练武声"，抗日的烽火在太行山熊熊燃烧。在一个封闭落后山高崖险的山区坚持抗战八年；在一个没有任何物资接济和给养的环境中发展、成长、壮大；一个没有现代武器装备，有的只是"小米加步枪"的军队，要对付拥有现代飞机大炮，数倍于自己的疯狂侵略者，并且最后还取得战争的胜利，根据地军民遭遇了多少艰难困苦，经历了多少浴血奋战！在严峻的天灾人祸面前，根据地军民没有粮食自己种，没有衣物自己织，没有水源自己挖，没有蔬菜自己种。从八路军的总司令、部队首长、地方干部到普通士兵和老百姓，军民和衷共济、共渡难关，正是因为具有这种军民鱼水、艰苦奋斗的精神，共产党才赢得了群众，赢得了战争。

　　太行根据地的创建，八路军是其中的钢骨，当地人民群众是浇铸钢骨的水泥。共产党、八路军之所以能在四面受敌、前狼后虎、围攻"扫荡"不断的恶劣环境下生存发展为敌后不可抗拒的力量，最关键的是有广大人民群众的支持和拥护。共产党善于动员群众，组织群众，为了民族生存，不当亡国奴，老年人、青壮年、妇女、儿童都组织起来，成立农救会、青救会、妇救会、儿童团。在根据地，共产党实行了解放妇女、精兵简政、减租减息、发展生产等符合实际的政策和改革措施，把农民引向进步和幸福,这是以往历史上没有的,因而得到了广大农民的拥护。八路军始终和人民同呼吸、共命运,这是根据地立于不败之地的根本原因。1939年至1943年,日军两次九路围攻,数次侵入太行山腹地,实施了残暴的"三光"政策,野蛮的铁壁合围、蚕食、清乡手段,虽然许多村庄被毁,军民被害,粮食被抢,但太行军民没有被天灾人祸吓倒,根据地军民没有粮食自己种,没有衣物自己织,没有蔬菜自己种。从八路军的朱总司令到普通士兵,都和老百姓一道投入生产,军民团结一心,共渡难关,终于战胜了敌人。太行山每一个山头,都使日军望而生畏;根据地每一块地方,都留下军民团结斗敌、鱼水深情、艰苦奋斗的事迹。

从1937年10月到1944年10月,根据地一二九师主力部队对日伪军作战共19 777次,毙伤日伪军120 241人;太行区的民兵自卫队在抗战期间共作战33 716次,毙伤俘伪军11 409人。八路军和地方武装在抗战中献出了不知多少宝贵的生命!进入解放战争时期,太行区人民在"解放全中国"的号召下,积极动员起来,踊跃参战,又有144 267人加入人民子弟兵的行列中。近8000名干部营陆续调往全国各地,为全中国的解放做出了太行根据地特有的贡献,为抗日战争的胜利太行儿女付出了太多太多。正是党的群众路线方针的贯彻实施,使太行精神在革命的熔炉中逐渐孕育形成。

二、太行精神在人民群众新的实践中发展创新

太行精神作为我们宝贵的民族精神财富,在新中国成立以后,在如今的和平年代,仍然发挥了并正在发挥着非常重要的作用,太行精神在人民群众新的实践中发展创新。新中国成立后,太行人民仍保持和发扬了可贵的太行精神,在社会主义建设中不甘落后、自强不息、艰苦奋斗,涌现出了以李顺达、申纪兰等为代表的一大批誉满华夏的全国劳模,更使得太行精神光照八方。在新的时代大潮中,太行儿女正用太行精神谱写新的奋斗

篇章，如：太行英雄申纪兰年近古稀闯市场，民企老板韩长安放眼全国争百强，致富带头人陈忠孝打造企业航母大手笔，潞城店上镇率先发展敢夺三晋第一镇，长治市10万妇女出太行、求发展。可见，伟大的太行精神依然是巨大的精神动力。尽管现在的条件比当年抗战时期好得多，但是依然面临着很多的困难，这就需要保持艰苦奋斗、百折不挠、无私奉献的太行精神。山西省正在调整经济结构，实现跨越发展，大力发展新兴产业、文化产业，建设文化强省，建设新型能源基地、工业基地，努力在现代化、和谐社会的建设上走出新的路子，迈开新的步伐，取得新的成绩。

素有"八路军的故乡，子弟兵的摇篮"之称的山西武乡县的发展轨迹，就充分体现了太行精神在人民群众新的实践中发展创新。21万武乡儿女在科学发展观指引下，迈出了一个革命老区、国家级贫困县、山区县转型跨越发展的崭新路子。在太行精神的激励下，按照"文化兴县、工业强县、旅游兴业、三产富民"的总体要求，坚持"三个建设"引领、"五项措施"保障，奋力拼搏，埋头苦干，武乡县经济社会各项事业取得了新的成效：成功举办了首届八路军文化旅游节，武乡的知名度和美誉度进一步提升；财政收入连攀新高，2012年突破12亿元；农业现代化强势推进，农民收入稳步提高；文化事业建设与文化产业发展风生水起；项目建设如火如荼，产业链得到全面延伸；工业新型化高歌猛进，规模以上工业总产值达到60亿元。

具体举措：第一，寻求工业新型化支撑经济转型跨越。武乡县属于典型的资源型经济县，为"全国百强产煤县"之一。2008年以来，武乡县委、县政府坚持贯彻落实科学发展观，按照"以煤为基、以煤兴产、以煤兴业、多元发展"和"新"在镁都、"化"在规模的思路，始终着眼抢占战略制高点，加快发展新材料等战略型新兴产业，着力培育新的增长极，延伸产业链条；通过改造提升煤炭产业，产业集群日益壮大，改变煤炭产业一枝独秀为百花争艳的满园锦绣图景。第二，通过特色农业产业化推动农业强势崛起。武乡多个乡镇形成了特色农业产业化园区，如：故城镇形成了以东寨底、邵渠、高台寺三个村为主的春播豆角蔬菜园区；上司乡规划建设标准化谷子基地5500亩，成为全乡农民增收的支柱产业；贾豁乡全力打造旱地西红柿产业大乡；大有乡建成规模化、标准化的养殖小区等等，随着一系列特色支柱产业的蓬勃兴起，武乡县"一乡一业、一村一品"格局已初步形成。第三，推动红色文化旅游产业蓬勃发展。武乡县坚持文化为魂、旅游为体，文化旅游共生共融的理念，围绕"文化兴县、旅游兴业、三产富民"总体要求，努力建设全国最大的八路军文化主题公园，打造全国红色文化产业龙头和全省终极红色旅游目的地，从而带动第三产业蓬勃发展。在新一轮转型跨越的发展浪潮中，这座历史上曾与"红色"结缘的太行小城，靠独具特色的红色资源完成了一个漂亮的大转身，使红色文化旅游产业在短时间内步入了快速发展之路。武乡以"先行先试、转型发展"的理念，用足用活各种政策，举全县之力投资近6亿元实施了八路军文化园、游击战体验园、《太行山》大型实景剧"两园一剧"等一批重点文化产业项目，有效整合了红色资源。第四，实现民生福祉不断扩宽增进。保障和改善民生，是社会公平的体现，是构建和谐社会的基石。"知民之所思，察民之所虑"，武乡县着眼于人民群众最关心、最直接、最现实的利益，重民意、解民忧、帮民难，用扎实行动进行了完美诠释。保障性房屋住上了，集中供气供暖用上了，"五个全覆盖"实施了，养老保险领上了，惠民举措频频推出，惠民攻坚工程稳妥推进，力推民生工作再上新台阶；一串串凝聚着喜悦的画面闪亮登场，印证着武乡县在改善民生方面的艰辛付出和卓有成效的收获。

太行山过去是英雄山,今天仍然是英雄山。如何把英雄山建设成为现代化的、山川秀美、经济发展、人民生活幸福的英雄山,这是太行精神激励我们所追求的根本目标。太行精神已成为中华民族精神的重要组成部分。改革开放以来,太行儿女在经济建设、社会发展等方面取得的巨大成就,恰恰体现了太行精神在新时期的人民群众实践中的发展创新。

三、群众路线是太行精神的不竭源泉

太行精神的形成,是中国共产党坚持群众路线的结果。无论是在革命年代还是在建设时期,党的路线方针政策都能得到很好的贯彻落实,广大党员干部都能率先垂范、勇于奉献,因而能够赢得群众的信任,激发群众的热情和斗志。正因如此,在革命战争年代,太行儿女从对比中感受到,只有共产党才真正为人民谋利益,只有跟着共产党才能翻身得解放,这种信念引领人民开拓创新、艰苦奋斗、无私奉献,形成璀璨的太行精神之花,形成取得革命胜利的强大力量。在新的历史时期,太行儿女信念如一,认准了只有跟着党,走中国特色社会主义道路,国家才能富强,人民才能幸福。党的方向成为人民的方向,党的道路成为人民选择的道路,党的事业成为人民为之奋斗的事业。

在新形势下大力弘扬太行精神,就是要继承优良传统,切实加强和改进党的作风建设,密切党与人民群众的血肉联系。太行儿女的奋斗历程,既是一部气势恢宏的革命战争史,也是一部感天动地的作风建设史。在新的形势下,加强党的建设面临许多前所未有的新情况、新问题、新挑战,特别是精神懈怠的危险、能力不足的危险、脱离群众的危险、消极腐败的危险,更加尖锐地摆在全党的面前。大力弘扬太行精神,不仅为我们加强作风建设提供了学习的典范,也为推动转型跨越发展提供了强大动力。

在新形势下大力弘扬太行精神,就是要践行执政为民的宗旨,以人民

群众的根本利益为出发点和归宿，动员人民群众建设更加幸福美好的生活。没有老区人民的流血牺牲就没有今天的幸福生活，没有老区人民的幸福生活就没有全面建设小康社会的成功实现。为全面提高老区人民群众的社会保障水平、收入水平、健康水平、科技教育水平，领导干部深入老区、深入群众，将包村扶贫抓在手上、落到实处，诚心诚意办实事、尽心竭力解难事、坚持不懈做好事，让老区人民和全省人民一道共享改革发展成果。

在新形势下大力弘扬太行精神，就是要坚持和实施党的群众路线，让太行精神拥有不竭的源泉。太行精神中顾全大局、公而忘私、自我牺牲、勇于奉献的价值取向，吃苦耐劳、勇往直前、永不服输、敢于胜利的精神风貌，爱党爱军、开拓奋进、艰苦创业、无私奉献的精神核心，不仅有利于广大党员干部更好地理解"人心向背"的铁律和避免"脱离群众的危险"，而且能够更好地教育群众秉承"一心向党"的历史选择和发扬"敢教日月换新天"的拼搏精神。所以，把党的路线方针政策与群众的主体地位有机结合的太行精神，充分地体现了党的群众路线的实质，因而群众路线是太行精神发展创新的不竭源泉。

总之，太行精神是太行儿女在中国共产党的领导下，在革命、建设和改革过程中形成的，是党的路线方针政策和群众实践的有机结合，是党的群众路线坚持和实施的结晶。同时，太行精神又具有鲜明的实践性、时代性，随着经济社会的发展和改革开放的深入，必须赋予其新的内涵，需要发展创新，究其根源仍然要坚持和实施群众路线，在党的群众路线教育活动中使其发扬光大，在人民群众的新的实践中使其发展创新。

作者简介：

周浩集　聊城大学马克思主义学院

八路军在太行山根据地的群众工作

王 超 谢撼澜

1937年7月7日,卢沟桥事变拉开了中国人民抗日战争的序幕。中国共产党领导的国民革命军第八路军挺进太行山,开展真正独立自主的山地游击战争,并先后以五台县、洪洞县、沁县、武乡县为总部驻扎地,创建了太行山革命根据地。为了凝聚人民群众的抗日力量,八路军在太行山根据地开展了分散、深入的群众工作。

一、八路军肩负抗击日军的民族大义挺进太行山

卢沟桥事变之后,7月8号,中共中央发布了《中国共产党为日军进攻卢沟桥通电》,号召全国同胞为抗击日军而筑成坚固的抗日民族统一战线。7月9日,彭德怀、贺龙、刘伯承、林彪、徐向前、叶剑英、左权、萧克等工农红军将领就红军要求改编为国民革命军并请授命为抗日前驱发表通电:"当华北危急存亡之紧要关头,敬敢吁请我国民政府迅调大军增援河北,勿使忠勇之二十九军陷于孤军抗战,红军愿即改名为国民革命军,并请授命为抗日前驱,与日军决一死战,谨此电闻,翘首待钧命。"[1]

---

[1]《中共中央文件选集》第11册,中央党校出版社1991年版,第280—281页。

8月22日，蒋介石接受了中国共产党的意见，同意改编工农红军，同意将红军主力改编为国民革命军第八路军，并设总指挥部，将其编入抗战的战斗序列。8月25日，中共中央革命军事委员会在洛川会议上发布命令，将在陕甘宁边区的中国工农红军主力改编为国民革命军第八路军。按照改编命令，八路军军部设总指挥部，朱德为总指挥，彭德怀为副总指挥，叶剑英任参谋长，左权为副参谋长，任弼时为政治部主任，邓小平为政治部副主任，下辖第115师、120师和129师共三个师。

当时的山西已经地处华北抗日前线，八路军总部从陕北东出抗日，首先必须进入山西。由于中国共产党坚持的共同抗日策略，已经使得山西地方实力派阎锡山同中共初步建立起了合作抗日的关系，加之山西的特殊的地理位置和地理环境，山西自然也就成为华北敌后抗日根据地的中心。1937年9月15日，党中央毅然决定由朱德、彭德怀亲率三师之众，由芝川镇东渡黄河，挺进华北抗日前线，并要求八路军以太行山为依托创建敌后抗日根据地。八路军总部进入山西境内，先后进驻五台县、洪洞县、沁县、武乡县，115师、120师和129师分别驻扎山东莒南县、山西岚县、河北涉县，就此八路军在华北战场创建了以太行山为依托的抗日根据地。

二、重视群众工作成为太行山根据地建设的必然选择

中国共产党以马克思主义的唯物史观为指导，在党创立之初，就重视工人、农民、市民、士兵的斗争力量。在井冈山时期，毛泽东视人民群众为真正的"铜墙铁壁"，并提出："我们应该深刻地注意群众生活的问题，从土地、劳动问题，到柴米油盐问题。……一切这些群众生活上的问题，都应该把它提到自己的议事日程上。"①工农红军就是善于把群众工作和中心

---

① 毛泽东：《毛泽东选集》第1卷，人民出版社1991年版，第138页。

工作结合起来，才扎稳了脚跟，壮大了队伍。

八路军开赴华北抗日前线之初，按照中央指示，计划全部在恒山山脉创建游击根据地。但国民党军队无心抵抗，连连败阵，已经不能在山西阵地根本破坏日军的战略计划，如果八路军依旧执行在恒山山脉创建游击根据地计划，将会使八路军全部处于日军的战略大迂回中，陷入被动境地。为此，中央指示八路军在战略上展开于日军侧翼，以钳制日军进攻太原与继续南下，也使国民党晋绥军不过于损失力量。太原失守后，华北战局发生了一个根本性的变化：以国民党为主体的正规战争已经退居次要地位，以共产党为主体的敌后游击战争开始处于主导地位。在国内战争后期的正规战争向当时要进行的游击战争转变的重要时刻，毛泽东明确指出："集中打仗则不能做群众工作，做群众工作则不能集中打仗，二者不能并举。然而，只有分散做群众工作，才是决定地制胜敌人、援助友军的唯一无二的办法，集中打仗在目前是毫无结果可言的。"[1]1938年5月，毛泽东在《论持久战》中指出："战争的伟力之最深厚的根源，存在于民众中。……军队须和民众打成一片，使军队在民众眼睛中看成是自己的军队，这个军队便无敌于天下，个把日本帝国主义是不够打的。"[2]于是，八路军在太行山根据地开展真正独立自主的山地游击战争的同时，放手发动群众、开展群众工作成为根据地建设的重要内容。八路军在太行山根据地进一步展开群众工作，可以更大限度地将自己的抗日政策和方针带到根据地的每一处，

---

[1] 毛泽东：《毛泽东军事文集》第2卷，中央文献出版社1993年版，第53—54页。

[2] 毛泽东：《毛泽东选集》第2卷，人民出版社1991年版，第511—512页。

有利于团结一切可以团结的力量进行抗日。况且,早在1936年春,毛泽东、彭德怀、叶剑英、杨尚昆等,曾率红军东渡黄河,在山西的几十个县撒下了革命的种子,有一定的群众基础。

三、八路军在太行山根据地开展群众工作的重要作为

八路军总部根据中共中央的一系列指示精神,于9月21日和9月25日,先后对各师、各旅、各团发出指示和训令,要求部队以机动灵活的方式袭击消灭日军小部的同时,要在八路军所到之处,独立自主地担负起群众工作。八路军总部还对各部队进行群众工作的负责区域进行了明确划分,"115师在涞源、灵丘以南,五台、盂县以东,灵寿、曲阳以西的晋察冀三省边界地区;120师主力于左云、清水河、保德、宁武、平鲁等晋西北地区;129师的预定地区在正太铁路以南"①。

地处八百里太行深处的山西武乡县作为抗战时八路军总部驻扎地和指挥中心,对整个华北乃至全国抗战都具有不可低估的历史作用,八路军在武乡县开展的群众工作可以说是在整个太行山根据地开展群众工作的一个具体缩影。

(一)建立群众团体,开展抗日救亡工作

团结才有力量,抗日离不开群众的参与。为了更广泛地发动群众,宣传抗日,把群众组织起来,八路军总部明确要求,每个战士要利用一切机会宣传党的抗日民族统一战线纲领;在地方工作中,要吸收进步分子首先是工农分子加入共产党,并培养他们成为联系群众的骨干。为此,八路军

---

① 谢远学:《中国共产党历史纪实(第四部)1937—1945〈铁血河山〉》,上卷,人民出版社2003年版,第167页。

领导太行山革命根据地的军民建立起了各种各样的群众团体。

1937年10月到1938年1月，中共山西省委先后派徐子英、王玉堂、高沐鸿、陆清廉等同志进驻武乡，恢复和发展武乡党的组织，成立武乡县委，武乡抗日民主政府也随之建立起来。在中共冀东省委和八路军的领导下，武乡县委分别召开了农民、青年、妇女等群众代表大会，分别成立了各自的抗日救国会，有组织有纪律的群众团体参与到了抗日的大潮中。

武乡县妇女抗日救国会于1937年10月成立。在反击日军的战斗中，妇女抗日救国会积极参加救护支前工作，甚至奔赴抗日前线。在后方，各区、村的妇女都组织了妇女自卫队，承担了站岗、放哨、送信、拥军等保障性工作，许多妇女还参加了减租减息、反特锄奸的斗争。

武乡县工人抗日救国会于1937年9月成立。工人抗日救国会创办了柳沟铁厂、太武兵工厂、朝阳脚盒子枪厂、马家岭修枪厂、弋北坪兵工厂等，为抗战制造了大量武器。还协助抗日民主政府屯集公粮、锄奸护厂、生产支前。

武乡县农民抗日救国会于1937年11月成立。农民抗日救国会通过多种形式宣传、组织农民参加抗战，同时领导农民开展减租减息斗争。

武乡县青年抗日救国会于1937年11月成立。青年抗日救国会在组织、宣传广大青年参军、参战和发展生产、发展根据地文化事业等方面起到了重要作用。

这些群众团体的建立有利于共产党、八路军更好地联系群众，这些群众团体的活动，在敌后战场发挥了支援抗战的积极作用。

（二）发动群众斗争，改造基层政权

为了进一步做好群众工作，八路军总部开始在太行山革命根据地对旧政权进行积极改造,建立和巩固抗日民主新政权。抗日民主新政权的建立和巩固,成为太行山革命根据地走向巩固和发展的重要标志,也为更加广泛地动员民众参加抗战奠定了坚实的基础。

1938年1月,山西省第三行政公署派谭永华担任武乡县长。谭永华致力于改造旧政权,巩固和发展抗日民主新政权。

由于全县48村的村长是旧政权委派,存在部分抵制新政权的顽固派。1939年春天,开始了对村政权的改造。对民愤极大的坏村长,采取群众斗争、向县政府请愿的方法予以罢免、撤职或者驱赶。同时,选举群众拥护、有领导能力的共产党员担任村长。

1939年5月,县委联合牺盟会开展"红五月"斗争,掀起大规模改造基层政权、反贪污、取消地亩摊派、实行合理负担的群众性革命运动,使85%的村政权基本掌握在群众手中,为更加广泛地动员群众参加抗战奠定了基础。①

抗日民主新政权的广泛建立,使党和广大群众建立起密切的联系,大大提高了党在太行山革命根据地的政治威信,也使抗日方针政策在根据地得到深入贯彻,保证了根据地各项工作的顺利完成。

(三)实行精兵简政,减轻群众负担

抗日战争进入相持阶段后,中共中央在敌后抗日根据地遇到严重困难。1941年11月,在陕甘宁边区第二届参议会第一次会议上,民主人士李鼎铭先生倡议实施"精兵简政"政策。12月初,中共中央发出"精兵简政"的指示。在精兵方面,要求缩编主力部队及其指挥机关,充实连

---

① 魏春洲:《武乡革命老区》,中共党史出版社2010年版,第83页。

队,加强地方武装和发展民兵,加强整训,提高战斗力。在简政方面,要求抗日根据地切实整顿各级组织,紧缩机构和人员编制,加强基层,提高效能。

从1942年春天,武乡县开始了精兵简政运动。县委、县政府合并机构,精减人员,县、区干部由原来的218人减少为107人。县公安局由原来的132人减少到30人。群众团体工救会、妇救会、农救会、青救会合并为工农青妇救国联合会,编制减少到原来的1/4。村级机构也合并行政村,减少村干部。地方武装武乡独立营由三个连减为一个连。①

精兵简政与发扬民主相联系。1941年4月15日,邓小平在《党与抗日民主政权》中指出:"我党要善于在一切工作中,一切运动中,大大发扬大众的民主主义作风,与一切不民主的现象做斗争。有了民主主义作风,才有广大的群众运动;有了广大的群众运动,才有真正的布尔什维克的党。我们要在民主政治斗争中,保证党对政权的领导,我们更要在民主政治斗争中,使党成为群众的党!"②充分发扬民主作风,实行卓有成效的精兵简政,这切实减轻了群众负担,民力、物力大大节约,积蓄了支持抗日的力量。

通过整顿各级组织,精简机构,大大节约了人力、物力、财力,充实了基层,提高了效率。在精兵简政工作中,党员干部表现出了大局为重的高尚品质,赢得了人民群众的广泛赞扬。

(四)发动组织群众,支援百团大战

1940年8月,为了粉碎日军的"囚笼政策",制止国民党顽固派的投

---

① 魏春洲:《武乡革命老区》,中共党史出版社2010年版,第102页。
② 邓小平:《邓小平文选》第1卷,人民出版社1994年版,第21页。

降活动，振奋全国军民的抗战信心，八路军在华北2500公里的战线上发动了震惊中外的百团大战。

战役各个阶段，武乡出动民兵和民工，配合八路军各部队对大小车站、据点展开攻击，为八路军运送弹药、造云梯、抬担架、送伤员。许多村组织自卫队，开展游击战、反"扫荡"，保护群众生命财产安全。

在整个百团大战期间，武乡县民兵和群众参战总人数达到1.2万多，先后参战538次，征调牲口1470头，供应粮食5400石、军鞋4000双，为百团大战的胜利做出了巨大贡献。①

（五）开展减租反霸，组织大生产运动

封建地主的苛捐杂税，严重窒息了农民群众的抗战积极性。1939年至1942年，武乡县委发动群众，开展了三次减租、反霸运动，实行"二五"减租、分半减租、清理旧债，各村农会组织，发动农民总诉苦、总算账，唤起农民的阶级觉悟。随着减租、反霸运动的开展，大大减轻了农民的战时负担，调动了农民的抗战积极性。

1941年到1943年间，武乡先后遭到水旱、水涝和害虫灾害。在这期间，日伪军频繁"扫荡"，加之疟疾、伤寒等疾病流行。天灾人祸，使得根据地生产力遭到严重破坏，军民生活陷入困境。面对这样的严峻现实，武乡县委遵照中共中央北方局的指示精神开展生产自救。各级政府开办了一批中小加工厂、作坊、农具厂、编造厂。县委、县政府也派出大批干部下乡组织生产，与群众共度灾荒。与此同时，八路军主力部队和游击队也参与组织开荒、种粮、种菜活动，大大减轻群众负担，与群众共渡难关。

---

① 魏春洲：《武乡革命老区》，中共党史出版社2010年版，第103页。

毛泽东指出："应通令一切党、政、军、民一齐动手做群众工作，将一齐动手打敌人，一齐动手生产自给，和一齐动手做群众工作三者结合起来。总之，一切依靠最广大群众力量去解决问题，放手将解决问题的责任交给各分区，交给广大群众。"①1944年初，中共太行区委响应中央"自己动手，丰衣足食"的号召，决定开展大生产运动。武乡县委动员群众响应毛泽东"组织起来"的号召，组建农业、手工业生产互助组，整顿劳务结合变工队。在农民、手工业者组织起来的基础上，县委和县政府又开展了劳动竞赛。开展大生产运动，夺取粮食大丰收，制造了大量纺织品，解决了根据地部队和农民的吃饭问题、穿衣问题。由于党政军民的团结奋战，根据地的生产形势出现了好转，粉碎了敌人的经济封锁。通过群众性的生产度荒，根据地的社会秩序得到了稳定，也进一步密切了军民、军政和党群的关系，为夺取抗战胜利积蓄了丰厚的物质力量。

（六）开展文艺宣传，共建根据地文化

为了在根据地群众中进一步宣传抗日，使太行山根据地的群众更好地了解共产党和八路军的各项方针政策，从动员群众抗日，到建立民主政权、开展反顽斗争、组织百团大战、进行减租减息，这一系列运动都要通过文化艺术活动反映出来。

抗日战争中，八路军在太行山根据地创建了一大批文艺剧团，并在根据地进行宣传演出。如八路军总部的"火星剧团"、晋冀豫区党委的"太行山剧团"、太行军区的"文工团"、晋东南文联的"太行文工团"、鲁迅艺术学校的"文艺工作团"、129师的"先锋剧团"等等。在共产党和八路

---

① 毛泽东：《毛泽东文集》第3卷，人民出版社1996年版，第280—281页。

军的领导下,根据地各个县的业余剧团也迅猛兴起。到1948年,仅在武乡"全县就有163个农村业余剧团,演职人员达6000余人"①。这些剧团的演出,进一步加强了八路军在太行山根据地的抗日宣传工作,激发了根据地群众的抗日热情。同时,太行山根据地的革命文艺创作活动也比较繁荣。到1942年,基层连不识字的演员、农民、妇女、儿童也都在编歌做戏,创作文艺作品不计其数。在抗战期间,太行根据地创作了众多的抗日题材节目,如《百团大战》《减租减息》《大生产》《左权将军》《歌颂朱总司令》等等。这些喜闻乐见的艺术形式为抗战服务,起到了宣传抗战和教育群众的作用。

四、八路军在太行山根据地群众工作的历史意义和现实启示

八路军在太行山根据地的群众工作,夯实了中国共产党在太行山地区的群众基础,为抗战胜利打下了物质基础和民意基础,更为太行精神的形成提供了丰富的养料,为中国共产党总结提升群众路线的理论"密切联系群众的优良作风"提供了鲜活的素材和成功的经验。

八路军副参谋长左权在总结游击战争胜利的原因时指出:"我们的精神战胜了物质上的困难,而这种精神,其基础却在于政治觉悟和民族觉悟。"②在极端艰苦的环境中,八路军与根据地群众携手并进、攻坚克难,共同筑起了军民一家、鱼水依存、百折不挠、艰苦奋斗的太行精神。太行精神是根据地军民为了国家富强、民族复兴、人民幸福,不畏艰难、勇于牺牲的大无畏革命英雄主义精神。太行精神的凝聚形成过程正是八路军与太行

---

① 魏春洲:《武乡革命老区》,中共党史出版社2010年版,第87页。
② 左权:《坚持华北抗战两年中之八路军》,《八路军回忆史料》第1卷,解放军出版社1990年版,第54页。

山根据地群众共担使命、共克时难、共同抗敌、共筑长城的过程。太行精神充分体现了八路军太行山根据地军民爱国爱家的强烈感情,凝聚了共产党人坚贞不屈的优秀品质,凝聚了中国人民自强不息的坚强性格,凝聚了中华民族爱国爱家的光荣传统。正是在军民共筑的太行精神感召和推动下,革命根据地才能始终立于敌后而不倒,并最终促使抗日战争取得伟大胜利。

毛泽东在井冈山时期创造性地提出要将中心工作和群众工作结合起来的思路,而且强调要关心群众生活,注意工作方法,才有革命队伍的发展壮大,才有根据地的形成稳定。在抗日战争时期,中央在各个根据地、各武装力量中深入贯彻"兵民是胜利之本"[①]这一方针,继续发展我们党做群众工作的传统优势,赢得了人心,壮大了力量。1945年,在党的七大上,群众路线被确定为中国共产党的三大优良作风之一,视为党的先锋队性质的标志之一。八路军指挥机构的官兵、太行山革命根据地的基层党组织和干部在抗战中开展群众工作的实践,为中国共产党总结提升群众路线的理论,提供了鲜活的素材和成功的经验。

当前,中国共产党正在开展一场以"为民、务实、清廉"为主要内容的群众路线教育实践活动。重温八路军在太行山根据地的群众工作,对提高这次活动的效果有重要的现实启示。第一,做好群众工作要注重实效。八路军在太行山根据地的群众工作有理有序,目标明确、讲求实效,各项政策都得到了群众的拥护和支持。在根据地积极改造基层政权,开展减租反霸的斗争,贯彻实行精兵简政方针,开展生产自救运动,发动群众支援

---

① 毛泽东:《毛泽东选集》第2卷,人民出版社1991年版,第509页。

百团大战，领导根据地群众开展反"扫荡"、反"蚕食"、反封锁斗争，开展文艺宣传、建设根据地文化等等这一系列举措，都是八路军根据现实需要、从实际出发所做出的。实践证明，这一系列的举措取得了实质的效果，达到了预期的目的，巩固和发展了太行山革命根据地，密切了军民之间的关系。第二，做好群众工作要注意差异性和层次性。八路军在太行山根据地针对不同的情况展开群众工作，层次分明，针对性强，增强了群众工作的实效。毛泽东在《抗日游击战争的战略问题》中明确指出："只要是长期战争，根据地的巩固和发展的问题，是每个游击队经常发生的问题。具体解决时应依照情况去决定。某一时期，把重心放在发展上面，这就是推广游击区，扩大游击队的工作。另一时期，则把重心放在巩固方面，这就是组织民众、训练部队的工作。"①将群众工作与根据地的巩固和发展密切联系起来，然后根据现实情况，分时期地有所侧重，这成为太行山根据地能够长期立于敌后战场而不倒的重要原因。第三，做好群众工作要重视领导干部的带动作用。在抗日战争的艰苦岁月里，朱德、彭德怀、左权等总部首长，处处以普通一兵的姿态出现，与根据地人民同甘共苦，艰苦奋斗，保持了我党我军的优良传统和作风。在紧张的作战之余，朱德总司令、彭德怀副总司令亲自组织和带领广大指战员，帮助根据地群众打旱井、开渠、挖塘，筑坝造地，大搞生产自救。朱德在砖壁村帮老乡推过的"连心碾"、彭德怀带领军民在上北漳修筑的被当地群众称为"德怀坝"的石坝，都记录了八路军首长与根据地群众心心相连的鱼水之情。实践充分证明，党员领导干部带头是推进各项群众活动的有力手段。

---

① 毛泽东：《毛泽东选集》第2卷，人民出版社1991年版，第426页。

在八年的浴血奋战中,八路军在太行山抗日根据地开展的分散、深入的群众工作,为抗日战争的胜利奠定了坚实的基础。新时期,重温八路军在太行山根据地的群众工作,对于继承和发扬战争年代的光荣革命传统,做好新形势下的群众工作,具有重要意义。

作者简介:

王　超　中共重庆市委党校2012级党史党建专业硕士研究生

谢撼澜　中共重庆市委党校党建部博士、副教授、副主任

群众路线：八路军克敌制胜的法宝

董江爱

中国共产党自成立以来90多年的历程中，群众路线一直是党的生命线和根本工作路线，在八年抗战中，英勇的八路军，在中国共产党的领导下，以马克思主义毛泽东思想为指导，在根据地的政治、经济、文化等各项事业建设中，用实际行动谱写着党和人民群众的血肉联系和骨肉深情。正是中国共产党的正确领导，才使八路军拥有了立于不败之地的群众基础，铸就了共同抵御日军的铁壁铜墙。然而，近期党内存在着形式主义、官僚主义、享乐主义和奢靡之风等脱离群众现象，严重动摇了党的执政基础。为了巩固党的执政地位，中共中央作出了在全党范围内深入开展党的群众路线教育实践活动的决定，并把该活动定位在实现党的十八大目标、保持党的先进性和纯洁性、巩固党的执政基础和执政地位、解决群众反映强烈的突出问题的高度，要求全党同志积极参与，以实际行动密切党群干群关系，取得群众满意的成效。在这一背景下，重温八路军的群众路线工作方法，对扎实推进党的群众路线教育活动意义重大。

一、以党组织建设争取群众

人民群众的拥护和支持是中国共产党争取抗日战争胜利的力量源泉，

中国共产党领导抗日战争的首要职能就是充分动员、组织和武装群众,使抗日战争成为真正的人民战争。正是在这个意义上,邓小平把根据地建设的规律归结为"武装、政权、群众、党四种力量如何联系与配合"①。

(一)以党组织的纯洁性吸引群众

早在毛泽东、彭德怀率领红军抗日先锋军东征期间,随军行动的山西地方工作委员会及其领导的工作队、工作组,就通过建立党组织和大力发展党员等方式,在地处太行山的山西广大农村播下了革命的种子,为山西抗日斗争的开展和敌后抗日根据地的开辟,奠定了群众基础。由此,山西抗日根据地初创时期的党员发展速度非常之快,到中共六届六中全会召开时,山西各地的党员就由抗战前的1200余名增加到4万余名,党组织遍及根据地的抗日武装、群众团体和政权机关中,进而使根据地建设有了坚强的领导核心。

伴随着党员数量的迅速增加,产生了党员思想不纯洁、阶级觉悟不高等问题,造成了党员成分复杂、群众信任度不高等后果,严重影响了群众参军参战的积极性和主动性,影响到党对抗日战争的领导。为此,中共中央指示太行根据地党组织,采取一切办法巩固党、整顿党,保持党的纯洁性,确保党对抗日战争的领导地位。

为了巩固党的领导地位,根据地普遍开展整顿党的基层组织活动。首先,由党组织对党员成分进行慎重审查,先审查各级干部尤其是分委支部干部,通过严密审查,把动摇、投敌和犯有严重错误的干部清理出党,确保党的领导机关掌握在经过考验、忠诚可靠者手里。再审查普通党员,慎

---

① 《邓小平文选》第1卷,人民出版社1994年版,第64页。

重地将混入党内的阶级异己分子、投机分子、敌探、奸细等破坏分子清除出党，劝告那些已经加入党组织但却不遵守党的纪律的党员退党，把立场坚定、敢于斗争、善于联系群众的优秀分子吸收入党，确保党的纯洁性。其次，通过加强马克思主义理论教育，在斗争中选拔积极勇敢的干部充实领导层。健全支部组织生活与各种工作制度，建立支部自身经常的会议汇报与检查制度，开展经常性的批评与自我批评，使支部教育经常化、制度化，并通过支部教育有计划地培养干部。

（二）以党员干部的模范行动影响群众

群众对党的认同和支持，对党群、干群关系的认识，不是根据党章的规定，而是根据党员特别是党员干部的表现来判断的。所以，党员干部必须深入群众组织和群众武装，以自己的模范行动去影响和领导群众。为了争取群众，八路军总部机关的干部带领战士一直在根据地开展拥政爱民工作，使拥政爱民在根据地蔚然成风。

八路军总部机关所在地武乡县砖壁村非常缺水，为了解决群众的吃水困难，朱德总司令亲自勘察地形，选择挖井地址，并带领八路军战士在景沟为村民打了一眼13米深的活水井，在村西掘了一个用于储水的蓄水池，在南沟筑起了蓄水的坝，确保村里的人畜用水。砖壁人民为了牢记共产党和八路军的恩情，把八路军总部为他们打的井、挖的池、打的坝亲切地称为"抗日井"、"八路池"和"军民坝"。从此以后，砖壁村就再也不缺水了。

129师卫生部直属医院驻扎的左会村也是一个严重缺水的村庄，为解决该村的吃水问题，左权将军亲自带领总部指战员，到板山一带找水源。找见水源后，左权将军带领八路军战士在水源地筑砌蓄水池，架设木渡槽，修水渠4华里，克服了很大的困难把水引进村，不仅解决了该村的人畜饮水，而且还在一定程度上为浇田种菜供水。左权将军牺牲后，村民为了纪念左权将军，把当年引进村里的这股泉水命名为"圣人泉"。

在太行根据地遭受百年不遇的严重旱灾期间，中共中央把集中力量救灾度荒作为密切党群关系、巩固根据地、战胜日伪工作的重中之重。在救灾度荒中，机关、部队和学校中的干部、战士、教职员不仅与当地人民同劳动，同生产，还与群众共患难，节衣缩食，救济灾民。机关、部队每天每人减少口粮，以黑豆、米糠、树叶、野菜充饥。为了"保证不饿死一个人"，边区政府还通过拨赈灾款、赈灾粮和组织农民以工代赈、生产救灾等方式，帮助农民渡过困难。如八路军129师的刘伯承师长、邓小平政委，边区政府的杨秀峰主席和薄一波、戎伍胜副主席等党政军首长带领黎城县人民修建了可浇地5000余亩的漳北、漳南的两条水渠。黎城人民为了感谢共产党和八路军的恩情，把在两条水渠上建造的4座石渡槽桥分别命名为小平桥、秀峰桥、伯承桥、省贤桥，镌刻在桥石上，作为党政军民团结救灾的历史见证。

正是由于八路军领导干部模范行动的影响，在根据地形成了"母亲叫儿打东洋、妻子送郎上战场"的群众踊跃参军参战的动人场面。抗战八年间，八路军115师和晋察冀部队由3000余人发展到32万人，120师由8000余人发展到8.5万人，129师由9000余人发展到近30万人。同时，各地的地方武装也迅猛发展，成为重要的抗日武装力量。除此之外，根据地广大人民群众默默地担负着繁重的战勤任务，如抬担架、运物资、带路、送信、抢救伤兵、看护病员等工作，从而使八路军和地方武装的军需供应和战勤服务得到可靠保证，最终使日军陷入了人民战争的汪洋大海之中。

二、以政治上的民主行为团结群众

中国抗日战争不仅是争取民族独立的问题，同时也是争取民主治国的政治尝试。只有正确认识民族独立与民主治国的关系，才能深刻理解抗日根据地上发生的社会变革。为了团结群众、依靠群众，实现中国共产党的统一领导，建立统一政权，中共中央和八路军总部在根据地开展了生动活泼的民主政治建设。

（一）开展"村选"运动

抗战初期，山西抗日根据地的各级政权基本上沿袭阎锡山设立的旧政权形式，严重影响根据地的生存与发展。为了改造旧政权，边区政府颁布"村选"命令，组织村民开展"村选"运动。

首先，党员干部通过各种形式积极宣传动员群众，如组织村剧团、宣传队、歌咏队等，通过戏剧、小品等娱乐方式，形象地对农民进行民主教育，宣传选举对维护农民利益的重要性，让农民知道选上好人会给自己、给国家、给社会带来怎样的好处，动员民众参与村选。为了动员农民参与村选，党的基层干部挨家逐户做工作，一直把工作做到了足不出户的老人和妇女中，使她们成了根据地抗日民主运动的重要力量，不仅自己走出家门参加选举，还动员家人、亲戚、朋友参加。其次，成立专门的选举委员会，举办选举培训班，对农民进行选举技术培训。第三，在选举办法选择上，根据农民文化程度不高、识字不多的现实状况，采取了一些便于操作的选举办法，如（红绿）票选法、画圈法、画杠法、画点法、投豆法、烧洞法、投纸团法等。[①]当时根据地流传着这样一首《选举歌》："金豆豆、银豆豆，豆豆投在碗里头。一颗豆豆一颗心，好人里边选好人。"第四，由农民选举产生正副村长，组成村政委员会。

共产党组织的村选活动激发了根据地农民的参选热潮，得到了根据地

---

① 董江爱：《山西抗日根据地的村政改革》，《党史研究资料》2004年第6期。

农民的广泛支持。以太行、太岳区的村选为例，多数村农民参选率达到85%以上，有的村甚至达到95%。①通过村选活动产生的村政权，基本上改变了阎锡山的旧政权结构，实现了贫苦农民当家做主的愿望。当时据昔阳县29个村统计，新选出的622名村政委员中，雇农占7%，贫农占44%，中农占34%，富农占13%，开明地主和商人各占1%。而且从来不问政治的妇女开始参政，有78名妇女当选村政委员，占村政委员的近13%。②说明村选产生的新政权有了雄厚的群众基础，成了农民利益的真正代表和抗日斗争的组织者。

（二）建立"三三制"政权

抗日根据地的民主政治建设，除了以村选改造农村旧政权外，还通过民主选举产生区级、县级、边区级民意机关，建立区级、县级、边区级抗日政府，由民众选举产生以共产党人担任领导干部的根据地抗日新政权，与以往欺压民众、鱼肉乡里的国民党旧政权有着本质区别，它们是发动、组织根据地农民参与抗日战争的中坚力量。

1940年3月，中共中央发出了《抗日根据地的政权问题》的指示，要求在抗日战争时期，按照"三三制"原则建立民族统一战线的政权，实行一切赞成抗日又赞成民主的几个革命阶级联合起来对汉奸和反动派的民主专政。③"三三制"原则要求根据地各级政府的组成中，共产党员、其他组织的成员和无党派人士各占三分之一。

---

① 王若飞：《我们是怎样在敌后抗日根据地建设起民主主义的政治》，《解放日报》1942年7月7日。

② 王玉圣主编：《太行精神》，人民日报出版社2011年版，第176页。

③《毛泽东选集》第2卷，人民出版社1991年版，第741页。

为了贯彻中共中央的民主精神,边区政府在1940年7月至10月进行了一场大规模的选举建政运动。首先,在根据地97个县1500万人口中进行了普遍动员,使81%的选民参与了各级民意机关和政府机关的选举,完全按照"三三制"原则在根据地建立起民意机关——临时参议会。其次,在成立临时参议会的基础上,筹备召开了临时参议会,选举产生了临时参议会驻会委员和正副议长。临时参议会又按照"三三制"原则选举产生边区政府委员,组建边区政府。第三,审议通过了边区政府的施政纲领及其他条例、法令,从根本上保障根据地人民的人权、财权和地权。第四,按照"三三制"原则对县级和区级政府进行充实调整。

根据地以普选方式和"三三制"原则选举产生的民主政权,是中国共产党领导根据地政权建设的伟大创造,使根据地人民切身感受到了当家做主的尊严,使各抗日阶级内部关系得到了合理调整,使根据地边区政府成了坚强的抗日民主堡垒,为抗日战争的胜利立下了不朽功勋。刘少奇认为,这种新型的民主政权模式"具有新中国雏形的政治意义"[①],是党在政权问题上走向成熟的标志。毛泽东认为,根据地的"三三制"原则对国家政权具有示范效应,"各根据地的模型推广到全国,那时全国就成了新民主主义的共和国"[②]。美国政治学家查默斯·约翰逊也曾对这种政权模式做出了高度评价:"它大体上是廉洁正直的政府,得到很大一部分人民的爱戴。"[③]

[①]《刘少奇选集》上卷,人民出版社1981年版,第225页。
[②]《毛泽东选集》第2卷,人民出版社1991年版,第785页。
[③] [美]查默斯·约翰逊:《农民民族主义与共产党政权:革命中国的出现(1937—1945)》,斯坦福大学出版社1962年英文版,第73页。

三、以经济上的利益保证赢得群众

密切党同人民群众关系是中国共产党不同于其他政党的重要特征,也是中国共产党夺取和巩固政权的基本经验。抗战初期,中共中央就明确指出军队有保卫人民利益的责任,政权有扶持群众运动和照顾群众利益的责任。面对日军对根据地疯狂"扫荡"和经济封锁,再加上自然灾害的沉重打击,中国共产党领导的八路军始终坚持人民利益高于一切,想群众之所想,急群众之所急,采取精兵简政、减租减息、生产自救、厉行节约等措施减轻农民负担,帮助群众解决生产生活中遇到的难题。

(一)精兵简政

在中国抗日战争最困难时期,抗日根据地内部面临着根据地面积不断缩小、人口日益减少,而党、政、军机构却相对臃肿的"鱼大水小"的矛盾,人民负担越来越重。为了解决根据地面临的困难,陕甘宁边区专门召开第二届参议会第一次会议,毛泽东号召共产党人和党外民主人士实行民主合作,希望党外参议员本着知无不言、言无不尽的精神,对抗日根据地渡过困难提出意见和建议。在这一背景下,李鼎铭(时任陕西米脂县参议会会长)等11名参议员、民主人士联名向大会提交了"精兵简政"的提案,建议军事上以兵皆能战、战必能胜为原则,实行精兵主义,加强战斗力,避免老弱病残滥竽充数等现象;政治上以人少事精、胜任职责为原则,实行简政主义,充实政府机构,避免机关庞大,冗员充塞,浪费人力、财力等现象。①

---

① 西北五省区编纂领导小组:《陕甘宁边区抗日民主根据地》(下),中共党史资料出版社1990年版,第100页。

中共中央接受了李鼎铭的建议,并发出一系列指示强力推动根据地的"精兵简政"工作,要求各根据地的党、政机关和民众团体的全部脱产人数力求不超过甚至少于居民总数的3%[①],达到精简、效能、统一、节约和反对官僚主义的目的。各边区政府采取强有力的措施执行中央指示,一是紧缩行政机构,把大批的机关干部充实到连队中,大大提高了工作效率,节省了人力、物力,减轻了人民负担。二是把大量的正规军充实到地方武装中,加强了地方武装的力量,提高了地方武装的独立作战能力。这项改革对于巩固抗日根据地、坚持长期抗战具有重要的政治、经济和军事意义。

(二)减租减息

为了调动各阶层人民尤其是地主阶级的抗日积极性,巩固和扩大抗日民族统一战线,同时,为了进一步组织和依靠农民群众,克服根据地的危机和困难,中共中央将没收地主土地的政策改变为减租减息,号召根据地进行减租减息的经济改革。

中国共产党领导的根据地抗日政府颁布政策法令,规定了地主减租减息的具体标准,组织并发动农民群众与地主进行斗争,维护农民利益。对于地主明减暗不减、收回土地报复佃户或利用农民不识字、不会算账等弱点损害农民利益等行为,党组织领导农民,采取访贫、诉苦等方式,同地主展开说理斗争,迫使地主与农民清理旧债、退还抵押、签订新租约等。减租减息运动在各抗日根据地的普遍开展,进一步调动了广大农民参加抗战和生产的积极性,也说明广大农民群众在党的领导下,真正组织和团结

---

① 中央档案馆:《中共中央文件选集》第13册,中共中央党校出版社1991年版,第264—265页。

起来了,具备了以斗争维护自身利益的能力。同时,佃户依约交租、债户依约付息的做法,进一步缓和了农民和地主的紧张关系,巩固和发展了农村统一战线。

减租减息运动的开展具有非常重要的意义。一是削弱了封建剥削,改善了广大农民生活,激发了农民群众参与抗战的积极性,奠定了根据地战胜困难的坚实基础。也正是在这个意义上,王稼祥认为减租减息政策是边区农村经济发展的最基本的原动力。①二是激发了农民开荒发展生产的热情,极大地解放和提高了农村生产力,促进了生产事业的发展,有力地支援了根据地的长期抗战。三是促使各抗日根据地社会结构发生了深刻变革,广大农民群众被充分发动和组织起来,成为根据地坚持抗战的主体力量,增强了上层人士和开明士绅对抗日民族统一战线的信心,对于抵御敌人全面进攻、争取抗战最终胜利意义重大。减租减息运动不仅把广大农民和地主阶级都调动到了抗日战场上,为抗日战争的胜利奠定了群众基础,而且为解决农民土地问题、完成新民主主义革命的历史任务做了重要准备。

(三)生产自救与厉行节约

为了克服根据地遭遇的严重困难,中共中央对八路军提出了"自己动手、发展生产、改善部队生活、减轻人民负担"的要求,在处理公私关系和军民关系上要求"公私兼顾""军民兼顾",在生产和消费关系上要求努力生产、厉行节约。

为此,太行抗日根据地普遍开展了"不能饿死一个人"的自救互济运动,救灾度荒与发展生产紧密结合的大生产运动。各级党委和政府工作人

---

① 王稼祥:《晋察冀边区的财政经济》,《群众》第9卷,第3、4期合刊。

员，深入群众调查研究，帮助群众解决生产与生活上的困难。其主要做法是：动员军民开展大生产运动，组织和帮助群众计算收支状况，研究增收节支办法，制订"安家计划"，采取贷粮、贷款、扶助群众恢复和兴办水利事业，大搞纺织、运输和家庭副业生产等措施，使生产自救落到实处。

边区政府拨贷款，大力组织和扶持农民群众采取打井挖池、开渠修滩、开荒造地、抢种补种等方式，帮助农民进行生产自救。冀鲁豫部队、机关组织全部畜力到灾区助耕，冀南地区的八路军在耕牛奇缺的条件下帮助当地群众拉犁，被群众称为"光荣的耕牛"。晋冀鲁豫根据地对丧失生产能力和鳏寡孤独的3500余灾民，采取移居、拨款、拨粮等办法重新安置，组织移垦，自给自足。在灭蝗行动中，根据地从边区专署到村一级都设立了灭蝗指挥部，采取领导干部亲自指挥，以报纸、口号、事实教育等方式宣传群众、组织群众，还利用以粮换虫、奖励粮食、树立模范典型等手段，调动群众灭蝗积极性，在根据地掀起了男女老少共同参与灭蝗的高潮。

在帮助农民群众救灾度荒的同时，各野战部队还利用战斗间隙，大力开展各种生产节约活动。在部队内部展开了干部与士兵之间的生产大竞赛，在部队与部队之间也展开了友谊竞赛，互相挑战，掀起了努力生产、共渡难关的热潮。太行军区的部队每人平均开荒3亩多，共开荒8.8万亩，这些土地由伙食单位集体经营，平时由少数人照管，农忙季节则集中人力突击生产。从干部到战士，大都在驻地附近种了小块菜地，养了猪、羊、鸡、兔等。有的单位还开办了榨油、制粉、磨豆腐等作坊，建立了纺线、缝纫、织毛衣、编草帽等合作社。不仅使部队实现了自给自足，还有了一定的剩余用于再生产，对根据地解决困难发挥了重要作用。

中共中央和八路军总部在领导根据地军民开展"生产自救"的活动中，采取组织起来与技术指导并重的原则，建立由干部、劳动英雄和生产能手组成的技术委员会，广泛开展了群众性的技术创造与选种育种活动。一二九师生产部长张克威作为根据地著名的农业教育家和畜牧专家，引进金皇后玉米和169号小麦等美国高产作物品种和北京的西红柿等优良蔬菜品种，全力以赴发展农业生产，还重视发展畜牧、农产品加工和供销社等多种经营，大大促进了根据地的经济繁荣。

共产党领导八路军在努力生产自救的同时，还在消费上厉行节约，其标志就是《滕杨方案》的制定和出台，该方案的全名为《滕参谋长杨副参谋长手订总部伙食单位生产节约方案》，是八路军参谋长滕代远和副参谋长兼八路军后勤部长杨立三在总结后勤部生产节约活动经验的基础上制定的，内容包括积极生产和奖励节约两个部分。"积极生产"部分规定了每个人参加农业生产、手工业生产、副业生产的任务、办法及收益分配标准，鼓励个人参加一切农业、手工业和副业生产活动，多劳多得，个人可以按收益多少参与分红；"奖励节约"部分规定了服装、办公用品、粮、煤、厨房用具、公用物品、牲口用具、生产工具及其他一切公物等方面的节约要求及奖励办法，按规定标准节约的可以提成分红，分红所得归个人自主使用。这一做法较好地处理了生产与分配、积累与消费、集体与个人利益的关系，既提高了后勤部队的生产积极性，又培养了后勤士兵勤俭节约的好习惯，这一做法是马克思主义理论与中国实际结合的光辉典范。

四、以公共性服务发展群众

随着抗日根据地的巩固和发展，抗日文化运动、教育运动、社会建设等事业也随之发展起来，中国共产党领导八路军通过公共事业建设为群众提供服务，提高农民素质，为争取抗日战争的胜利做出了重大贡献。

（一）文艺运动

根据地的文艺运动是在为抗战服务的前提下开展起来的。在抗日救亡的伟大旗帜下,全国各地的文化工作者纷纷奔赴太行抗日根据地,积极投身于伟大的抗战之中,成了抗日根据地的文艺骨干。八路军在敌后开辟抗日根据地的同时,成立各种剧团或宣传队,既有专业剧团,也有部队及地方游击队的宣传队,还有业余的戏剧组织、儿童剧团以及经过改造的旧戏班子等。以农村剧团为例,从抗战爆发到1942年6月,边区村剧团达3277个。各种文艺组织尤其是农村剧团的纷纷成立,充分显示了文艺活动在根据地建设中的强大力量,也充分反映了根据地人民对文化艺术的强烈需求。

共产党八路军把广大文艺工作者组织起来建立起各种文艺组织后,按照根据地建设和抗战的需求创作文艺作品,如提倡科学,宣传真理,反对愚昧无知、迷信落后,抵制和抗击敌人的奴化和反动文化,起到了安民心、鼓士气的作用。各种文艺组织都把迅速及时地反映抗战、服务抗战当作自己的神圣职责,以文艺作品的形式展示了在党的领导下抗日救亡、建立民主政权和社会变革的历史成就,极大地鼓舞了根据地军民的斗志,增强了根据地群众战胜一切困难、夺取最后胜利的信心和决心。

共产党领导的文艺组织深入根据地各地,采取抗战戏剧演出、悬挂宣传标语、绘制抗战漫画等形式组织动员群众,在鼓舞群众气势、提高群众素质等方面发挥了重要作用。抗日民主战士李公朴,在考察了晋察冀边区之后写的《华北敌后——晋察冀》一书中,对边区戏剧作品的创作演出给予高度的赞扬:"'现代化'和'大众化'是边区艺术工作者神圣不可侵犯的原则,不论编戏或演技,都说明边区话剧已走上了中国化的途径。这些文艺作品在观众面前展开的是令人泣下或令人发指的血淋淋的人生和战争的现实……在这里还能看到未来的光明远景和侵略者、反动力量的灭亡。"毛泽东的《在延安文艺座谈会上的讲话》发表后,为人民大众服务就成了文艺工作者的根本方向,也正是因为坚持了这一根本方向,使根据地的文化成为抗日战争的有力战斗武器,从而产生了一大批民族的、科学的、大众的优秀文化作品。

(二)文化教育

在根据地建设中,边区及县区级政府都十分重视文化教育,特别注重组织知识分子发展国民教育,提高农民的文化水平,在农村普遍办起了小学教育,还开展了社会教育,办起了识字班、夜校,使闭塞的小山村迅速活跃起来。社会教育是根据地农村教育中卓有成效的一个组成部分,其主要形式是创办冬学,利用冬季晚饭后的时间,组织农村成年男女集中学习。社会教育除了冬学以外,还有夜校、午校等,政府动员广大农民尤其是青年农民到冬学、夜校、午校中去,到各种群众文化团体中去,教他们识字、读书,教他们学习政治知识、军事知识和生产知识。

为了搞好社会教育,各地设立了社教领导机构,在县以上教育机关设立社教委员会,还因地制宜地实行了切合实际的文化教育政策,"改订学制,废除不必要的课程;创设各类干部学校,培养抗日干部;发展民众教育,组织各种补习学校;开展识字运动、戏剧运动、歌咏运动、体育运动;创办敌前敌后各种地方通俗报纸,提高人民的文化知识与民族觉悟;开办义务的小学教育,以民族精神教育后代"。据统计,太行抗日根据地到1942年共创办冬学4836所,基本上实现了村村有冬学,接受冬学教育的人数高达415 900人。在冬学教育中,还创造出许多好的教育方法,如组织编写通俗易懂的教材、举办农业技术培训班等,对提高农民文化水平发挥了重要作用。

为了发展根据地的文化教育事业,新闻出版事业成为根据地建设的重中之重,各根据地都出版了大量的抗日报纸杂志,如《晋察冀日报》[即后来的《人民日报》(华北版)]、《先锋报》、《新华日报》等,反映抗战,激励民众,是抗日战争的重要力量。彭真曾经指出:"《晋察冀日报》是统一边区人民思想意志和巩固团结其共同抗日的武器,也是边区人民忠实的言论代表和行动指针,它将成为边区文化战线上铁的正规军。"朱德也非常重视出版物对抗战的作用,他认为印刷厂比战场还重要,一个铅字就是一发炮弹,一部印刷机顶得上一个师。

(三)医疗卫生

太行山区在八路军进入之前,卫生条件很差,只有一些地方郎中,几乎没有像样的医院。人们的保健观念也非常落后,得病后不是请神问卦,就是"自生自灭"。八路军挺进太行山后,设立了卫生处,每个卫生处附设一所医院,各旅也都设有卫生队。在此后根据地建设中,八路军不断加强根据地的卫生力量,在为部队提供医疗服务的同时,也为当地百姓看病送药,并不断地向当地百姓宣传科学的医疗卫生知识。

在抗日根据地的严重困难时期,根据地内流行着疟疾和肠道伤寒两种严重的传染病。这两种病的传播速度非常快,对根据地军民的生命和健康构成了严重威胁,能否有效控制传染病的日益蔓延,成了根据地生死存亡的关键。在这一背景下,八路军和抗日民主政府发动根据地内所有的医务人员、地方士绅,组织了防疫委员会及工作队,开展了一场声势浩大的以预防治疗、扑灭疫病为核心的抗日救国卫生运动,组织清扫公共场所,掩埋人畜尸体,喷洒防治病药物,组织巡回医疗队到各地医治疾病,为儿童免费接种疫苗等;同时,还印发了一些通俗的医疗卫生书籍,向群众宣传卫生防疫科学知识,帮助群众破除迷信,破除陋习,终于使疫病得到了有效控制,也使太行人民接受了一次卫生科学知识的普及教育。这次运动使根据地的民众深刻地体会到了有一个健康体魄的重要性,此后,根据地的全民体育运动深入人心。

总之，根据地建设大大增强了中国共产党同根据地人民的血肉联系，使群众更加信任党、信任八路军，这对在极端艰苦的环境下坚持抗战胜利的中国共产党及其领导的八路军有着至关重要的作用。历史经验充分证明：人民群众对党的拥护和支持，取决于他们对党的干部的认识和判断，党员干部的行为是人民群众认识党的最直观、最形象的标志，也是人民群众决定是否跟党走的重要依据。在当代中国，干群关系仍然是我国所有社会阶层关系中最重要的一对关系，党同人民群众血肉联系的性质始终没有改变。但由于少数党员干部的形式主义、享乐主义、官僚主义和奢靡之风，严重损害了党的形象，影响了党群、干群关系，进而严重威胁到党的执政地位。所以，对于中国共产党执政来说，创新和发展群众路线，树立反映时代要求的群众观念，建立和谐的党群、干群关系，锤炼艰苦奋斗的工作作风，已经刻不容缓。

作者简介：

董江爱　山西大学政治与公共管理学院教授

敢叫日月换新天
——二论太行精神论形成和价值

石 雷

中国共产党在领导中国革命的实践中,尤其注重汲取中华民族精神的精华,运用马克思主义的世界观和方法论,实现了马克思主义与中国革命实践的结合。中国共产党赋予了中华民族精神伟大的时代内涵,并在中国革命实践中,使其成为战胜国内外敌人的重要精神武器。本文对太行精神的形成以及发展作一阐述。

一、太行精神中国革命精神的重要组成部分

中华民族的伟大民族精神,具有以爱国主义为核心的多方面的内容,其中包括:精忠报国、团结统一的爱国主义精神。中华民族历来具有深厚的爱国主义传统,国家的统一、民族的团结具有至高无上的地位。中华民族的民族精神,具有巨大的历史震撼力和时空穿透力,永远闪耀着人文精神和理性主义的光辉。

中国革命精神是马克思主义原理同中国革命实践相结合的产物。中华民族的优秀传统文化具有丰富的历史内涵。中国革命精神是对过去优秀传统文化的继承和发展,爱国主义、谦虚谨慎、不骄不躁和艰苦奋斗的革命精神都植根于民族的传统道德之中。在中国共产党夺取政权的28年间,中

国共产党在长期实践中,造就了不同历史阶段各具特征的革命精神,形成了井冈山精神、长征精神、延安精神、太行精神和西柏坡精神等。中国共产党正是依靠不同时期所形成的精神力量,排除万难,把中国革命引向胜利。

井冈山是中国革命的摇篮,它是中国共产党领导建立的第一个红色革命根据地。1928年4月,朱德、陈毅率南昌起义余部与毛泽东领导的秋收起义农民军会师,创建中国工农红军第四军。中国共产党在建立、巩固和发展井冈山革命根据地的斗争实践中体现出来的革命精神,是"星星之火可以燎原"的精神支柱和力量源泉。在中国革命处于低潮的关键历史时刻,中国共产党坚持理论联系实际的原则,把马克思主义与中国革命实践相结合,走"农村包围城市、武装夺取政权"的革命道路,确定党对军队的绝对领导。毛泽东在1928年10月5日发表了题为《政治问题和边界党的任务》的报告,他说:"一国之内,在四周白色政权的包围中,产生一小块或若干小块的红色政权区域,在目前的世界上只有中国有这种事。"[①]革命的理论在实践中得到检验和升华。井冈山精神的核心内容是"坚定信念,艰苦奋斗,实事求是,勇闯新路,依靠群众,勇于胜利"[②]。长征,是中国革命由挫折走向胜利的历史转折点。1934年10月,第五次反"围剿"战争失败后,中国工农红军面临生死存亡的关键时刻。中国工农红军被迫撤离革命根据地,开始了艰难的跋涉。它在一年时间里,转战14个省,克服各种艰难险阻,胜利完成了二万五千里长征,将中国的革命大本营转移到西北。

---

① 《毛泽东选集》第1卷,人民出版社1991年版,第57页。
② 《人民日报》2001年7月1日《以实际行动弘扬太行精神》。

为抗击日本侵略军和中国革命的发展创造了条件。传奇的长征给我们留下了伟大的长征精神,"这种精神,就是把全国人民和中华民族的根本利益看得高于一切,坚定革命的理想和信念,坚信正义事业必然胜利的精神;就是为了救国救民,不怕任何艰难险阻,不惜付出一切牺牲的精神;就是坚持独立自主、实事求是,一切从实际出发的精神;就是顾全大局、严守纪律、紧密团结的精神;就是紧紧依靠人民群众,同人民群众生死相依、患难与共、艰苦奋斗的精神"①。

延安,中国革命的大本营。1936年10月,中国工农红军三大主力会师陕甘。从此,延安就成为中国革命的指挥中枢和战略后方。毛泽东领导和指挥抗日战争和解放战争的过程,也是毛泽东思想逐步成熟的过程。毛泽东完成了关于中国革命的政治路线、军事问题、党建问题、哲学问题等一系列具有代表性的理论建设工作,实现了马克思主义的普遍真理同中国革命实际相结合的第一次历史性飞跃。中共中央和毛泽东面对敌人的军事封锁和经济压迫,领导广大军民开展自己动手、丰衣足食的大生产运动,把荒芜的南泥湾变成了塞北江南,为夺取革命胜利奠定了坚实的基础。延安精神是中国共产党在领导和指挥抗日战争和解放战争的过程中,在领导根据地的政治、经济和文化建设的过程中所形成的革命精神。延安精神的核心内容是"坚定正确的政治方向,解放思想,实事求是的思想路线,全心全意为人民服务的根本宗旨,自力更生、艰苦奋斗的创业精神"②。

---

① 《人民日报》2006年9月20日《长征,迎着民族复兴的曙光》。
② 《人民日报》2002年4月3日《江泽民在陕西考察工作强调:结合新实际弘扬延安精神》。

抗日战争时期,太行老区是华北敌后抗日根据地的中心,是八路军总部所在地,是抗日战争的主要战场之一。英雄的老区人民在党的领导下,为夺取抗日战争的最后胜利进行了不屈不挠的斗争,付出了巨大的民族牺牲,做出了杰出的贡献,谱写了惊天地、泣鬼神的壮丽史诗,用鲜血和生命培育了光耀千秋、彪炳史册的太行精神。"太行精神是在国家和民族处于危亡的关键时刻,中国共产党领导太行儿女展现出的不怕牺牲、不畏艰险的革命英雄精神,是在极其艰苦的条件下展现的百折不挠的艰苦奋斗的精神,是为民族的解放万众一心、敢于胜利的精神,是为人民的利益展现的英勇斗争、无私奉献的精神。"太行精神充分体现了中国共产党是拯救和振兴中华民族的领导核心,是最广大人民根本利益的忠实代表,充分体现了太行儿女的英雄气概,体现了中华民族是不可战胜的伟大民族。

西柏坡是中共中央和毛泽东解放全中国的最后一个农村指挥所。1948年5月26日,毛泽东率中共中央机关移驻到河北省平山县西柏坡村。1949年3月,中共七届二中全会在西柏坡召开。毛泽东提出了"两个务必"的著名论述。中国共产党领导新民主主义取得了全国胜利,而且为实现党的工作重心从农村到城市、从战争到建设的转变提供了条件,为我国从新民主主义向社会主义过渡开辟了道路。党在西柏坡时期的革命实践孕育了以"两个务必"为核心,以"谦虚谨慎、艰苦奋斗;依靠群众、立党为公;与时俱进、科学创新;发扬民主、团结统一"为主要内涵的西柏坡精神。[①]中共中央在这里的辉煌历史和成功经验,铸就了伟大的西柏坡精神。它的基

[①] 王荣丽:《西柏坡精神的当代价值》,中央文献出版社2011年4月版,第12页。

本内涵包括"两个敢于"（敢于斗争、敢于胜利）的革命精神；"两个坚持"（坚持依靠群众、坚持团结统一）的民主精神；"两个善于"（善于破坏旧世界、善于建设新世界）的科学精神；"两个务必"（务必继续地保持谦虚谨慎、不骄不躁的作风，务必继续地保持艰苦奋斗的作风）的进取精神。①

二、中央领导对太行精神的肯定

新中国成立以后,我们党和国家几代领导人始终惦念着为中国革命做出特殊贡献的武乡老区人民。1951年8月20日,毛泽东和党中央派出了以杨秀峰为团长的老区访问团,携带着毛泽东"发扬革命传统,争取更大光荣"的亲笔题词,来武乡老区进行慰问。

改革开放的总设计师邓小平,这位当年第129师的邓政委一生都有着魂牵梦绕的太行情结。1979年9月28日,时任中共中央副主席的邓小平看到呈送给他的筹建八路军纪念馆的请示报告时,他语重心长地指出:"纪念馆不要单纯反映总部首脑机关,要全面再现所有普通八路军将士和各根据地人民的丰功伟绩。"他随后挥毫题写了"八路军太行纪念馆"八个遒劲有力的大字。1982年,武乡县委县政府为了加快老区经济的繁荣与发展,计划修建一条横贯全境的武（乡）墨（镫）铁路时,邓小平当即批示"武乡县是太行老革命根据地"之后,国家计委根据邓小平的批示精神便立项投资,决定兴修武墨铁路。这条铁路的建成,为武乡老区经济的全面腾飞,插上了金色的翅膀。

2001年8月20日,时任中共中央总书记、国家主席、中央军委主席的江泽民和随行的中央政治局候补委员、中央书记处书记、中组部部长曾

---

① 谢忠厚:《历史转折之魂——西柏坡精神》,河北教育出版社1999年版,第3页。

庆红，在山西省委书记田成平等的陪同下，专程到武乡县参观了八路军太行纪念馆和八路军总部王家峪旧址，会见了当地的老党员、老模范代表，走访了王家峪村郝贵红家。在八路军总部王家峪旧址，江泽民挥毫题词："发扬老八路光荣传统，为中华民族的伟大复兴而奋斗"。

2005年7月29日，在纪念中国人民抗日战争胜利60周年之际，中共中央总书记、国家主席、中央军委主席胡锦涛专程参观了八路军太行纪念馆和八路军总部王家峪旧址。他仔细观看了"太行精神光照千秋"大型主题展览，深情瞻仰了邓小平、刘少奇、彭德怀、刘伯承、左权等老一辈革命家的旧居，亲切会见了武乡县抗日老战士、老民兵、老支前模范代表。他强调："抗日战争胜利60周年了。但是，中华民族在这场斗争中表现出来的伟大民族精神，是永远激励我们奋勇前进的强大力量。今天，我们仍然要继承光荣传统，弘扬民族精神，发愤图强，开拓进取，为全面建设小康社会，实现中华民族的伟大复兴团结奋斗。"

新中国成立以来，毛泽东亲自派出访问团慰问武乡，邓小平亲笔为八路军太行纪念馆题写馆名，先后有30多位党和国家领导人到武乡视察。江泽民、胡锦涛、曾庆红、李长春、习近平等5位中央政治局常委先后亲临武乡，缅怀革命先烈，看望老八路，给老区人民以巨大的鼓舞。

"太行精神千秋耀，老区精神万代传。武乡作为全国著名的革命老区，实现转型发展，必须充分发挥独特的红色资源优势，大力弘扬太行精神，做强做大八路军文化产业，以此来带动特色农业产业化、工业经济循环化、第三产业规模化的发展。太行精神是推动革命老区科学发展的强大动力。崛起的武乡革命老区正以崭新的姿态，迎接新的挑战，铸就新的辉煌。只要我们高举邓小平理论和'三个代表'重要思想的伟大旗帜，在以胡锦涛为总书记的党中央领导下，践行科学发展观，发扬'一争天下无难事'

的武乡老区精神,开拓创新,努力奋进,加快老区经济和社会各项事业转型发展、跨越发展的步伐,老区的明天会更加美好!"①

1949年3月,毛泽东在中国共产党于西柏坡召开的七届二中全会上提出了"务必使同志们继续地保持谦虚、谨慎、不骄、不躁的作风,务必使同志们继续地保持艰苦奋斗的作风"这一著名论断。1991年9月21日,江泽民专程来到西柏坡,要求全党"牢记'两个务必',建设有中国特色的社会主义"。2002年12月7日党的十六大闭幕不久,胡锦涛带领中央书记处的同志到西柏坡学习考察,回顾我们党领导人民进行革命斗争的历史,重温毛泽东同志在党的七届二中全会上的讲话,特别是关于"两个务必"的教导,结合新形势给全党进行了一次深刻的党性党风教育。

在中国共产党成立92周年前夕,2013年6月25日下午中共中央政治局就中国特色社会主义理论和实践进行第七次集体学习。中共中央总书记习近平在主持学习时强调,历史是最好的教科书,学习党史、国史,是坚持和发展中国特色社会主义,把党和国家各项事业继续推向前进的必修课。这门功课不仅必修,而且必须修好。要继续加强对党史、国史的学习,在对历史的深入思考中做好现实工作、更好地走向未来,不断交出坚持和发展中国特色社会主义的合格答卷。

2013年7月11日下午,习总书记在西柏坡纪念馆就解决"三农"问题谈了自己的一些思考。"一不祝寿,二不送礼,三少敬酒……"七届二中全会根据毛泽东提议曾做出六条重要规定。在这一展牌前,总书记长时

---

① 山西省武乡县老区建设促进会编:《武乡革命老区》,中共党史出版社2010年9月版,第2页。

间停留,对六条规定的内容逐条进行分析:哪条现在坚持得比较好,哪条做得还不够……总书记深情地谈到陕北早年的艰苦条件,对革命先辈艰苦奋斗的精神充满崇敬。"总书记对西柏坡革命史、西柏坡精神的挖掘和传播工作非常关心。"临别时,总书记特意与纪念馆工作人员合影,他勉励大家,你们是讲解员也是文工团,工作很了不起,很光荣,很有意义。一定要以历史为依据,挖掘内涵,创新形式,把西柏坡精神传播好。在纪念馆随后举行的座谈会上,大家重温总书记参观时的讲话精神,备受鼓舞。总书记强调,中国革命历史是最好的营养剂。

新的时代条件下,太行精神具有多方面的现实意义和时代价值。我们一定要牢记责任,打好太行精神研究、宣教转型、景区融合等的攻坚战,把西柏坡精神传播到千家万户。要充分发掘和运用太行精神的时代价值,使太行精神不断在全面建设小康社会和振兴中华的进程中发挥更大的作用。

作者简介:

  石 雷 中共中央党史研究室研究员

进行政治军事经济文化一元化的对敌斗争
——刘伯承与抗战时期八路军文化建设

宋毅军

没有文化的军队是愚蠢的军队,而愚蠢的军队是不能战胜敌人的。毛泽东的这段至理名言至今仍然是我们人民军队建设的重要指导原则。作为人民军队的创建人之一,共和国开国元帅,军事家、军事教育家刘伯承,从红军时期到新中国建立以后,都十分重视军队文化教育工作,他提出并身体力行地进行军队政治和文化教育工作。笔者作为《刘伯承年谱》编撰者之一、《刘伯承年谱》专家评审组组长,参与了"年谱"的一些工作。本文主要根据刘伯承在1938年7月19日,为适应当时部队教育需要而写的《现在要确定或恢复的教育工作》[1]一文,结合他在抗战时期其他文章中的论述,梳理、阐明他关于八路军文化建设的思想和

---

[1] 八路军第129师司令部军事研究会于1938年10月29日将此文编入刘伯承所著《我们在抗战中军队建设》一书。作者说明:这一篇文字是适应目前教育的需要写出的,因为各部队所处情况不一致,教育情形进展也不一致,各兵团、各部队首长当能依照这一篇文字的基本意旨参酌实际情况去运用。见《刘伯承军事文选》(内部资料一),军事科学出版社2010年10月版,第165—169页。

观点。

一、必须确定或恢复八路军政治军事文化教育,以加强本身的建设与提高战斗力

早在全面抗战爆发前夕,刘伯承等就于1937年4月5日对红军部队(当时叫援西军)执行红军前敌总指挥部下发的教育计划提出建议:一是红军教育无论在军事或政治上都要提出日本是我们的作战对象。二是根据红军特质及可能达到的技术条件、地理等,西北出版并编印军事政治的教材,"实际统一政治意志及军事行动"。三是我们在教育初期,"很多感觉武装头脑比武装手足要紧"。除早操及诊断时间的识字不计外,拟每日军事、政治各两小时。四是请先发给我们军事的特别是政治文化的教材。①为什么刘伯承这样地提出建议呢?

原来,援西军也是后来改编的八路军第129师,其主体是当时英勇善战的红四方面军。1937年7月抗日战争全面爆发以后,第129师在10个月抗战中,特别是现有兵力分布于河南、河北、山东、山西四省地境作战,本身壮大了,但是原有的教育实施,却又大半松懈与废弛了,这的确是一个不可容许的现象。刘伯承认为,为了加强本身的建设与提高战斗力起见,必须把教育工作确定或恢复过来,进行政治军事文化教育,并具体分析了原因。

1. 由于第129师的干部成分,59%是农民,25%是小资产阶级知识分子,无产阶级成分只有7%,其他非无产阶级分子如按照社会成分来说,是

---

① 参见《刘伯承军事文选》(内部资料一),军事科学出版社2010年10月版,第104页。

小私有者。虽然他们进到革命队伍中来，都有了比较大的进步，但还是不够快的。队伍成分适合于自由主义发展。干部团结得还不够完善，农民干部与知识分子干部还不能完全融洽，不能互相发扬长处克服短处。我们对农民的狭隘思想进行了斗争，有着很大进步，但是格格不入的现象还未消除。一些农民干部只看到"知识分子最无知识"，而知识分子干部则偏指老干部知识不够。

2. 由于张国焘领导红四方面军时不施以教育而是采取愚民的"捧、弓、轰"的干部政策。干部经他"捧"，就"弓"（无条件服从）起来，不听他招呼，就会遭受各种"轰轰烈烈"的打击。他是要干部团结在他一个人周围而不是团结于党周围，就是不以党为团结核心。当时地方与军队关系不好，在达县有部队团长不仅打了县委书记而且还要手工钱，在巴东时军队在前边打仗，后边群众有的把桥都拆了，不以支持。他不讲纪律，乱打人乱杀人。愚民政策下，部分干部很少受到党的教育。

3. 由于今天是更困难的斗争，我们应当注意团结，应当防止敌人挑拨。国民党考察团在侦察党与红军空隙，还进行挑拨离间。如见着四川同志问，四川人既这样多，为什么听鄂豫皖人？见着鄂豫皖的同志问，为什么红四方面军由刘伯承统率，而不是由徐向前统率？并说朱毛派有干部来，在被俘的西路军中已发生四川人与鄂豫皖人的严重冲突。

4. 由于部队部分指战员中存在着自由主义。自由主义发展就表明我们的进步还不够。表现在困难时右倾动摇，所以给了敌人挑拨的空隙。还有许多人各顾各，以自私自利的人生观来看问题，不以马克思主义观点，不从阶级关系着眼。对破坏分子的言论同情、不揭破，将整个革命利益与个人利益对立起来。

那么，怎样解决上述实际问题呢？针对参加抗战新形势下，第129师指战员特别是各级指挥员的实际情况,刘伯承于1942年10月15日在讨论《中央关于对待原四方面军干部态度问题的指示》时的总结发言中提出:"德才资是干部政策的尺度,是干部自修的标准,是革命和党所需要的。""德,即是对革命人生观的忠实行动;才,即是加强业务学习与教育,将工作做好,在工农干部来说就要学习文化;资,是资望而不仅是资格,是与群众的联系和在群众中的资望。"

为了使广大干部团结在党的周围,刘伯承认为,应当"先从工农干部与知识分子干部进一步融洽做起","要进一步来改善我们的团结,使工农干部与知识分子干部完全融洽起来,格格不入的现象必须消除。要进一步地配好干部,促使他们互相帮助"。①如知识分子干部在理论联系实际方面不进步,就要责问共同工作的老干部;同样,老干部文化水平不提高,就要问知识分子干部为什么不教他学习。以此来加快我们的进步,加强团结,渡过难关,迎接胜利。因为我党已成为全国性的大政党,有着大批农民、知识分子,现在的问题在于如何去做。

刘伯承在太行军区扩大会议上的讲话中关于太行军区的建设与作战问题指出:干部关心战士,战士爱护干部,是我们党和军队的特点。各部同志在工作中,"要从全面看问题,不从本身一点着想,互相谅解,不要猜疑,以共产主义来改造知识分子意气与农民狭隘的意识"②。对干部赏罚

---

① 《刘伯承军事文选》(内部资料一),军事科学出版社2010年10月版,第515页。

② 《刘伯承军事文选》(内部资料一),军事科学出版社2010年10月版,第367页。

要分明，特别重在教育说服方面，反对打击的办法。只有不仅在思想上，而且在组织上、政治上、文化上执行党的指示，才能在党中央、毛泽东同志的旗帜下继续前进！①

二、必须树立进行教育实施的各种观念，确定教育实施要与战斗活动相配合

我们对敌斗争与武装建设中最大的经验教训是什么？刘伯承于1944年4月30日在延安时提出：敌我斗争不仅斗力，更主要是斗智。因为敌我双方都有坚强的指挥能力，都有政治的敏感，特别要警觉日寇狡黠，富有统治殖民地的经验，尤其是特务政策的经验。"我们善于总结经验，研究敌情，提出新的对策；敌人也善于研究我们，接受经验，不断研究其方略，尤其是里应外合的谋略。所以，敌我斗争，不仅是军事力量的比赛，而且是政治、经济、文化全部力量的决斗。不仅斗力，更主要的是斗智。"②今后敌我斗争，将进入到更有计划，更有组织，更巧妙而尖锐的地步，因此，我们必须经常兢兢业业地根据中央的方针，实事求是，发扬我们的战斗力，尤其是智力。

（一）我军的政治教育就是党领导抗战胜利的中心工作之一

尤其是本师党内无产阶级的思想基础至今还是薄弱，为担负起民族解放的重大使命，在党内深入马列主义的教育表现得越来越重要。"党的工作原是政治工作的核心，是部队巩固的胶力和防腐剂，是部队活动的发动

---

① 《刘伯承军事文选》（内部资料一），军事科学出版社2010年10月版，第516页。

② 《刘伯承军事文选》（内部资料一），军事科学出版社2010年10月版，第187页。

机。"①他号召，各兵团各部队要首先执行集总与本师近来的政治命令，健全政治组织与工作，特别加强党对于一切工作的领导，首先要注意对干部的教育、政治生活与意识锻炼。有了队列和政治工作特别是党的工作做基础，才能进行其他的军队建设。

第一，政治训练，目标是团结奋斗，争取胜利

当时，第129师散驻四省，扩充了新的成分，急需教育建设，图书室文化娱乐的设施也需要迅速完备起来。但是，个别部队还没有认识到深入进行政治文化教育的重要性，或者"拉杂图多"，或者"敷衍塞责"，甚至或放弃一切可以利用的时间"率性不教"，这特别表现在轻视干部教育，结果不但影响取得必要的成绩，而且因缺乏教育而发生些堕落现象。对此，刘伯承号召：第八路军是由民众政治斗争所产生的武装组织，必须大家经常认识共同斗争的政治目标及其斗争的方法。从各方面，"特别从政治理论上，使大家清楚认识这一政治目标及其斗争方法，发生信心，负责斗争，这就是政治教育的任务。也只有在政治教育上完成了这一任务，才说得上团结奋斗，争取胜利"②。

为此，部队的政治工作是：（1）使部队成为阶级团结的党军，成为民族解放的模范军队，防止日军特务机关、汉奸、叛徒、顽固分子在"防共""限共"诱降的阴谋下渗入内部，或利用地域不同的封建观念，或利用先后入伍的生活未洽，或利用工作某些弱点，挑拨瓦解。（2）以90%的工农

---

① 《刘伯承军事文选》（内部资料一），军事科学出版社2010年10月版，第552页。
② 《刘伯承军事文选》（内部资料一），军事科学出版社2010年10月版，第187—188页。

为核心,团结全民族打法西斯,求得民族解放、阶级解放的观点,来启发每一位战士的政治责任心、战斗情绪,以为巩固根据地而积极战斗,并以此提高战术与技术的训练,首先看重于趋利(袭敌)避害(不被敌袭)的机动训练。(3)要人人认识自己是抗战民众的模范战士,要坚持纪律好,爱护民众利益,尤其要宣传组织民众与日军斗争,以巩固根据地,求得解放。(4)要说明日军掠夺"以战养战"、封锁与倾销逼我降服阴谋,提高生产与节省运动,以改善军民同命的生活,巩固根据地。①总之,政治工作首先是"提高政治委员制度的威信"。"干部培养要提高其文化,文化不提高是痛苦的,特别要从政治责任心上做模范,技术上做模范。"②

第二,教育训练,目的是培养部队战斗力

首先,关于教育管理机关。队务训练虽然开展两年,但未能扎实工作。教育研究会取得了比较好的成绩,但又陷于停止地步。因此,准备在团级组织军事政治研究会分组,提出教育计划,教材编审,教育准备会等工作;在旅级组织编审委员会,依托团研究会;在师级也设编审委员会,编委会目前工作是:为保证军队秩序,内务条例特别是条例立刻要编出,纪律与刑法条令也必须立刻做出,最好写个陆军法规。还要由师级办以抗日战场为军政教育的刊物。并整理教育的教授方法。

其次,关于教育制度。"进行干部教育与部队教育,中心是干部教育,一切教育要经过干部。"一定要抓住头,否则必"滑头"。集总决定抗大是

---

① 《刘伯承军事文选》(内部资料一),军事科学出版社2010年10月版,第262—263页。

② 《刘伯承军事文选》(内部资料一),军事科学出版社2010年10月版,第291—293页。

本区军事最高学府,并办炮兵、工兵、机枪、通讯等特种课目训练班和参谋工作班。过去,随军学校毕业了6000多名学生,但仅仅是连排干部,营以上没有进行教育,形成上小下大。所以,以后轮训要发展上层教育,基本教育时间要长些,每回只教一个中心。凡是团级干部送党校,营级在师,旅轮训连排干部,团办教导队。轮训干部虽然使部队工作暂时有损失,但从长远来看,我们应估计其有相当大的作用。将来每旅担任各分区工作以后,"要加强对地方干部教育,特别是野战军对地方游击队的教育,应息息关心进行"。形成规模,计划求统一。

在职教育着重于时事教育及文化水平的提高。文化教育着重识字,能识3000字以上,才能进行算术与自然学习。学校着重于基本问题,轮训求得两者之衔接与弥补,如准备专门轮训参谋和司务长。各旅军政教导队吸收知识分子,因为本师特别缺乏知识分子,"如无知识分子,本师将永远成为落后者"。

最后,关于训练课目。军事教育战术重要,军纪教练要紧,中心内容是战术,但求整齐严肃有极大作用。此外,通讯、卫生、供给教育,一般是属于后勤部门的训练。政治工作首先是"提高政治委员制度的威信"。"干部培养要提高其文化,文化不提高是痛苦的,特别要从政治责任心上做模范,技术上做模范。"①

第三,宣传训练,这是针对敌人对我们的腐蚀

其一,开展思想准备工作,思想准备是针对敌人腐蚀我们的思想战而

---

① 《刘伯承军事文选》(内部资料一),军事科学出版社2010年10月版,第291—293页。

进行的强烈战斗。必须把文总工作开展起来，使之参加民兵教育，青年救国会更应与文总抓紧青年教育，野战军应依照军分区对民兵、营兵的教育计划帮助教育，尤其是巡回教育，对教育民兵非常适合。一切宣传教材属于民兵者由动员武装部门供给，属于营兵者由师政宣传教育部负责供给。

其二，开展干部教育。"干部决定一切，故教育重点应放在干部教育上面。"无论在军事上或政治上，都应经常注意培养其战斗的组织性、主动性、泼辣性与顽强性，发扬党军的良好作风。"教育内容要注意政策教育，要注重对干部顽强性的培养，警觉性的提高，使其在今后斗争的困难局面下，不低头也不麻木，起其决定的作用。"干部轮训要开始建立一定规模，先从军区、军分区建立起，给下层作模范。同时要为下层培养与配备教育干部。"如学校无坚强的教育干部，是无法实现教育计划的。"下层的轮训队，最好先在军区、军分区一起办一次，使规模建立后再归还建制。

其三，军事训练。军分区、各县训练部门应按时搜集整理游击战争经验。如最近青年抗日先锋队在战斗中编成歌的经验就好得很，应编成教材实地演习。要教地方部队爱护武器，要培养特等射手，造就一枪一敌的神枪手。麻雀战，除政治坚定、地形熟悉外，就靠射击准确。《刺杀教练》一书，军分区要拿去教育，家家户户练习，成为风尚。地雷战，要做到像赣东北那样有力而普遍地打击敌人。①

（二）军队与民众密切联系，是对军队进行活的政治教育

"民众原是军人的母胎，必须使他们密切联系，痛痒相关，才合乎政

---

① 《刘伯承军事文选》（内部资料一），军事科学出版社2010年10月版，第265—266页。

治的健康",如要反对侵犯民众利益的行为,就要先反对把军民割裂开并对立起来的观念。与此同时,还必须进行宣传工作:宣布日军罪状,激起抗战,并与减少租息、改善生活联系起来;宣传党与八路军抗战主张与战绩,特别今后与山西华北人民共生死,打日本,不退过黄河;捉杀汉奸,首先是维持会的人,并散发其财产于抗军家属及劳苦民众,要造成广大群众运动。①

在日本强盗发动的侵略战争中,为保卫自己身家性命,不脱离生产的民众,自编组成的自卫队,在实战环境中,他们按期过着集体军事生活。在政治文化娱乐上,得着民族革命主义的指明抗战胜利前途、揭发敌人欺骗阴谋的教育;在军事上,则教以使用新旧武器(刀、矛、棍、土枪、地雷、新式枪、手榴弹等)的技术和夺取敌人武器的方法,以及伏击、袭击敌人,破坏道路,侦察敌情,和本身执行任务的一切必要动作。经过实际环境中锻炼成为一切游击队及一切基干队扩充的源泉,同时也是动员供给抗战资财的源泉。②

刘伯承在规定抗日游击队四个基本任务第一项组织全民族的抗战时就强调:到处宣传日本强盗灭亡中国的毒计暴行,提出并实现《抗日救国十大纲领》,以及当前群众斗争的口号。特别要表现本身忠实于民族解放,收复失地,与华北、山西人民共生死同奋斗的模范行动。

---

① 《刘伯承军事文选》(内部资料一),军事科学出版社2010年10月版,第113—114页。

② 《刘伯承军事文选》(内部资料一),军事科学出版社2010年10月版,第118页。

对敌人宣传取得效果。日本强盗屡次派相当大兵力，突然分进合击游击队，企图消灭它，终未成功。相反地，游击战争长期包围并恐吓了日军。敌惊叹："行踪飘忽，出没无常，我前进则彼逃散，我停止则彼出现"，"在广大之中国，到处流窜，不能使作城下之盟"。表现出对于持久性的游击战争的忧虑。榆次曾发现日军中有一兵士，在地上画一圆圈，自己站在中间，表示其被游击战争包围，不能回家的苦况。日本侵略军要立刻占领中国重要区域，"解决中日战争"。事实上抗战并未在日军所预定的日期使中国降服，国内反战运动发展，国际和平战线进步的团结，迫使其在中国民众中散布所谓"中日亲善"、"东亚和平"，同时准备继续进行更大的侵略战争。

刘伯承特别强调了民兵工作，指出：

第一，关于在民兵中系统宣传八路军的光荣传统及其英勇战绩、斗争故事。野战军每到一地应与军分区的营兵、民兵联欢，组织他们参观，以吸引其踊跃参加正规军。所以，在民兵中提出开展政治工作也是十分必要的。具体而言，怎样进一步做好民兵工作呢？刘伯承在民兵工作会议上讲演时指出：首先，要了解民兵是半军事半群众的组织，打仗与生产，战斗力与劳动力结合，在组织上是结合的，政治工作不同于野战军，与地方军结合，有独立的一套，又要保证打仗又要保证生产。其次，民兵政治要有总的口号，这就是"巩固根据地，敌区群众工作及敌伪军工作"相联系。这口号有许多具体政策，民兵实际活动是与这些口号与政策密切接触与结合的。这点上敌人也在作"不杀武安人，光杀黎城人"。另外，发扬优良传统，在教育上从抗战开始到百团大战，"保家保国"光荣传统发扬到抗战胜利以后。只有发扬好的，才可压倒坏的。

第二，关于人民武装民兵的服务及教育。刘伯承认为，对民兵的教育，要根据总的任务即进行思想准备教育和现实教育。"思想准备教育要着重前途教育，发扬光荣传统，鼓励参军热忱，及自己在反攻中的责任，在反攻中发挥大的作用。"这个教育要经常，而不单指内容占得多。主要的是现实教育。加强任务教育，规定教育时间，节省民力的具体办法，根据时间决定内容，现实教材内容本质不多，着重政治工作与军事工作方面，要少而精，抓住现实。有些教育已过时了，斗争有了新的形式，要加入新的内容支配教材。工作要增加实际内容，将交通斗争、秘密工作与武装斗争联系起来。民兵的政治军事教育多。政治工作要添加实际内容，实际化起来就可以。军事教育特别注意使用武器问题。学习时间，主要在自习，熟能生巧。关于进行教育需要的干部，我们的指挥员、政工人员就是教员，必须经过他们对民兵实行教育。要注意编教材，组织巡回训练组，分区也组织巡回教育，建立联系制度。①

第三，关于民兵抓紧政治攻势和业务学习。1942年10月10日，刘伯承在人民武装干部测验大会上的讲话中提出："如果说人民武装是一面打仗，一面生产，政治工作就应当根据这个特点去做。"②过去政治工作是有成绩的，能够在斗争中指出前途，掌握情绪，这是我们的成果。今后发扬的方向是政治攻势和业务学习。政治攻势要深入到敌占区去，敌人要来"扫荡"，我们就在其腹心地区进行这一工作，以争取敌伪军，解放民夫，给以抗日教育。每个人民武装人员，不但要成为打仗的战士，而且要成为

---

①《刘伯承军事文选》（内部资料一），军事科学出版社2010年10月版，第427—429页。

②《刘伯承军事文选》（内部资料一），军事科学出版社2010年10月版，第507页。

一个宣传者和组织者。一定不要忘记敌伪军、民夫工作，认清一条标语和传单等于一粒子弹，敌人是非常害怕我们的宣传品的。因此，在反"扫荡"中，在反蚕食斗争中，千万不要忘记政治攻势这一工作。①

（三）教育实施要与战斗活动相配合

刘伯承认为，我们的历史就是从民运到军队的建设与使用，是一手干到底的，也就是说，兼了武力的蓄积与使用的两重作用。因为"战斗必须教育"，"战斗就是教育"，"我们必须利用战斗间隙或轮班整训中研究实战的经验教训，并扩充以当前必要的基本学术，这样的教育实施，必然是与战斗活动相配合，必然是理论与实际打成一片"。我们要把战斗部队和工作人员尽可能地轮番教练也就是这个道理。有人说"打仗不能教育"，把打仗与教育对立起来是不对的。我军整体就是一个大的学校，各级干部也都是教员，他们担任的课目，也就是他们职内所需要的学术，这样正是提高他们本身工作的能力，即使某些干部开始不能教育，暂时要人帮助一下，也必须使他们由见习到能自己干，切不可抛开他们进行教育，使他们失去统率能力。文化是深造军事政治学识的工具。文化课时间短，而目的在培养各人自修与笔记的能力。

三、必须确定军事政治文化教育的重点和实施方法，抓住重点行之有效

关于教育训练，刘伯承在八路军第129师政治部召开的党的活动分子会议上所做的报告中，亲自规定了教育的方针、组织、时间、方法。他认为，教育重心要放在干部教育、教育干部上面。

---

① 《刘伯承军事文选》（内部资料一），军事科学出版社2010年10月版，第507—508页。

（一）教育方针

（1）军事着重于现实的抗日战术与技术，力求其进展，而不是制式教练。（2）政治重在接受马列主义教育，深入无产阶级意识锻炼，保持党在思想上、政治上、组织上的独立性，发扬革命传统，坚持统一战线与正确认识实施三民主义。（3）文字重在通顺，取得深造政治、军事的锁钥。先要求连排级干部识1000字，营团级干部识3000字，然后学算术、自然。各级干部应当作严重的战斗任务来完成。

（二）教育组织

（1）首先经教育部（党总支）、训练科确实掌理全部教育行政系统，不断地进行收集经验，整理教材；上干部课；开教育准备会。（2）教育机关：一是师随营学校附设军事训练干部班较长期的教育，着重于基本教育。二是师、旅、团轮流训练队，师轮训团营级干部两个月，旅轮训连排级干部一个月，团轮训班长、小组长半个月。一般地着重于基本理论、中心问题的训练，如中国革命运动史、列宁主义概论、党的建设及联共党简史之类。旅教导队在无力时不办。（3）在职干部的教育，高级干部自修，中初级干部着重于应用战术、时事问题与提高文化。全体干部参加党的工作，普遍依程度组织学习组。"无论军、政、文的学习，都由政治部指定一人专任组长"，尽可能求得以政治首长当组长，教育干部当副组长，以便保证原定特别小组由学习一门改为学习、督促、检查。

（三）在职干部教育班次和时间

（1）一般是排连干部到营上课，营团干部到团上课，旅也可以召集营以上干部上课或与靠近之团一起上课。（2）上课时间：各级干部每天一小时文化课，党日则上党课，这是固定的课程。每星期排连干部可上军、政课三次，营团可上军、政课两次，每次各两小时。

(四)教授方法

(1)教军事课:初级干部应着重于实地演习,先讲大概,接着实做,然后讲评,小动作也可用沙盘作业。上级干部可在讲战术原则后,拟出想定,现地作业。现地作业一般是用集团决心(又名分组上课),有时也可用固位决心(又名军事游戏)。为要在短时间教很多内容起见,教员对程度高者做报告,如可能时并付讨论,或者先令学生看书,临时指定人做报告,大家讨论,报告人做结论,最后由教员做总结。(2)教政治课:初级干部特别是战士上课,每课只讲两三项,开始讲第一项,应先讲原则,接着举例运用此项原则,指定二三人解答,然后归到先讲之原则做一结束后,再及其他项。上级干部则一般是看书、做笔记与讨论,也有如教军事课用报告办法的。(3)教文字课:要朗声认读,要切实解释,要清楚写字,要灵活运用。①

刘伯承还就军事教育、政治教育以及文化娱乐教育,亲自作了具体规定。

第一,关于军事教育。课目重点:军事教育着重于战术与射击。战术着重在奔袭、遭遇战斗和夜间动作;射击着重在举枪、瞄准和击发。因此,教育的人员、教材和时间,都要抓着这些重点。实施方法:军事主要是用实际演习、现地战术和沙盘作业。这些都要预拟想定,简单说明每一原则,根据使用这一原则,加以结论。

为此,刘伯承把军事教育具体分作四项:(1)战术课,约占军事课全部时间的50%。本师半年来的战术教材是教授集总的战术指示、游击队动作和讲演预定的战术动作、战前战后检查的战术结论。这种最切

---

① 《刘伯承军事文选》(内部资料一),军事科学出版社2010年10月版,第254—255页。

实际应用的战术教材是必需的,以后还要在刊物上扩充这种教材的内容。今后的办法,应该在这些最切实际应用的教材教了以后,就要有系统地进行基本原则的战术教育。当然,在这里必需抓紧当前战斗需要的重点而融通之。(2)射击与兵器课,约占军事课全部时间的30%。射击、刺杀、投手榴弹,是部队必须非常熟练的基本技术。教材则用射击与兵器,射击教范,劈刺教范,手榴弹教范(关于枪榴弹则略述其性能就够了)。这几个课目,各级指挥员,尤其是营长以下的指挥员自学与教人都须熟练。班长战士则当看成是吃饭穿衣样的日需事项,丝毫不放松地经常操练,并辅之以图解。防空防毒战车,各级指挥员应依据本师发下的教材,先要自学清楚,即教部队演习熟练。(3)地形与土工课,约占军事课全部时间的12%。地形的识别与利用,步兵的各种掩体及在各种情况的伪装,也是要依本师发下的教材,先由干部自学跟即训练部队,但是干部要深一步地兼学习简易测绘、伪装常识、步兵工作教范。(4)军队的组织和管理课,约占军事课全部时间的8%。我军内务条令、纪律条令,先由干部研究向部队上课,主要是随时随地监察实施。但干部还要进一步地兼学习军队组织供给勤务、卫生勤务。我们为解答政治任务而作战,为要作"损害小而胜利大"而战,就要一步进一步地学习技术与战术,以使战术原则的见解一致和各部队的动作协同。各部队在实战经验中锻炼要抓紧,在抽出战斗间歇中的休整时间或轮班行动,腾出某部的休整时间来进行教育,加强战斗力,又是要紧的事。"长期抗战,日益向胜利方向前进的抗战,不从军事教育方面加速军队正规化的进度是不行的。"①

---

① 《刘伯承军事文选》(内部资料一),军事科学出版社2010年10月版,第188—189页。

第二,关于政治教育。课目重点:政治教育当着重于统一战线与党的建设。而统一战线更着重于战胜日寇的前途、本身的立场、对待友党友军的原则和实现独立自由幸福的新中国。党的建设则着重于布尔什维克党的基本原则、党员的责任与思想斗争。政治常识则着重于无产阶级与社会主义、民族问题与农民问题。实施方法:主要每次上课提出两三个要点,首先简单说明其原则,现在要确定或恢复的教育工作说明其原则,接着举例(少打比喻),令二三战士运用原则做出结论,然后再于其他要点,最后在课完时,把要点做一总结,并连题目交各学习组长按天组织讨论自习。

第三,文化娱乐教育。课目要点:文化包括文学、算术、地理、自然、常识等,文化则应着重于识字,其次算术。娱乐包括唱歌、游戏、音乐、演剧等,则应着重于唱歌、游戏,这些不过略为举例而已。实施方法:一是干部文化课分两组,各设组长,能看简单文件的属甲组,着重指导其自读书报与做工作日记;其他粗识文字的就属乙组,着重教识字连句,也写简要的工作日记。这些工作日记,连排长的每晚要交营级干部检查签字。营团级干部的每星期六要交团级首长检查签字。二是战士(班长在内)文化课仍在连队内按程度分三组,各设组长教文字课,使其能读、能解、能写、能用,由连队文化干事每日检查。三是关于算术、地理、自然、常识等课只分干部与战士两班上课,对于落后者,由学习组长帮助之,必要时也可照文字课一样分组。

四、必须确定整顿教育的组织和工作,按照基本精神,根据实际情况去运用

(一)刘伯承强调,必须要做好教育的组织领导工作

具体办法规定为:

1.队列教育科与宣传教育科,是在军政首长面前负起掌理一切军事

政治文化教育的行政组织。其职责是从拟定教育计划（师定一月，旅定半月，团定一星期），供给教材，组织实施教育，检查进度，一直做到计划的实现为止。教育工作中心，要放在培养教育基干干部和供给基本的教材，如夜间动作、统一战线之类。

2. 建立军事和政治文化研究会。营以上各级指挥机关系统内，应附设军事研究会，各级政治机关系统内应附设政治文化研究会。并以各级军政首长为各该研究会的主任，以相应职务的人员分别为研究会内相关组的组长和组员。一是军事研究会内分：战术组，射击与兵器组，工事与地形组，军队建设组。二是政治文化研究会内分：党的建设组，政治常识组，统一战线组（中国革命问题在内），政治工作组，文化娱乐组。各该研究会，是辅助各该行政系统进行教育，以提高军事、政治、文化水平而带有社会性质的组织。其职责：①研究整理抗战中经验教训、编审国内国外的教材。②预先指示干部自修的题目及其材料，定期召集干部讨论这一题目，以教育干部本身。③将教育内容提出要点，定出实施教育的方法。召集教育干部开教育准备会。

3. 青年队。应运用青年队各级组织，发扬其特殊的积极性，推动教育。这主要由政治机关指导运用于教育比赛方面。

4. 学习组长。他们是一个社会性的组织，协助行政系统的班长进行教育。为适应军事组织的单一性起见，尽可能以班长兼任学习组长。如班长教育能力弱，则以其所属教育力强者任学习组长。

5. 教育班次：①团营级干部班，以团为单位，利用军事、政治研究会组织，每星期进行一军、一政共两次教育。先由某课目研究组长提出个人自修问题与教材，临时指定人或预定人作报告，讨论以至结论。军事则以拟出想定、现地作业为适当。②连排级干部班，以营为单位，同样利用研究会组织，每星期进行三次教育，由营级干部主持之，必要时团级干部来帮助教育，教育实施方法除上项外，并须正式上课与演习。其教育内容略与上同，不过浅些就是了。③部队教育，每天军事课操两点半钟，政治课一点半钟，文化课一点钟。但早操、自习、游戏、党日在外。其教育实施方法如第二所述。④辅助勤务人员的教育（即管理、供给、卫生等杂务人员的教育），每星期上两次课，每课在早操的时候，着重政治教育。以营为单位，集合由营部管理员或文书员上课，或各连政治指导员、文化干事轮流去上课。

6.教育推动和检查。①学习比赛，干部班与部队分开，以营或连为单位一月一次。②学习成绩展览。③小报或墙报登载表扬。干部班按营、部队按连，半月一次。④测验。干部班按营、部队按连，半月一次。⑤听课看操。营级干部分批到各连去，每星期到每连听课一次，看操一次。团级干部则每半月到每营听课一次，看操一次。⑥教育的检查和总结。以团为单位，每星期六开一次教育检查会，定下星期的进度表。旅每半月检查一次，定下半月计划。师每月检查一次，定下月计划。团、旅在每次检查后应将结果报告旅、师。连每天汇报，营隔天汇报就是检查。

（二）刘伯承强调，政治军事经济文化的学习和训练，目的全在于应用

他在《关于晋冀豫攻势出击对新华社记者华山、齐语的谈话》中，以百团大战特别是1941年晋冀豫攻势出击为例，阐明和讲述了政治工作在此次战役中的特点和作用。他说：此次战役中，我们的政治工作比之过去有了很大进步。首先，战前的准备与动员工作的充分和深入，战斗中和战后及时与适当的鼓动和解释工作，指战员相互间之亲密的团结等。其次，可以看到连队的各种组织和各种工作制度，一般说来都发挥了很好的作用，而且运用这些制度表现得很熟练。"正由于政治动员的普遍与深入，和战斗中的及时的鼓动工作，因之，战斗情绪表现得特别高涨，胜利地完成了

战斗任务，这都是整训工作的成绩。"①

具体经验是：第一，战前保证各种准备工作的完成，对干粮、鞋袜的准备，武器的擦拭等，政治工作人员曾做过深入的动员与检查。战斗进行中间，并能根据不同情况提出不同口号，鼓励士气；在夜行军时，真正能做到不说话、不吸烟、保守秘密、遵守纪律。规定一个老共产党员在火线上要领导两个到三个战士，一个新党员保证自己一定向前，由于这样布置和领导，因此，此次的确做到了轻伤不下火线，重伤镇定。第二，战斗开始后，能把每一个战斗消息及时传达到每个连队中去，更加鼓舞了士气，提高了战士们的战斗情绪。不但前线如此，同样也将胜利消息及时用电话告诉后方部队、政府及群众团体，这使他们继续动员群众，也有了很好的宣传材料。此次工作，比之百团大战时，更向前发展了一步，更有了进步。第三，战后解释工作，由于是胜利战斗，所以解释要能深入。战士们曾几天几夜未睡觉，但他们都是精神焕发、兴致勃勃，充溢着胜利后的愉快心情。第四，政治工作能为全体指战员所注意。大家都在打仗，但同时都在做政治工作，而且时时不忘正确地执行政策。因此，争取了大批伪军反正，能够顺利地打开一座座碉堡，政治工作可以说是发挥了最好作用。第五，建立了模范的群众纪律，"三大纪律八项注意"执行得更加彻底，在群众中、在地方政府中都有很好的反映。②

1943年7月7日，为纪念抗战六周年，刘伯承撰写了《敌后抗战的战

---

① 《刘伯承军事文选》（内部资料一），军事科学出版社2010年10月版，第394页。

② 《刘伯承军事文选》（内部资料一），军事科学出版社2010年10月版，第394—395页。

术问题》一文,刊登在延安《解放日报》和《群众》杂志第15期上。他根据当时敌占区与抗战区的游击性同时增大,形成相互插花、夹杂斗争态势,提出"军事战术与政治策略的含意本来就是一样的"。他认为,随着抗战斗争成员增多,我们对敌人军事、政治、文化、特务等"总体战"、"歼灭战"斗争也错综复杂起来。即使是战术被运用范围,也不应该只局限于武装斗争,而且应该普及于政治、经济、思想、文化等斗争。所以,我们必须掌握各种斗争战术。每个人都应该侧重掌握某一斗争战术,并一般地掌握其他斗争战术,以便与之结合。刘伯承正确地预见道:"我军能与华北人民永远血肉结合,更能够一致进行政治、军事、经济、文化一元化的对敌斗争,一定能够坚持这一敌后抗日民主根据地,以与友军呼应作战,直到反攻阶段的到来。"①

作者简介:

宋毅军　中共中央文献研究室研究员、副巡视员

---

①《刘伯承军事文选》(内部资料一),军事科学出版社2010年10月版,第540—541页。

国共合作抗战中的八路军

居之芬

为纪念"九一八事变"爆发83周年,我重读了中国军科院等单位所著《中国抗日战争史》和《中国抗战军事史》等四种抗战史书与史料集,对照日本防卫厅著的《华北治安战》,着重探讨一个问题:"从我所熟知的中共八路军在华北敌后与国民党军在正面战场的抗战史实出发,看八年中八路军在国共两党两军合作抗战中的实际作用与战略地位,及越战越强的根源。"

我发现:在抗战八年的曲折历程中,国共两党两军尽管政见不同,在国内政治地位、观察角度与利益有所不同,并发生多次摩擦、龃龉与斗争,但双方均始终坚持抗战,并开辟和形成了正面与敌后两个抗日战场,以不同的战争方式,互相呼应、互相配合,各自牵制、消耗和歼灭了日军大量有生力量;使日军顾此失彼、晕头转向,陷入中国全民族抗战的汪洋大海,直至最后失败。这不能不说是世界近代史上罕见的奇迹,它体现了中华民族的伟大凝聚力、生命力和智慧。

对于国共两党两军抗日统一战线的形成、发展、摩擦与斗争,及中共与八路军所起的决定作用,学界已有很多论述,本文暂不论及。本文着重阐述八路军在国共两军合作抗战中的实际作用与战略地位及越战越强的根源。

一、八路军在国共两党两军合作抗战各时期的战略地位与作用

（一）战略防御阶段（1937年7月—1938年11月）

八路军独立开辟了广大的华北敌后抗日战场，从敌后方大量杀伤牵制敌人，有效配合了太原、徐州、武汉会战，是迫使日军停止战略进攻、转入战略相持的重要力量。

1937年7月7日卢沟桥事变爆发，17日蒋介石发表庐山讲话，称："如果战端一开，就是地无分南北，年无分老幼，无论何人，皆有守土抗战之责任。"[1]标志全国抗战开始。中共中央即刻公布《中国共产党为公布国共合作宣言》，表示为披沥中国共产党对民族解放战争的赤诚，特郑重向全国宣告：承认孙中山的"三民主义"为今日中国之必须，愿为其彻底实现而奋斗；取消一切推翻国民党政权的暴动政策，停止以暴力没收地主土地的政策；取消现在的苏维埃政府，实行民权政治，以期全国政权之统一；取消红军名义及番号，改编为国民革命军，受国民政府军事委员会之统辖，并即刻待命出征。[2]8月25日红军奉命改编为国民革命军第十八集团军（即八路军），归第二战区管辖，并开赴山西抗日前线，参加太原、忻口会战。因此时中共八路军尚无自己独立的战场，所以，这时国共两军的合作抗战形式，主要是直接的战役和战斗的配合。

---

[1] 中国人民解放军政治学院党史教研室编：《中共党史参考资料》第8册，第4—5页。

[2] 中国人民解放军政治学院党史教研室编：《中共党史参考资料》第8册，第23—24页。

如：1.1937年9—11月，华北忻口、太原会战期间，国民党第一、第二战区的中央军、晋军13个师在正面阻击、围歼日军第五师等2个主力师团、3个混成旅团、3个支队，约10万人，毙伤敌2万余人。①为抗战初期华北战场规模最大、战斗最激烈、国共两党两军合作抗战最好、战绩最显著的一次战役，严重挫败了日军的嚣张气焰和"速战速决"计划，体现了中华民族不屈不挠、英勇战斗、前赴后继的爱国热情。八路军三个师奉命在敌侧后断敌交通运输线，寻机打敌增援部队。八路军以一系列漂亮的运动战——平型关、雁门关、火烧阳明堡机场、七垣村、黄崖底和广阳地区伏击战，毙敌运输和增援部队4000余人，毁敌飞机24架、汽马车数百辆，缴获步枪千余支、战马数千匹及大量军用物资，出色地完成了上述任务，有效鼓舞了正面战场的士气，受到国民政府军委的通令嘉奖。②2.1938年正面战徐州、武汉会战期间，国民党军先在1—6月，以第五战区为主，调集了第一、三战区的共11个集团军、64个师、60余万人，阻敌8个师团、5个混成旅团、24万余人沿津浦路南北夹击、夺取徐州及沿陇海路南下西进的企图；在台儿庄围歼敌冒进的第十师团主力1万余人，取得了中国正规军开战以来围歼战的第一个大胜利，为正面战场部署武汉会战赢得了四五个月的宝贵时间。③之后，当年6—10月，国民党军又以江

---

① 军事科学院军事历史研究部：《中国抗日战争史》（中卷），解放军出版社2005年修订版，第98页。
② 军事科学院军事历史研究部：《中国抗日战争史》（中卷），解放军出版社2005年修订版，第40—41、91—92、94—95页。
③ 军事科学院军事历史研究部：《中国抗日战争史》（中卷），解放军出版社2005年修订版，第161—167页。

北的第五战区和江南的第九战区为主,调集全国14个集团军、47个军、120个师、100余万兵力,与敌华中方面军主力2个集团军、9个师团、25万余人在武汉地区展开大会战。经过四个半月的浴血奋战,共歼敌4万余人,毁伤敌军舰90余艘、飞机87架,掩护国民政府各部及军队、产业有序撤至后方,部署持久抗战。挫败了日军欲"速战速决"围歼我军主力、迫使国民政府投降的企图。①

此时,由于1937年末,黄河以北的华北大部陷于敌手,国民党中央军与晋军大部撤至黄河以南,仅留一部于黄河岸边的晋西南与晋南中条山一隅。毛泽东指出:"在华北,以国民党为主体的正规战争已经结束,以共产党为主体的游击战争进入主要地位。……共产党和八路军决心坚持华北的游击战争,用以捍卫全国,钳制日寇向中原和西北的进攻。"②八路军乘华北日军主力向中原大举进攻,后方兵力空虚之机,迅速开辟敌后战场:以华北屋脊——山西的恒山、五台山、太行山、太岳山、吕梁山为依托向四面展开,创建了晋察冀、晋绥、晋冀豫、晋西南四块相互连接的山地抗日根据地,以及与之相连结的五块平原根据地——冀中、冀南、冀鲁豫、冀东和冀鲁边;解放国土230余万平方华里、人口8200余万③,使八路军在华北敌后独立开辟的抗日战场,有了宽阔回旋的余地和雄厚的人力物力基础,也完成了对华北敌占城市和交通运输线的反包围。同时,配

---

① 军事科学院军事历史研究部:《中国抗日战争史》(中卷),解放军出版社2005年修订版,第182、189、202页。
② 《毛泽东选集》(一卷本),人民出版社1967年7月版,第358—359页。
③ 日本防卫厅战史室编,天津市政协编译组译:《华北治安战》(上),天津人民出版社1982年6月版,第87—91页。

合徐州、武汉会战,八路军在敌后进行大小战斗1400余次,歼敌4万余人①;还发动上百万民众大规模袭击敌运输大动脉——平汉、津浦、正太、同浦铁路,石德、沧石路及台儿庄附近的台枣公路等,断敌运输,毁敌据点,甚至袭入北平、天津、保定,使日军后方受到极大威胁与震动,以致在武汉会战时,日军制定了"中攻武汉,北围五台,南取广州"②的作战计划,不惜集中在华北的全部机动兵力5万余人向平津周围八路军大举围攻,足以证明八路军在敌后对日军威胁之重。

因此,日军在武汉会战后不得不停止战略进攻,转入战略相持,既有国民党正规军在正面战场与敌进行数次大会战,大量杀伤和消耗日军主力与精锐部队的功劳,也有八路军在华北开辟了广大的敌后战场,收复了大片国土和乡镇,动员与组织成百上千万民众坚持敌后抗战,牵制、消耗与杀伤敌大量兵力、给日军后方以巨大威胁的功劳。

(二)战略相持阶段(1938年11月—1943年12月)

八路军在前期打了一系列漂亮的运动战,为克服1940年正面战场的悲观妥协危机、坚持持久抗战,做出了重要贡献;后期率先进行政治、军事、经济、文化等各项改革,率先收复失地、增强实力,为举行大反攻奠定了基础。

1. 前期"攻势防御作战"(1939—1940年),八路军以一系列漂亮的山地和平原运动战以及百团大战,大量杀伤敌人、毁敌"治安肃正讨伐

---

① 萧向荣:《抗战三年来八路军的英勇战绩》,载《八路军军政杂志》1940年第2卷第7期。
② 日本防卫厅战史室编,天津市政协编译组译:《华北治安战》(上),天津人民出版社1982年6月版,第78—80页。

战"，巩固华北敌后根据地，为克服1940年正面战场的悲观妥协危机、坚持持久抗战，做出了重要贡献。

进入相持阶段后，日军调整了其在华战略，由之前对国民政府及正面战场以军事打击为主，变为军事打击服务于"政略与谋略"，对国民政府及其要员展开政治诱降与分化瓦解，并置重点于巩固其在华北和华中的占领区，镇压和剿灭中共在敌后的抗日根据地与游击战争；扶植与建立以汪精卫为首的各级伪政权、伪组织和伪军，以恢复其在占领区的治安、交通，以便实施经济掠夺，获取其继续战争所必需的资金与物资，达到"以战养战"的目的。为此，1939年日军在南京设立了"中国派遣军总司令部"下辖"华北""华中""华南"3个方面军，并对在华军事力量作了重新部署：华北方面军经常保有9个师团、12个混成旅团、1个骑兵集团的兵力，主要确保华北及蒙疆占领区的治安；华中方面军辖第十一和第十三两个集团军，十一集团军辖7个师团、2个混成旅团，配置在武汉地区，负责对中国军队主力（第五和第九战区）进行"攻势防御作战"；十三集团军辖4个师团、2个混成旅团，配置在庐州、芜湖、杭州一线以东，负责恢复宁沪杭地区的治安；华南方面军辖第二十一集团军，保有4个师团、2个混成旅团兵力，配置在广州、虎门一线，主要负责切断国民政府的外援通道。①

1939—1940年，日军在华中对武汉周围对其威胁最大的国民政府驻江北第五战区和江南第九战区先后发动了南昌、随枣、第一次长沙和枣宜

---

① （日）防卫厅防卫室研修所编：《中国事变陆军作战》（3），朝日新闻社1975年版，第7—8页；《中国事变陆军作战》（2），朝日新闻社1976年版，第295—297页。

战役，在华南发动了旨在切断中国外援通道的"桂南战役"。国民党军于1939年开始全面整军及轮训补充兵员，最初因准备不足，输了南昌战役，但随后的"随枣"与"第一次长沙战役"打得不错，歼敌3.5万余人。1939年末的"桂南战役"，开始也打得不好，日军攻占了南宁和昆仑关。但随后在1939年末至1940年初正面战场发动的冬季攻势中，又夺回了昆仑关，歼敌1.5万余人。冬季攻势中，第一、三、五、八、九战区先后攻入开封、安阳、博爱、沁阳、南昌、江岸、滚山、包头等敌占城市与重要据点，取得五原大捷、长江布雷、攻占靖安、通山、阳新的胜利，歼敌数万人。①

但1940年上半年，在德军于欧洲战场连连得手胜利的刺激下，日本急于解决"中国战事"，以便能抽出身来与德军联手进行世界大战，便在加紧策划筹建汪伪政权的同时，抓紧对蒋介石国民党政权实施诱降，企图在"承认满洲国"，"允许日本在蒙疆、华北驻军"，"承认日本在蒙疆、华北、华中三角洲地区的特殊经济利益"，"蒋汪合流"的前提下，承认蒋介石政府，并与之签订《共同反共协定》。为此，日本边派员与国民政府私下在香港、澳门谈判，边迫使法英当局关闭桂越、滇越和滇缅公路，以切断中国抗战的外援通道，并对国民政府陪都——重庆及成都等战略要点实施连续四个月的大轰炸，并于当年5月1日至6月17日，集中华中方面军的9个师团、20余万兵力对第五战区发动了残酷的"枣宜战役"，企图在枣阳附近给第五战区主力以毁灭性打击，并进而攻占入川门户、国民政府物资集散地——宜昌。战役初期，日军攻占了枣阳，但欲歼灭第五战区主力的目的却未

---

① 军事科学院军事历史研究部：《中国抗日战争史》（中卷），解放军出版社2005年修订版，第490—511页。

达到,日军反遭转至外线的第五战区各军围攻和阻击,损失惨重。但此后第五战区出现通信联络中断之虞,致右翼兵团主帅张自忠部及第74师被敌包围,孤立无援,陷于近一周的苦战,张自忠将军壮烈殉国,第74师伤亡殆尽;使日军主力能突出重围,强渡汉水,攻占了宜昌,抢占了入川的门户与锁钥,对国民政府与大后方构成了重大威胁。①

为确保对最大占领区——华北的统治,1939—1940年,华北日军对八路军进行了轮番"治安肃正大讨伐"。八路军在整训的基础上,两年里又打了一系列漂亮的山地和平原歼灭战:如第120师与冀中军区联合打的冀中平原曹家庄、大曹庄、齐会歼灭战,第115师在山东的樊坝、陆房歼灭战,第120师与晋察冀军区合打的冀西山区"上下细腰涧"、"大龙华"、"陈庄"、雁宿崖、黄土岭等歼灭战,有效杀伤了敌军数万有生力量,粉碎了日军的"治安肃正讨伐"计划,巩固了华北抗日根据地。1940年8—12月,八路军又发动了百团大战,以主力百余团40余万人和百万民兵对以正太路为核心的华北各主要铁路公路及沿线敌据点进行规模空前的破袭战,毁敌铁路公路近4000华里,桥梁、隧道、车站260余处,拔除敌据点碉堡2900余个,毙伤俘虏敌伪军4.3万余人②,给华北日军以巨大打击,给全国军民以巨大鼓舞,有效克服了正面战场的悲观妥协危机,对坚持持久抗战做出了重要贡献。

2. 后期(1941—1943年),遭遇日本华北方面军"五次治安强化运

---

① 军事科学院军事历史研究部:《中国抗日战争史》(中卷),解放军出版社2005年修订版,第511—519页。

② "八路军总部公告,1940年12月10日",自《抗日战争时期的中国人民解放军》,人民出版社1953年版。

动"的残酷镇压,一度陷入困境;八路军适时改变战术,以主力1/3—1/2分散深入"敌后之敌后",组成上百支党政军群"一元化"的"武装工作队",挺进游击区敌占区,负责恢复重建那里的各项工作;同时在根据地深入实施"整顿党风、精兵简政、'三三制'政权、减租减息、发展生产、拥军爱民、拥政优抗"等十大政策,很快收复了失地,增强了实力,为率先举行反攻奠定了基础。

为在南下发动太平洋战争前尽快地解决中国问题,1941年日军对正面战场发动了"豫南""晋南中条山""江西上高"与第二次长沙战役;太平洋战争爆发后,又发动了第三次长沙战役和浙赣、鄂西、常德战役。在这些大会战中,第一战区留在晋南的中央军因主要致力于反共、对日军进攻疏于防备而损失惨重,残部全被赶到黄河以南;第二次长沙会战因指挥密电被敌窃取破译而失利;浙赣会战虽苦战三个月未能阻止日军对浙赣线占领及对沿线美空军基地的破坏;除此之外,其余会战都打得不错,歼敌达10余万人。[1] 1942年2—7月,为保卫滇缅公路,应英军邀请,国民政府派"中国远征军"赴缅北作战。戴安澜为首的第200师在东吁保卫战中,掩护英缅军安全撤退,并坚守12天,歼敌5500余人;孙立人为首的第38师以万余兵力打垮日军第33师团,收复缅北仁安羌油田,救出被困英缅军7000余人及外籍平民500余人,受到英皇嘉奖[2],打出了中国军队的军威与国威,为日后中国军队与美英盟军合作举行缅北滇西反攻作战奠定了基础。

---

[1] 军事科学院军事历史研究部:《中国抗日战争史》(下卷),解放军出版社2005年修订版,第171、174、178、182、190、290、462页。

[2] 军事科学院军事历史研究部:《中国抗日战争史》(下卷),解放军出版社2005年修订版,第238、241页。

与此同时，日军为把华北变为"大东亚战争的兵站基地"，也加剧了对八路军的残酷镇压和围剿。1941年初，日军从华中抽调2个师团增援华北，使华北方面军兵力增加到11个师团、12个混成旅团、1个骑兵集团，30余万人，占侵华日军总兵力40%以上。①并采取了中国内战时期国民党"剿共"的经验，变单纯的军事进攻为"三分军事，七分政治"和政治、军事、经济、文化几位一体的"总力战"，变短期的"鲸吞式扫荡"为堡垒主义、步步为营，有计划的"蚕食"与连续围攻、反复"清剿"，变一般的烧杀抢掠为摧毁根据地生存条件的"三光政策"。1941年至1942年，在华北推行了残酷的五次"治安强化运动"，对八路军根据地进行了轮番"蚕食"与反复围攻、清剿。在反"蚕食"作战中，最初因对日军的新政策认识不足，八路军一度损失惨重：主力与地方军损失近半，平民被杀被抓10余万人，平原根据地大部丧失，巩固区缩小，大部变为游击区与敌占区，从而进入抗战困难时期。1942年下半年，由于采取了"敌进我进""向敌后之敌后挺进"的正确方针，我军以主力部队1/3—1/2分散深入游击区敌占区，与地方党联合组成上百支党政军群一元化的武装工作队，恢复重建那里的党政军群各系统工作，广泛开展地道战和地雷爆炸运动，袭扰消耗敌人；同时八路军各抗日根据地都认真实行中共中央关于整顿党的作风、加强一元化领导、精兵简政、"三三制"政权、减租减息、统一累进税、拥军爱民、拥政优抗、发展生产等各项政策与改革，使共产党和八路军渡过了最困难时

---

① 日本防卫厅战史室编，天津市政协编译组译：《华北治安战》（上），天津人民出版社1982年6月版，第359页。

期。到1943年末，八路军共毙伤俘敌伪军30余万人①，基本恢复了被敌蚕食占领地区，为反攻作战奠定了基础。

（三）战略反攻阶段（1944年1月—1945年8月）

八路军率先举行大反攻，趁日军主力集中在南方打豫湘桂战役，华北兵力空虚之际，猛烈扩大解放区，将根据地扩大到河南全省，将陕北、华北、华中根据地连成一片；将华北日军压缩包围在平、津、保、太原、济南等大城市与港口、交通要道。1945年8月9日，又配合苏蒙联军，解放了东北、热河、察哈尔三省，歼灭了关东军、华北方面军，使东北、华北、陕北、华中国土连成一片，为解放半壁江山与人民，做出了重大贡献。

1. 八路军率先配合苏军在华北东北举行反攻

1944年日军在太平洋战场已丧失了制海与制空权，为保持与南方作战的联系，日军倾注在华50%的兵力，孤注一掷打通通往南方战场的大陆通道——平汉、粤汉、湘桂线，并摧毁沿线中美空军基地，解除对其本土的空中威胁；当年4—12月连续发动了长达9个月的空前规模的"豫湘桂战役"。为此，日军将华北方面军的一半兵力（驻苏鲁的第十二集团军全部、山西第一集团军一部）约15万人调往南方作战②，华北兵力空虚，开始收缩战线，从而为八路军率先举行反攻创造了条件。1944年八路军在华北开始了局部反攻，全年毙伤俘日伪军14.8万余人，解放国土93.6万平

---

① 叶剑英：《中共抗战一般情况的介绍》，1944年6月22日，载《解放日报》1944年8月10日。

② 日本防卫厅战史室编，天津市政协编译组译：《华北治安战》（下），天津人民出版社1982年6月版，第399—400页。

方公里，人口9150万（包括新四军解放的国土与人口）。① 并把根据地发展到河南全省，将陕北、华北、华中根据地连成一气，以立于不败之地。1945年又发动了春夏季攻势，猛烈地扩大解放区，将敌压缩包围到平、津、保、太原、济南等大城市与港口、铁路沿线10公里以内。8月9日，苏蒙联军出兵东北、内蒙后，八路军又率先配合苏军解放东北与热河、察哈尔全境，华北全部县城与乡村，使东北、华北、华中、陕北根据地连成一气，与新四军一起共毙伤俘日伪军39.8万余人，解放国土95.69万平方公里，人口近1亿。②

2. 正面战场与盟军合作反攻，以及功与过

1944年，因蒋介石与国民政府军委盲目乐观轻敌，认为美军正胜利大反攻，驻华日军"防广兵单，军队素质差"，中国军队可在当年五六月进行全面反攻，"一年之内打到武汉"。因此，国民党军队，除驻印军及驻云南的中国远征军接受美军严格训练与装备，参加盟军缅北滇西反攻作战外，第一战区1/3与第八战区全部均用以包围对付中共陕甘宁边区（注：1943年3—9月，国民党在共产国际解散前后曾发动第三次反共高潮，企图解散中国共产党、进攻陕甘宁边区，失败后仍以重兵包围封锁陕甘宁边区，直至抗战结束），其余1/3军队在后方整训，留一线的作战部队缺额甚多，装备低劣；又因官员腐败、经济凋敝、民生极度贫困，造成士兵供给不足，营养不良，士气不振，战斗力弱；且对日军投入50余万兵力用近

---

① 军事科学院军事历史研究部：《中国抗日战争史》（下卷），解放军出版社2005年修订版，第331—340页。

② 中央人民政府人民革命军事委员会公布《抗日战争时期中国人民解放区面积人口统计表》，《新华月报》1951年9月号。军事科学院军事历史研究部：《中国抗日战争史》（下卷），解放军出版社2005年修订版，第592页。

一年时间打豫湘桂战役全无防备；以致在整个战役中，指挥失当，被动挨打，损兵折将，丢失豫湘桂粤四省大片国土与几十座城市、战略要点及美军驻华空军基地，给盟军与国民党军此后的大反攻造成很大被动与不利。① 但国民党精锐之师中国驻印军与远征军，在1943年末与1944年春与美英盟军联合发起了缅北滇西反攻作战，在17个月内将南北战线向前推进了2400余公里，歼敌4.8万余人，收复缅北滇西大小城镇50余个、国土21.3万平方公里，打通了中、印、缅国际通道，保卫了大后方，为东南亚人民的独立解放做出了贡献。② 1945年4月，远征军归国后，在新的桂柳反攻作战中，大大提振了第四战区的战斗力，三个月将战线向前推进了350公里，先后解放了南宁、龙州、凭祥、桂林和金县，取得桂柳反攻作战的全胜。

二、关于八路军抗击日军比例

单从进入关内的日军（即日本"中国派遣军"所属部队）看，在战略防御阶段，日军攻击的主要目标是正面战场国民党正规军，因此正面战场抗击日军比例大。进入相持阶段后，两个战场抗击日军比例基本相当。光八路军即经常抗击华北方面军占关内日军总数的40%以上，加上新四军在华中、东江、琼崖纵队在华南、海南抗击的日军，总比例应与正面战场相当。在战略反攻阶段，正面战场豫湘桂战役虽严重失利，但日军将华北方面军的一半兵力调往华中华南对正面战场作战，才使八路军能在华北率先

---

① 罗焕章、高培主编：《中国抗日军事史》，北京出版社1995年7月版，第561、582—583页。

② 军事科学院军事历史研究部：《中国抗日战争史》（下卷），解放军出版社2005年修订版，第451、496—497页。

反攻，因此正面战场牵制、抗击日军比例要大些。然而，从八年抗战全局来看，几十万关东军都是中共领导的东北抗联在抵抗。因此，应该说，八年抗战中国共两军抗击的日军比例基本相当。

三、八路军为何越战越强

共产党领导的八路军是在全无外援的情况下坚持抗战，1939年末国共第一次摩擦后，八路军就再未得到国民政府军委的一分钱。为在艰苦的华北敌后坚持抗战，中共就必须坚持边抗战边进行政治经济军事改革。政治上实行了"三三制"统一战线的民主政治，团结了敌后95%以上的各阶层人民；经济上实行统一战线的税收和土地政策——统一累进税与减租减息、缴租缴息，既让贫农有地种有饭吃，也让地主富农工商业者有饭吃有钱赚；还厉行精兵简政，减轻人民负担，开展军民大生产，自己解决吃饭穿衣和武器制造，受到根据地广大民众的拥护，因此越战越强。

作者简介：

居之芬　女，中国社会科学院近代史研究所研究员

为什么平型关战役被称为平型关大捷

王聚英

目前人们谈起平型关战役一般都称为平型关大捷,那么,为什么在当时和后来以至今天把平型关战役称为平型关大捷?不仅在艺术作品中常用,而且在史书文字上,也多为称用。在全国军事、战争类博物馆、纪念馆行列中,一般都称战争、战役、战斗纪念馆。1970年创建的平型关纪念馆名字叫平型关战役纪念馆,而2001年和2007年新建的纪念馆馆名叫平型关大捷纪念馆。为什么要对馆名进行更改呢?这个问题虽然很简单,但需要考察一番,弄清名称演变的来龙去脉。

一、平型关战役战果辉煌

从战役的经过和战果看,八路军平型关战役在军事上取得了重大胜利,确实是一个大捷。

平型关大捷是八路军首次集中较大兵力对日军所进行的一次成功的伏击战。9月25日拂晓,日军第5师第21旅团后续部队乘汽车100余辆,附辎重大车200余辆,沿灵丘—平型关公路由东向西开进。7时许,该部全部进入第115师预伏地域。第115师抓住战机,立即命令全线突然开火,并趁敌陷于混乱之机,适时发起冲击。第685团迎头截击,歼其先头一部,封闭了日军南窜之路；第687团在蔡家峪和西沟村之间，分割包围了日军后尾部队，并抢占韩家湾北侧高地，切断了日军退路。第686团于小寨至老爷庙之间，实施突击，并令第2营冲过公路，迅速抢占了老爷庙及其以北高地，把日军压缩在峡谷之中。已陷入四面包围、伤亡惨重的日军，拼命向老爷庙反扑，企图向北突围。控制老爷庙及其以北高地的第686团第2营在第1营、第3营协同下，连续打退日军多次反扑。在此期间，先期(22日)进占东跑池的日军一部，试图回援老爷庙，亦被第685团所阻击。

争夺老爷庙高地的战斗成了这次伏击战的焦点。第686团副团长杨勇、3营营长邓克明，带领战士们向先期占领老爷庙高地的四五百名敌人猛烈进攻，以一个尉官队为骨干的日军疯狂反击，6架日军飞机也前来助战，战斗十分惨烈。140余人的3营9连大部分牺牲，生还的十几人也都负了伤。杨勇、邓克明虽身负重伤，仍指挥战斗。在第685团、第687团配合下，经过3个多小时的血战，老爷庙高地终被我军牢牢控制，该地区敌人全部被歼。

日军第5师师长板垣征四郎得知其部下将被围歼后，急令在蔚县的第21旅和进至涞源以西的第9旅各一部，火速增援平型关。当该两部行至灵丘以东的驿马岭和以北的王山村时，遭到第115师独立团的迎头痛击，涞源的日军也因受第115师骑兵营的钳制而不敢倾巢出援。

3时许，蔡家峪以东之日军一部与小寨以南被围日军会合后，在6架飞机火力掩护下，以密集队形，再次向老爷庙高地猛扑。由于敌我短兵相接，日军的飞机也无能为力，其反扑被第686团又一次击退。随后，第686团冲下公路，在第685团的协同下，将该敌全歼。至此，战斗胜利结束。

第115师发扬连续作战精神，向平型关正面东跑池日军逼近，按照与友军达成的协同作战计划，共同消灭该地区之敌。当日黄昏，第343旅两个团迅速抢占了东跑池周围的高地,并将日军包围在东跑池一带盆地。但是由于友军没有按计划出击,致使该日军未能被歼。

萧向荣在《平型关战斗前后的日记》中描写了战后打扫战场的情景。写道:"在路上,山沟里,半山上,所有望得见的地方,再也没有活着的敌人。有的是一堆一堆的,甚至数十个堆在一起横卧直倒着的,那是一动也不会动的血迹模糊的死尸——许多满面生着短短的胡子摆着狰狞而不大看清楚的面孔,躺在已经凝成了块的、赭黑色的血堆旁边。这样一堆一堆的,特别在汽车路旁边一条五六里长的山沟里差不多被摆满了!大略的数了一下,至少也有五百人。马路上、山坡上及其他角落里还未算在内。"这也可说明歼灭敌人的情况。

平型关战役结束后,日本《每日新闻》进行了报道,标题是"我军运输部队在平型关关口附近不明地域,遭到来自两侧高地的伏击,全军覆没"。

八路军第115师在平型关战役中,共击毙日军精锐第5师团第21旅团1000余人,击毁汽车100余辆,马车200余辆,缴获步枪1000余支,机枪20余挺,火炮1门,以及大批军用物资,取得了全国抗战以来中国军队的第一个大胜利。尽管八路军伤亡600余人,但从八路军与日军首战战绩和影响看,胜利是主要的。

二、八路军首战平型关影响巨大

从政治上看,平型关大捷影响巨大,意义深远。在日军长驱直入、国民党军节节后退的形势下,八路军首战告捷,使全国人民看到了中华民族的希望所在,从而极大地振奋了全国的民心、士气,提高了共产党和八路军的威望,博得了国际舆论的称赞和好评,其政治意义重大。平型关大捷有力地打击了日军的疯狂气焰,挫伤了日军的锐气,打破了日军不可战胜的神话，为忻口作战赢得了准备时间。同时，有效地钳制了日军第5师团的行动，支援了平汉路友军的作战。

平型关大捷的消息立时传遍全国。举国上下，莫不欢欣鼓舞。全国各界给共产党和八路军发出的贺信、贺电，达百余件之多。

八路军的最高统帅、中央军委主席毛泽东在得知平型关之战歼敌千余，毁敌汽车79辆的胜利消息后，即于26日致电朱德、彭德怀、任弼时："庆祝我军取得的第一个胜利。"可见，毛泽东在当时是充分肯定平型关战役的。（1）1938年5月26日至6月3日，在延安召开的抗日战争研究会上，毛泽东在讲演中再次肯定了平型关大捷："平型关的意义正是一场最好的政治动员。如此伟大的民族革命战争，没有普遍和深入的政治动员，是不能胜利的——动员了全国的老百姓，就造成了陷敌于灭顶之灾的汪洋大海。"（2）蒋介石26日在给朱德、彭德怀的贺电中说："25日一战，歼寇如麻，足证官兵用命，指挥得宜。捷报南来，良深嘉慰。尚希益励所部，继续努力。"（3）上海市职业界救亡协会28日致电八路军，称："贵军受命抗敌，立奏奇功，挽西线垂危之局，破日寇方长之焰。捷报传来，万众欢腾。谨电驰贺。"（4）国民党同盟会会员、第二战区战地动员会主任续范亭著文称赞道："谨按平型关战役，八路军的大捷，其估价不仅在于双方死亡多少，打破了日军不可战胜的神话，提高我们的士气。使日寇知道中国大有人在，锐气挫折，不敢如以前那样的长驱直进，忻口战役敌人未敢贸然深入，我军士气高涨，未尝不是平型关歼灭战的影响。"（5）八路军平型关大捷也使第二战区司令长官受到鼓舞。26日，阎锡山命令傅作义指挥第六集团军等部迅速击破平型关之敌，并令新组建的第61军速援平型关。第61军于27日到达平型关、团城口附近，解了第34军第71师之围。正当第35军准备东援平型关之时，西线日军已突破茹越口，直趋铁角岭南下，于 29 日夜占领繁峙城，切断了平型关正面第二战区部队的退路。于是，阎锡山下令内长城线上各军向五台山、云中山、芦芽山之线转移，集中主力于忻口地区组织防御。

三、在战后当时至今一直被称为平型关大捷

从平型关战役之后当时社会各界反响方面看，战后众口一词都称为大胜利、大捷。仅举几例说明。

1.《闻八路军平型关大捷》　陈毅　1937 年 9 月

抗日旌旗胜局开，大军东出薄燕台。

南方豪杰风雷动，团结救亡下山来。

这是目前看到的最早提出平型关大捷的说法。

2.《救亡日报》1937 年 9 月 30 日刊文。这是公开在报刊上最早提出的平型关大捷称谓。

3. 新四军军长叶挺把平型关战役、台儿庄战役和万家岭战役并称为抗战初期的三个大捷。叶挺评价说：万家岭大捷"与平型关、台儿庄战役鼎足而三，盛名当永垂不朽"。

4. 1945 年 3 月，八路军总政治部宣传部出版的《抗战八年来的八路军和新四军》中，刊用了一幅《平型关大捷》的油画。

5. 1952 年，新中国政府为纪念抗日战争胜利 15 周年，特意发行了一组四方联邮票，其中一枚邮票名为"平型关大捷"。

6. 平型关战役的指挥者聂荣臻元帅 1986 年 8 月 10 日，赋诗《忆平型关大捷》一首。

集师上寨运良筹，敢举烽烟解国忧；

潇潇夜雨洗兵马，殷殷热血固金瓯。

东渡黄河第一战，威扫敌倭青史流；

常抚皓首忆旧事，夜眺燕北几春秋。

诗名使用了平型关大捷。这是在"九一三"事件之后又一次给予明确的定位。第二日，聂荣臻元帅在中共灵丘县委《关于请求修复平型关大捷纪念馆的报告》上批示："平型关大捷意义重大，修复纪念馆是必要的——请山西省政府审定，在财政上予以适当支持。"1999年杨成武将军题写平型关大捷纪念碑。2001年6月，杨成武将军为纪念馆题写了馆名"平型关大捷纪念馆"；2007年扩建的新馆仍沿用此名。

另外，还考虑到与国民党军进行的平型关战役（最早称平型关会战）加以区别。八路军所举行的平型关战役，是独立进行的战役，包括乔沟伏击战、驿马岭阻击战、倒马关战斗等，统称为平型关大捷。同国民党军平型关会战不完全是一回事。而八路军平型关战斗即乔沟战斗，则是配合国民党第二战区平型关会战的组成部分。

四、平型关大捷是一座历史丰碑

从现时意义来看，平型关大捷精神仍发挥着重要的作用。

今天，当人们谈起抗日战争、八路军抗战，一般都会提起平型关大捷。不仅因为这是八路军打的第一仗，而且这也是能够拿得出来值得炫耀的一个战役，一个胜利。

八路军平型关大捷是中国抗日战争中极为辉煌的一页。在中共党史、抗日战争史和解放军战史上占有重要的地位。我们称平型关大捷也主要考虑它的历史地位，同时也考虑平型关战役的战绩。

平型关大捷是一座永垂青史的丰碑，铭刻着八路军将士的丰功伟绩，祭奠着英烈们的不朽忠魂；平型关战斗的硝烟早已散去，平型关大捷的精神永存。中国共产党领导的八路军铸就并形成了平型关大捷精神，其基本内涵是：不畏强敌、首战必胜的精神，英勇奋战、敢打必胜的精神，团结御敌、大局为重的精神。平型关，已经成为中国人民不畏强敌、首战必胜的伟大民族精神的象征。

以平型关大捷纪念馆为主要景点，已成为红色旅游的重要内容。平型关战役遗址为第一批全国重点文物保护单位，全国爱国主义教育示范基地，全国百处红色旅游经典景区之一。2007年9月25日，改扩建的平型关大捷纪念馆、平型关大捷参战主要将领10尊铜像、平型关大捷纪念碑等主要纪念建筑，吸引着大批将帅子女纷纷到平型关战地来寻访父辈当年的战斗足迹，缅怀先烈们的丰功伟绩。同时人们通过参观学习也受到平型关大捷精神的鼓舞。

综上所述，应当说，八路军的平型关战役和平型关大捷是一回事。从平型关战役的历史地位、从平型关大捷的军事战果、政治影响、历史与现实意义等多方面、多角度来考察，平型关战役称为平型关大捷更好，更能提劲，更为妥切，也更好区别于国民党军第二战区的平型关战役或平型关会战。但在不同地方可分别使用。而平型关大捷精神光照千秋，为我党我军所独有。

作者简介：

王聚英　中国人民革命军事博物馆研究员

晋察冀地区的抗日反"扫荡"斗争

王彦民

自1941年起，日军不断"扫荡"晋察冀抗日根据地。屡遭抗击之后，日军又于1943年秋季，向晋察冀北岳区（冀西）发动所谓"才"号作战（冀西作战），以第63师团、第110师团、步兵第63旅团（属第62师团）、独立混成第3旅团、第26师团的各主要部队，从9月16日开始，对北岳区的共产党军队八路军发起进攻。这次进攻，是日军1943年秋冬两季在华北"肃正作战"的重点。日军华北方面军司令官冈村宁次训示其部队：要"彻底摧毁中共党、军、政的根据地……特别是'扫荡'剔决其地下组织，破坏其各种设施（弹药、被服、粮秣等仓库、工厂、银行、行政机关等），通过彻底运出敌地区内的物资，以期使敌人势力枯竭"①。何其猖狂，何其险恶！

中共中央晋察冀分局侦知日军此次"扫荡"筹谋已久，并与敌伪近期

---

① 日本防卫厅战史室编：《华北治安战》（下），天津人民出版社1982年版，第342—343页。

华北新建设的"剿共掠粮"政策密不可分。晋察冀分局估计到这次日军"扫荡"的残酷性、长期性、毁灭性，随即于1943年9月17日，发出《中共中央晋察冀分局关于彻底粉碎敌寇对北岳区"扫荡"的指示》（以下简称《指示》）。《指示》对此次反"扫荡"应有的认识、任务、具体工作和领导问题做出紧急部署。在此之前，晋察冀北岳区的八路军部队曾先后打进日军占据的灵寿城，袭击繁峙东关、徐水北关，攻克正定西北10余里的北孙村、石家庄西北10余里的杜北村、灵丘东的张庄、徐水东南的葛村等据点，并两次袭击王京车站。

1943年9月16日后，日军华北方面军对北岳区的进攻全面展开。日军第63师团（以4个步兵大队、1个坦克中队、1个山炮大队为基干）向满城及唐县西北我中枢地区进攻；第110师团（以4个步兵大队、1个坦克中队、1个山炮大队为基干），向我灵寿西北中枢地区进攻；甲兵团（以步兵第63旅团长指挥的5个步兵大队为基干）从盂县附近进攻；乙兵团（以独立混成第3旅团长指挥的3个步兵大队为基干）从五台附近进攻；丙兵团（以第26师团长指挥的6个步兵大队为基干）从灵邱、涞源附近进攻。日军的进攻，预定2个月，实际3个月。使用兵力4万余人，并动员了所有的汉奸特务组织。

日军此次"扫荡"分三个阶段。在每个阶段，我军都同敌人进行了针锋相对的斗争，予敌以严重打击。第一阶段（9月16日至9月底），敌人分进合击，占我中心要地，紧接着又分散进击，对我重点地区反复"扫荡"、搜索、破坏。我军则集中适当兵力，打击分散之敌，迫使其停止或中断"扫荡"。第二阶段（10月2日至22日），敌人以滹沱河流域的生产地区为目标，企图掠夺我们的稻谷，逼迫我们处于饥饿之地。我军不断在河两岸袭击敌人，并以民兵配合大部队夺回被抢稻谷，支援群众突击收种。第三阶段（10月23日至12月15日），敌人原计划一个月，由于处处被动挨打，不得不延长一个月，进行所谓"彻底扫荡"。我军以急袭合击为主，配合各种斗争方式，如军队与民众相结合，反"扫荡"与政治攻势相结合，特别是主力部队与广大地区的民兵，始终密切配合，经过不间断的勇猛战斗，终于取得反"扫荡"的胜利。

在3个月的反"扫荡"中，有许多可歌可泣的故事。其中神仙山保卫战尤为感人。

神仙山位于阜平、唐县、涞源、灵丘等县之间，是北岳区的中心，方圆100余里，群峰耸峙，山峦环抱，到处有悬崖绝壁和天然石洞。晋察冀边区党、政、军领导机关常住附近，第三军分区机关、华北联合大学、白求恩学校、伯华制药厂及炸弹厂、被服厂、医院、军用仓库等，都设在附近。当日军来扫荡之际，第三军分区首先命令第42团留在神仙山控制"制高区"，坚持内线作战，为外线部队消灭敌人制造有利条件，同时配合当地民兵开展地雷战和麻雀战，积极主动努力地打击敌人。

1943年9月22日起，日军2000多人，在几架飞机的配合下，兵分四路进攻神仙山。这时，我第42团仅有6个战斗连。怎样打击敌人呢？我军首先集中兵力对付日军四路中的一路。我军凭借险要地段的悬崖和山洞，节节抵抗从南边来的日军，协同作战的民兵则在山路旁埋设大量地雷，然后隐蔽起来等候打"活靶"。9月29日拂晓，日军纠集伪军，并赶着一群山羊趟地雷。日军先头部队刚踏进九里十八湾的第一湾，就踩响3颗地雷，被炸得七零八落。一个日本军官骑马跑来督战，突然马肚子下冒出一团火，他也随之完蛋。隐蔽的部队随时射击，民兵们则从山上朝下推石头，弄得敌人不得不沿着山边或河边爬，9里路爬了一天。当天夜晚，日军露营在炭灰铺村附近，我部队与民兵组成战斗小队，轮番袭击。敌人无奈，就架起机枪和大炮，对着夜空，盲目乱放一阵。9月30日天未亮，日军就气急败坏地撤退了。第一次围攻就此结束。

1943年11月初，日军调集4000多兵力，分为九路，闪电般地再次围攻神仙山。我边区机关、分区机关、学校、工厂、医院和群众，都被围在圈子里。我第42团奉命派部队掩护后方人员突围。部队很快侦察到敌人包围圈的缺口，乘夜掩护机关、学校、医院和群众突围。留下的部队同日军英勇搏斗，一些人壮烈牺牲。日军第二次围攻被粉碎后，12月5日向后撤退。我第42团设伏拦击，又打死许多日军。保卫神仙山的战斗，被誉为秋季反"扫荡"中一次有典范意义的战斗。①

在北岳区3个月的反"扫荡"中，在该区腹地激战之际，我外线部队深入敌占区和游击区，先后攻入保定、望都、浑源等城市，摧毁敌人碉堡200余处，炸毁其列车12列、坦克3辆、汽车540余辆、铁桥13座，并填埋和摧毁封锁沟50余公里、封锁墙8公里。同时开展政治攻势，在保定城市敌军司令部门前和各地伪政府门前，贴我方大布告，宣传我方，警告打击敌方；在敌占区和游击区，召开反法西斯群众大会，使伪军和伪组织普遍发生动摇。另外，我军帮助群众，出色地完成了秋收、秋种、征收公粮及救灾工作。

据日方记载，日军对北岳区的"扫荡"，第一期"战果极小"，因而"尽力研究"并反用我游击战法。第二期收到"相当的战果"，摧毁我阜平附近的军政中枢机关，"同时还挖掘出隐藏在神仙山附近的很多抗战物资"。

---

① 成少甫：《神仙山的保卫者》，《星火燎原》（七），战士出版社1982年版，第156—164页。

第三期"彻底进行了扫荡",打死我4300人,俘我2600人,摧毁我设施1660处,缴获我大量武器、弹药、资材、杂粮等。① 这是日军侵略我北岳区的自供状。

晋察冀抗日根据地的军民,虽然遭到残酷的烧、杀、抢、掠,但是他们绝对不可能被征服的。他们在此次反"扫荡"中,毙敌约1万人,缴获敌人无数装备,终于取得反"扫荡"的胜利。

晋察冀地区的抗日反扫荡斗争,是共产党领导八路军,与当地人民群众相互联系、相互配合、共同反抗民族敌人侵略的实践活动。没有共产党的领导,没有八路军的主力,没有当地人民群众的配合与支持,晋察冀地区的抗日反"扫荡"斗争是不可能取得胜利的。回顾这段历史,不仅有助于增强我们反侵略的忧患意识,增强党领导军队和人民群众抗日斗争的历史感,而且对于当前的群众路线教育,也有重要意义。

作者简介:

　　王彦民　中共中央党校

---

① 日本防卫厅战史室编:《华北治安战》(下),天津人民出版社1982年版,第344—345页。

面对疾疫：
晋察冀抗日根据地的组织与动员

李洪河

抗日战争时期，晋察冀根据地在残酷的战争环境下作为"敌后模范的抗日根据地及统一战线的模范区"①，除在对敌斗争和建党、建军、建政等方面之外，还在积极应对日军的肆虐和侵袭所造成的大规模疾疫流行及相关医疗卫生工作的组织与动员方面，创造了极为丰富、宝贵的经验，为切实保障边区军民的身体健康，巩固和提高抗日部队的战斗力等，做出了应有的贡献。本文试以一种医疗卫生社会史的分析路径，对晋察冀根据地应对疾疫的组织与动员以及相关社会文化意义，做一粗浅探讨。

一

晋察冀根据地是抗战时期中国共产党在敌后创建的第一个抗日根据地，位于华北北部以河北、察哈尔、山西三省交界地为中心的晋、察、冀、热、辽诸省的广大地区。该地区山多地少，地瘠荒凉，抗战之前居住在那里的人们

---

① 《晋察冀抗日根据地》史料丛书编审委员会、中央档案馆编：《晋察冀抗日根据地》第1册（文献选编 上），中共党史资料出版社1989年版，第199页。

大都过着一种原始自然经济的生活，十分贫困和悲惨。据1945年2月晋察冀边区麻疹流行时的调查，该区曲阳县四区儿童生病和死亡的大多是贫寒家庭的孩子，许多家庭竟然艰苦到只有一条被子盖。①而抗战爆发以后，各种自然灾害频仍，尤其是1939年的大水灾，导致冀西、察南和晋东北的广大地区灾情十分严重，其中有4个县损失财产467万元，有7个县倒塌房屋61 984间，有4个县淹没田地415 842亩，冲毁田地584 990亩。②整个晋察冀边区被毁良田17万顷，被冲粮食60万石，损失总值达1.5亿元以上。③晋察冀根据地广大地区的人民群众饥饿无粮，被迫流离失所，加上当地的医疗卫生条件很差，"全晋察冀边区100多个县城没有一个像样的医院，有的县城只有几个中药铺，西药房更为奇缺"，广大农村地区缺医少药的状况更为严重。④这种恶劣的自然与社会生态背景，使得晋察冀根据地自然无法抵御各种疾疫的袭扰。

在晋察冀根据地的疾疫流行中，流行最广而最凶猛者为疟疾、回归热、痢疾、疥疮、肠炎、流感及其他疾病（天花、麻疹、伤寒、肺炎、百日咳、肺结核等）。有资料显示，从1938年开始晋察冀根据地的部分县、区即有疟疾零星发生。1939年秋至1940年夏，冀西涞源县和易县天灾疫病流行，人民群众发病、死亡较多。据涞、易医疗组调查统计，涞源县四

---

① 白冰秋：《曲阳游击区麻疹调查》，《晋察冀日报》1945年5月27日。
② 屈光：《边区救灾总述》，《抗敌报》1939年10月3日。
③ 水生：《八年来晋察冀怎样战胜了敌祸天灾》，《北方文化》1946年7月1日第2卷第3期。
④ 北京军区后勤部党史资料征集办公室：《晋察冀军区抗战时期后勤工作史料选编》，军事学院出版社1985年版，第685、580页。

个区发病50 040人，发病率为76%；死亡16 500人，占总人口的25.1%。易县三个区发病20 000人，发病率为44%；死亡12 000人，占总人口的26.6%。发病最多的是回归热、疟疾和斑疹伤寒等。①1940年秋至1941年，根据地人民群众病、亡较多。据根据地四、五专署医疗调查组统计，唐县六个区发病49 370人，发病率为66%；死亡9894人，占总人口的13.3%。灵寿县两个区发病22 400人，发病率为80%；死亡4480人，占总人口的16%。阜平四个区发病39 408人，发病率为94%；死亡5911人，占总人口的14.1%。发病最多的是流感、痢疾、疟疾，其次是伤寒、回归热、麻疹、天花、水痘等。②1944年夏季，曲阳、新乐医疗小组前往新乐县岸城村、车固村为群众治病共计1256人，其中麻疹占25.2%，疟疾占16.9%，胃肠病占12.5%，疥疮占19.68%。③

上述疾疫的流行大多呈现一种多发或并发的状态。根据地也有单一的疾疫流行。据1945年《晋察冀日报》报道，1945年2月曲阳县麻疹流行，流行范围涉及曲阳县四、五、六、七区300个村以上，死亡2000名儿童，患病儿童平均占总数的54.03%，死亡平均占发病儿童的20%。④该县罗庄村全村16

---

① 北京军区后勤部党史资料征集办公室：《晋察冀军区抗战时期后勤工作史料选编》，军事学院出版社1985年版，第397页。

② 北京军区后勤部党史资料征集办公室：《晋察冀军区抗战时期后勤工作史料选编》，军事学院出版社1985年版，第399页。

③ 北京军区后勤部党史资料征集办公室：《晋察冀军区抗战时期后勤工作史料选编》，军事学院出版社1985年版，第409页。

④ 华北军区后勤卫生部：《华北军区卫生建设史料汇编》，1949年10月内部印行，"防疫保健类"第54页。

岁以下儿童743人，患麻疹的有366人，占儿童总数的49.2%。①1945年春、夏季，冀中区派出群众医疗队，对无极、安平、嵩城三县55个村进行麻疹疫情调查，共计查出患儿38 087名，发病率为75%，死亡平均占发病儿童的38.2%。②

需要说明的是，抗战爆发后日军的侵略与"扫荡"更直接导致或加重了根据地的疾疫流行。1946年2月，晋察冀军区卫生部在对抗战时期军民医疗卫生工作进行总结时发现，每一次日军的清剿和"扫荡"都会使疾疫加倍流行。如1939年冬，日军"扫荡"边区时涞源四个区和易县三个区发生了严重的疫病流行；1941年秋，日军"扫荡"边区3个月，"扫荡"结束后病灾流行全边区，其中以唐县、灵寿、阜平最为严重；1942年春，日军实行蚕食政策，由平原向山地压缩，故病灾在行唐县三区、灵寿县一区和平山县一区等日军蚕食地区特别严重；1943年7月，日军蚕食严重的灵寿县三个区疾疫严重流行，并以洞里、东湖村、郝家村、南燕川等几个村最为严重；1943年8—11月、1943年冬，因日军反复"扫荡"，造成阜平、行唐、灵邱等地疟疾、天花、回归热、麻疹、霍乱等疾疫流行，当地群众发病与伤亡人数众多。③而五年来由于日军的直接破坏和影响，根据地死亡率超过了人口的生殖率，达115‰，劳动力人口减少

---

① 晋察冀军区卫生部：《急起扑灭和预防麻疹病灾的流行》，《晋察冀日报》1945年3月3日。

② 北京军区后勤部党史资料征集办公室：《晋察冀军区抗战时期后勤工作史料选编》，军事学院出版社1985年版，第411、566页。

③ 北京军区后勤部党史资料征集办公室：《晋察冀军区抗战时期后勤工作史料选编》，军事学院出版社1985年版，第557—568页。

了7.34%。①更有甚者，日军还在晋察冀根据地实施细菌战，残忍地毒害边区军民。如1941年初，日军在冀西赞皇县竹里村一带投撒霍乱菌，致使该村霍乱患者达60多人，每天均有二三人死亡，并传染蔓延至附近村庄；1942年3—4月间，日军在定县油味村及周围村庄施放疫鼠，致使当地居民死亡70多人，油味村附近的西城村、深泽县的西内堡和杨村也发现了鼠疫②；1943年日军在晋察冀灵寿县上下石门村、吕生庄、西岔头、万司言一带投放携带鼠疫菌的老鼠和跳蚤，引发鼠疫流行，致使当地群众每天死于鼠疫者40—60人。③

晋察冀根据地的疾疫流行造成了巨大的人员伤亡。1946年2月，晋察冀军区卫生部以疾疫流行时期的最低限度估计，抗战八年中边区人民发病数为4000余万人，死亡为240余万人。④不仅如此，疾疫流行还造成根据地劳动力的减少和生产力的普遍下降。据1943年10月14日华北军区卫生部医疗队报告，灵邱县五区乞回寺村因疾疫长期流行，健康人民仅有4.1%，病人中疟疾占67.7%，回归热占7.5%，感冒占6%⑤；

---

① 晋察冀边区财政经济史编写组、河北省档案馆、山西省档案馆：《抗日战争时期晋察冀边区财政经济史资料选编》（农业编），南开大学出版社1984年版，第704页。

② 金成民：《日本军细菌战》，黑龙江人民出版社2008年版，第521—522页。

③ 郭成周、廖应昌：《侵华日军细菌战纪实——历史上被隐瞒的篇章》，北京燕山出版社1997年版，第247页。

④ 北京军区后勤部党史资料征集办公室：《晋察冀军区抗战时期后勤工作史料选编》，军事学院出版社1985年版，第568页。

⑤ 刘璞：《防疫工作》，《卫建》1944年4月第3卷第2期。

1944年春行唐县刘库池村因患瘟症死亡者有83人,占全村人口的45%,致使当地劳动力和生产力严重下降。①另外,因疾疫流行和日军的反复清剿与"扫荡",晋察冀根据地的广大农村几成"无人区",但见断椽残瓦,十室九空,土地荒芜情况十分严重。因此,如何及时有效地应对严重的疾疫流行,便成为根据地党和政府的一个重要任务。

二

晋察冀根据地的疾疫流行引起了根据地党和政府的高度重视。在"为着战争为着人民"的目的下,根据地党和政府首先着眼于各级卫生组织的建立与完善。1937年11月,中央军委任命第115师军医处处长叶青山为晋察冀军区卫生部部长,卫生部设医务、材料、管理三个科,主要任务是负责组建后方医院和各级卫生机构,组织抢救和收容治疗伤病员,培训初级卫生人员和动员地方医生参军,以及负责筹备药品器材等,以服务于根据地卫生建设、保障军民健康。②而在根据地的各个地方,卫生工作最初是由晋察冀军区直接派出干部帮助培训一批基层卫生人员,组建各县卫生院和机关卫生所。冀中专区从1942年开始组建包括冀中级、专区级、县级和村级等各级地方卫生组织,并规定了地方卫生工作的方向方针:简单分散改造土造井、厕,在适合农村经济条件下,保持环境经常清洁;工作从无到有,从小到大,从局部到全区,从低级到高级,逐步发

---

① 《晋察冀边区行政委员会关于开展民众卫生医疗工作的指示》,《晋察冀日报》1945年6月10日第23期增刊。

② 新中国预防医学历史经验编委会:《新中国预防医学历史经验》第1卷,人民卫生出版社1991年版,第81—82页。

展扩大；以预防工作为主，治疗次之，以积极的预防代替消极的治疗等，同时开展县级和村级卫生干部的训练工作。①截至1944年10月，晋察冀军区为冀西、晋东北、平西等7个专区共培训医生和其他卫生人员1120名，配设专区和县卫生指导员72人、区不脱产卫生协助员228名、村卫生员5010名。②

同时，军区卫生部为解决根据地广大农村群众缺医少药的问题，还积极帮助驻地群众组织和发展医药合作社和医药研究会。1941年春季，易县龙华医生张明远接受政府捐资1800元，并召集民股，成立了一个民办官助的医疗所，两年后发展为合作医疗社，团结中西医76名，经常研究医疗技术，热情为群众治病，并能生产二十几种药品，每年治疗病人8000多人，其经验在1945年初边区召开的群英大会上得到推广。③1941年12月，龙华四区散在各村的32名医生组织了一个医药研究会，并于1942年二三月间往四区长岭村查治温病，共计拯救2500多个病人。④从1943年到1945年，晋察冀军区还组织部分医药人员先后在阜平、易县、行唐等地开设了"新华药房"，在军队和地方政府的领导下直接为群众服务。⑤

---

① 中共河北省委党史研究室、冀中人民抗日斗争史资料研究会：《冀中抗日政权工作七项五年总结》，中共党史出版社1994年版，第69—70页。

② 朱克文、高恩显、龚纯：《中国军事医学史》，人民军医出版社1996年版，第239页。

③ 北京军区后勤部党史资料征集办公室：《晋察冀军区抗战时期后勤工作史料选编》，军事学院出版社1985年版，第400—401页。

④《龙华四区医药研究会治好病人二千五》，《晋察冀日报》1942年6月6日。

⑤ 朱克文、高恩显、龚纯：《中国军事医学史》，人民军医出版社1996年版，第239页。

在疾疫流行季节，晋察冀军区的卫生部门还适时地组织医疗队（组），赶赴疫区帮助地方扑灭疫情，为群众防病治病。仅1943年秋季反"扫荡"前后，军区即派出20余个防疫组、104名医生，到根据地的10多个县、20个区、384个村，治疗13 413人，治愈率达71.6%。①1943年冬季日军对北岳区"毁灭扫荡"以后，秋瘟、疟疾、痢疾流行，各地立即突击防治。完县由县长带队组成医疗队，仅3天即治疗447名病人；盂（县）平（县）医疗队半月内走了117个村庄，治愈病人1169个，占病人总数的40%。②而在整个抗战期间，晋察冀根据地的党和政府克服了医务人员缺乏、技术低下、药品拮据的不利形势，依然于1940年向涞源、易县、灵邱，1941年向五台、盂平、平山等县，1942年向行唐、灵寿、完县、定北等，1943年向盂平、行唐、阜平等，1944年向灵邱、行唐、易县等，1945年向曲阳、完县、唐县等地方共计派出了40个医疗队（组）、医生165人，发放药品5600余磅，经治病人23.85万人，历时24个月之久，有效地防止和控制了根据地的疾疫流行与蔓延。③

在上述卫生组织建立与疾疫防治工作开展的同时，晋察冀根据地重点开展了对广大军民的宣传动员。宣传动员是一种有意识地控制社会心理的活动，以及一个社会改变或形成民众特殊态度、意见和舆论

---

① 新中国预防医学历史经验编委会：《新中国预防医学历史经验》第1卷，人民卫生出版社1991年版，第100页。

② 谢忠厚、肖银成：《晋察冀抗日根据地史》，改革出版社1992年版，第428页。

③ 北京军区后勤部党史资料征集办公室：《晋察冀军区抗战时期后勤工作史料选编》，军事学院出版社1985年版，第568—569页。

的主要工具,是社会动员最常用的动员方式。①晋察冀根据地党和政府在防治疾疫时充分利用宣传动员的优势,采取灵活多样的宣传方式大力进行宣传动员。

其一是关于卫生防病的法规宣传。为使抗日根据地的卫生防疫工作有章可循,1937年11月15日,军委总卫生部颁发了《暂行卫生法规》,明确规定了八条卫生纪律:不乱解大小便、吐痰;不任意倾倒垃圾污物;室内要清洁整齐;室外保持10米以内清洁;个人每日要按时洗脸、洗手、刷牙、漱口;要定期洗衣、洗澡、剪指甲;不到厨房扰乱炊事,有害食品卫生;不喝凉水,不乱吃零食。②遵照军委总卫生部《暂行卫生法规》等,1940年6月14日,晋察冀根据地下达了《关于夏秋季防病问题的训令》,针对当时战斗频繁、环境艰苦、人民群众发病较多的情况,为巩固部队战斗力,保障根据地军民健康,提出了夏、秋季卫生防病办法,包括个人卫生11条要求、公共卫生12条规定、疟疾和痢疾预防须知、夏秋季卫生规则10条和卫生防病标语18条等。③1941年4月17日,军区卫生部公布《夏季卫生规条》11条,要求全区执行。④为使卫生法规在根据地得到有效贯彻,根据地党和政府多以条令、训令、通知、指示的方式下发部队及地

---

① 朱启臻:《社会心理学原理及其运用》,中国社会科学出版社2000年版,第61页。

② 朱克文、高恩显、龚纯:《中国军事医学史》,人民军医出版社1996年版,第233页。

③ 北京军区后勤部党史资料征集办公室:《晋察冀军区抗战时期后勤工作史料选编》,军事学院出版社1985年版,第425—427页。

④ 北京军区后勤部党史资料征集办公室:《晋察冀军区抗战时期后勤工作史料选编》,军事学院出版社1985年版,第401页。

方,并在广大军民中广为传播,这就为根据地卫生防疫工作的顺利进行提供了基础和保障。

其二基本卫生常识宣传。晋察冀根据地的广大农村特别是边远地区,经济文化落后,封建迷信和不良习惯并存,诸如"求神鬼保佑"、"生死在天,命里注定"、"穷干净,富邋遢"、"不干不净,吃了没病"等思想严重存在。①如曲阳县岸下村高红儿的4个孩子全得了麻疹,因为迷信思想严重,崇拜巫婆,服珍珠喝符水,不信任医生,死了3个。②为了改变这种状况,教育群众与疾病做斗争,广大卫生人员采取了多种形式向人民群众宣传卫生知识。如根据地广大卫生人员在对军民诊治过程中,利用各种方法向群众进行卫生宣传教育,说明病因以及隔离、预防的办法等;除对一般群众进行教育外,根据地还侧重对卫生工作者的教育,内容包括思想教育、问题研究、经验介绍(如技术、处方诊断等)及有关工作的调查研究、情况报道等等。③根据地还通过在小学民校增设卫生科目④,编演卫生话剧⑤,利用参加群英大会的机会召

---

① 北京军区后勤部党史资料征集办公室:《晋察冀军区抗战时期后勤工作史料选编》,军事学院出版社1985年版,第549页。
② 北京军区后勤部党史资料征集办公室:《晋察冀军区抗战时期后勤工作史料选编》,军事学院出版社1985年版,第556页。
③ 北京军区后勤部党史资料征集办公室:《晋察冀军区抗战时期后勤工作史料选编》,军事学院出版社1985年版,第549页。
④ 北京军区后勤部党史资料征集办公室:《晋察冀军区抗战时期后勤工作史料选编》,军事学院出版社1985年版,第549页。
⑤ 河北省军区卫生史料编辑委员会:《河北省军区卫生史料汇编》,1950年9月内部印行,"医政类"第7页。

开中西医座谈会，交流经验，以及举办卫生公益事业展览等①，给广大群众灌输卫生常识，使其逐渐了解预防胜于治疗的道理。不仅如此，晋察冀根据地还开动各种宣传工具予以配合，军区政治部主办的石印《抗敌报》1941年3月至6月刊登了《消灭春疫预防春瘟》《排除困难推进卫生运动》《广泛开展防疫工作》《卫生常识——伤寒》《卫生常识——白喉症》《种花不得天花病》等文章，详细介绍许多瘟疫的特征及其防治措施。②军区卫生部还根据聂荣臻司令员的指示，于1942年8月创办了《卫生建设》杂志，至1949年共出版29期，发表各种卫生法规、卫生宣传和卫生业务材料数百篇，其中卫生防病、防毒、防治传染病等方面的文章约占三分之一，对推动根据地的卫生防病工作起了很好的指导作用。

另外，针对根据地广大地区环境卫生状况很差、军民卫生意识缺乏等问题，晋察冀根据地党和政府还确立积极预防的思想，广泛开展群众性的卫生运动。1939年夏季水灾之后，各种传染病到处流行，入秋气候冷热无常，疾病蔓延非常迅速。1939年9月30日，晋察冀军区发出冀字第九号训令，军区党报《抗敌三日刊》发表了《向疾病现象作斗争》的文章，要求军区各部队进行充分的、广泛深刻的政治动员，以"造成广泛的消灭疾病的运动"③。1940年6月，晋察冀军区司令员聂荣臻等又签署了《关于

---

① 《检阅战斗生产胜利成果 边区举行首届展览会》，《晋察冀日报》1945年2月17日。
② 苑书耸：《华北抗日根据地的医疗卫生事业》，《辽宁医学院学报》(社会科学版)2009年第4期。
③ 《向疾病现象作斗争》，《抗敌三日刊》1939年9月30日，第127期。

夏秋防病问题的训令》，规定了军区夏季一般的个人卫生、公共卫生以及几种疾病的预防须知。①1941年2月，晋察冀军区政治部宣传科长张平凯发表文章，对军政民一致动员、一致参加卫生运动和部队驻地清扫运动等提出了一些具体要求。②1941年10月，晋察冀军区政治部针对日军"扫荡"所致军区民众被屠杀后尸体无法及时掩埋而致侵蚀腐烂，毒菌飞散，病疫流行很快的情况，发出《关于开展卫生运动的指示》，要求边区军民迅速猛烈地展开卫生运动，防止疾病现象的发展，以杜绝病源。③1942年1月，军区司令员聂荣臻和卫生部副部长游胜华在晋察冀军区卫生会议上分别发表讲话，要求"发动全边区人民卫生运动，保障边区人民的健康"④；2月15日，晋察冀边区边委会召开首次军政民卫生联席会议，分析讨论了边区病疫流行的原因即"敌疯狂烧杀奸淫与卑劣毒辣的撒毒放菌政策"，要求边区"各县要普遍的举行清洁卫生大扫除，完成五项具体任务：房院街道打扫干净，填平臭水坑，疏通阴沟，整理厕所畜圈，深埋或再埋没埋好的人畜尸体，粪土送到地里"等等，切实开展春季卫生运动。⑤3月11日，《晋察冀日报》发表社论，指出了防疫卫生的重要意义，并提出了防疫卫生运

---

① 北京军区后勤部党史资料征集办公室：《晋察冀军区抗战时期后勤工作史料选编》，军事学院出版社1985年版，第425—427页。

② 《开展卫生运动》，《抗敌三日刊》1941年2月24日，第274期。

③ 北京军区后勤部党史资料征集办公室：《晋察冀军区抗战时期后勤工作史料选编》，军事学院出版社1985年版，第475—476页。

④ 北京军区后勤部党史资料征集办公室：《晋察冀军区抗战时期后勤工作史料选编》，军事学院出版社1985年版，第491—503页。

⑤ 苏枫：《广泛开展防疫卫生运动 边区召开卫生联席会》，《晋察冀日报》1942年3月8日。

动的一些要求。晋察冀根据地上述政令的颁行和动员,对根据地及时有效地预防和消灭疾病有重要作用。

三

晋察冀根据地有效的卫生组织和普遍的宣传动员,取得了较为显著的成绩,其中最主要的是控制了根据地的疫情传播,保障了军民健康。1942年至1944年春季晋察冀军区疟疾大量流行,1942年发病14 922人,1943年减至3889人,1944年春仅有324人发病。①抗战时期根据地疟疾流行普遍,经广大卫生人员的努力治疗,晋察冀军区直属队及第一至第四军分区1942年(前三季度)发病3848人,1943年减至549人,到1944年春季仅发病20人。②抗战时期流行性感冒频发,全军区1942年发病5303人,死亡65人;1943年发病减至1047人,死亡5人;1944年春发病388人,死亡2人,发病数大大减少。③

晋察冀根据地的卫生宣传与动员还普及了卫生知识,改变了农村卫生陋习。如1943—1944年,根据地第三军分区第七区队休养所给峰泉小学宣讲天花预防知识;定唐支队与地方共同成立军民卫生委员会,根据当时疾疫流行情况印发了卫生小册子,向群众讲述什么是瘟病,怎样预防肺炎等;第二军分区供给处卫生人员举行居民卫生座谈会,供给处给民校上卫生课;政治部出版卫生墙报;第四团卫生队写

---

① 《迅速展开防疫卫生运动》,《晋察冀日报》1942年3月11日。
② 华北军区后勤卫生部:《华北军区卫生建设史料汇编》,1949年10月内部印行,"统计类"第72页。
③ 华北军区后勤卫生部:《华北军区卫生建设史料汇编》,1949年10月内部印行,"统计类"第40页。

卫生宣传标语等。①1945年2月,军区卫生部派白冰秋等去曲阳游击区防治麻疹,发现当地群众在严重的病灾面前产生了恐惧心理,迷信神鬼,就利用群众中因迷信神鬼而致麻疹患儿死亡的实例揭露巫婆的骗人行为,对麻疹患者施以治疗,并说服群众经常自觉地清理室内外保持清洁,迅速扑灭了疫情。②

晋察冀根据地的卫生宣传与动员还从侧面宣传了党的方针政策,增加了民众的政治认同。政治认同是人们在社会政治生活中产生的一种感情和意识上的归属感。③晋察冀根据地的广大卫生人员在疫区各地一面看病,一面宣传,而宣传的内容不仅是关于卫生方面的,也包括政治、军事的等等,得到了人民群众的拥护和感谢,给予政治上以很大影响。如万寺院一个老妇人说,"还是咱们的政府好,八路军和咱们是一个心眼,死也不该忘了八路军";当医疗组配合地方给病人治病并给予粮食时,老乡们都说,"这可知道谁是亲娘,谁是后娘了"④。可以说,根据地卫生防疫人员通过其不辞辛劳、耐心细致的工作使广大群众紧紧地团结在了党和政府的周围。

总之,抗战时期晋察冀根据地虽然饱受日军侵袭,加上经济落后,群众文化水平很低,但在根据地党和政府的高度重视和广大卫生人员的辛勤

---

① 华北军区后勤卫生部:《华北军区卫生建设史料汇编》,1949年10月内部印行,"防疫保健类"第53页。

②《曲阳游击区麻疹调查》,《晋察冀日报》1945年5月27日。

③ 转引自李洪河:《新中国成立初期中南区婚姻制度的改革》,《当代中国史研究》2009年第4期。

④ 华北军区后勤卫生部:《华北军区卫生建设史料汇编》,1949年10月内部印行,"防疫保健类"第55页。

努力下，根据地的卫生防疫工作不仅有效地保障了军民健康，普及了卫生知识，而且增加了民众对党和政府的政治认同，从而为晋察冀根据地的发展壮大乃至抗日战争的胜利做出了应有的贡献。

作者简介：

李洪河　政治学博士后，教授。主要从事现代中国政治与社会研究

探究八路军文化的现实价值

巨文辉

武乡是一块英雄的土地,是华北敌后抗日战略支点之一,是太行精神的塑造地之一,是八路军文化资源大县,是值得中国抗战史大书特书的地方。连续四届八路军文化论坛在此举办,实至名归,武乡探讨和弘扬八路军文化的品牌效应正在逐步形成。这里红色文化资源的深厚底蕴和抗战老区的英雄主义氛围,感染着每一个接近它的人,让我们深思八路军文化的现实价值。

这里是共产党人和革命军人的精神家园

人类战争的历史早已反复证明:战争不仅仅是物质力量的较量,更是一场意志和精神的较量。抗日战争成为民族精神觉醒与激发、整合与凝练、重塑与升华的历史契机,民族精神的极大激发弥补了物质条件的不足,转变了武器装备的劣势,中国人民赢得了鸦片战争以来第一次反侵略战争的完全胜利,中华民族精神之花在抗战中盛开怒放!左叔仁殉难十字岭,叶成焕血染浊漳河,太行山上自由之神在纵情歌唱,千山万壑,铜壁铁墙,不愿做奴隶的人们被迫发出最后的吼声,用血肉之躯和钢铁意志,构筑起了中华民族坚不可摧的精神长城。中华民族精神经受了五千年来最重要的一次大检阅、大考验、大弘扬、大提升,抗日战争的胜利奠定了中华民族以民族复兴为主题的当代民族精神的基础,标志着当代中华民族精神形成乃至成熟。诚如毛泽东所说:"正是这个战争,锻炼了中国人民。这个战争促进中国人民的觉悟和团结的程度,是近百年来中国人民的一切伟大的斗争没有一次比得上的。"

民族精神是一个民族赖以生存和发展的精神支柱,是各种形态社会价值体系的核心理念和要求。抗日战争的硝烟虽然已离我们远去,但是太行精神和八路军文化所代表的民族精神并没有过时,相反还蕴含着丰厚的时代价值,映射出灿烂的时代光芒。当前,中国面临着美帝国主义及其走狗的疯狂遏制和弧形包围,面临着国家核心利益的不断危害,需要提升遏制和打赢战争的能力,需要提升应对危机和突发事变的能力,这正是共产党人和革命军人的历史使命,这正是需要大力弘扬太行精神和八路军文化的时代!然而,人们不无遗憾地看到,历史的伤痕刚刚结痂,今天社会的某些地方恰恰出现了精神"缺钙"现象,甚至以恶搞、丑化、淡化民族英雄包括抗日英雄为时尚。网上不时有人造谣污蔑狼牙山五壮士欺压百姓,造谣污蔑刘胡兰是被群众用石头砸死的,造谣污蔑雷锋奢侈享乐等等,这些诽谤民族楷模、诋毁公众信念的无耻谰言,竟然在网上广为传播。失却了精神的人,无异于行尸走肉;失却了精神的民族,只能做任人宰割的羔羊。

实现中华民族伟大复兴的中国梦,是对中国近现代历史特别是党的90多年奋斗历史的深刻总结,是今后一个时期共产党人和革命军人的理想信念和精神追求。"理想信念就是共产党人精神上的'钙'",面对官僚主义、形式主义、享乐主义和奢靡之风,我们党需要从精神上补钙,而"中国革命历史是最好的营养剂"。作为抗战圣地的武乡,是当之无愧的共产党人和革命军人的精神家园,借用市场经济的名词,这里就是"精神钙"

的专卖店。当然这个"精神钙"的专卖店不是全国唯一的,而是同瑞金、延安和西柏坡连锁经营的。太行精神和八路军文化就是最好的"钙营养",一定能够胜任这个"钙中钙"的角色。

这里是群众路线的光辉典范

群众路线是我们党在长期的革命、建设、改革过程中积累的宝贵经验,是党的优良传统和最大的政治优势,是党战胜各种困难、永远立于不败之地的根本保证。群众路线产生于土地革命战争时期的革命根据地,发展和成熟于抗日战争时期的抗日民主根据地。历史表明,在抗战时期,人民群众是党的力量源泉和胜利之本,党和人民的事业之所以能不断取得胜利,靠的就是群众路线,靠的就是我们善于发动群众、组织群众、教育群众、团结群众。

武乡是太行根据地的腹心地区,曾经是八路军总部、第129师师部和北方局等党政军首脑机关所在地,干部战士云集,群众负担较重,能否同甘共苦、患难与共、万众一心、团结奋战,成为能否取得胜利至关重要的因素。正是基于这一清醒的认识,太行根据地党的各级领导干部,率先垂范,坚持党的群众路线,视人民如父母,把人民当靠山,密切联系群众,始终保持同人民群众的血肉联系。敌后抗战群众工作的楷模无以计数,朱德就是其中的杰出代表。在烽火连天的抗战岁月,八路军总司令朱德之所以享有崇高的威望,源于他对人民的热爱和忠诚,源于他时刻关心群众、密切联系群众的一贯作风。

在开展敌后游击战争、创建根据地的过程中,党和军队的一个主要任务就是发动群众、团结群众,投身于抗日的大众战、民兵战。朱总司令多次强调加强军队和人民群众的联系,他指出,"八路军是由人民中产生的","灵活战争没有人民是不行的,所以说军队是鱼、人民是水,鱼离水即不能生存,有人民才活动自如"。"凡是在民众运动有成绩的地方,游击战争就能发展开，抗战就能胜利地坚持；凡是在民运落后或受挫的地方，抗战一定要遭受不必要的困难。要想动员民众，必须适当改善人民生活，实行民主政治。"朱德十分注重发动和武装民众的工作，他派八路军去组织地方游击队，太行山上到处都是"母亲叫儿打东洋，妻子送郎上战场"的生动场面，人民抗日武装和群众性游击战争如雨后春笋般在各地涌现，日军陷于人民战争的汪洋大海。

朱总司令秉承全心全意为人民服务的宗旨，以身作则，用自己的实际行动给全党和全军树立了光辉的典范。麦收时节，一队八路军从一个村边行进，骑着马走在最前面的是位营长。这时候，一个老太太艰难地背着一大捆麦子从对面走来。当她和营长迎面走过的时候，营长仍骑在马上前行。这一切恰被由此路过的朱德看到，他上前把营长拦住，问道："你担任什么职务？"营长不认识朱总，见拦他路的人穿的灰军装已洗得发白，戴的军帽也是用旧棉帽改做的，以为这是个老战士，就不在意地说："我是营长。"朱总又问："你现在的任务紧不紧？"营长又打量了一下问话的"老同志"，好像感觉到了什么，便跳下马来说："不十分紧。"朱总用手指着老太太说："你让队伍前头走，你去到村里套个车，帮老大娘把她地里的麦捆都拉回家去。"营长遵从了"老同志"的话，帮老太太把麦子都拉回了家。事后，这位营长才知道"老同志"就是朱德总司令，心里十分紧张。朱总亲切地找他谈话说："革命军人的优良品质，首先就是群众观点，要好好记着。只要有一点空儿，有一分力量，就要拿出来帮助群众啊！"

在武乡县砖壁村朱德住房的窗后，有一盘大石碾，朱德一有空闲，就出去帮助老乡们推碾磨粮。一边推碾，一边了解群众的疾苦，宣传党的合理负担、减租减息和改善人民生活的政策。老乡们在碾子旁跟朱老总唠着贴心话，听朱老总讲抗日救国的道理，许多群众就是从这"连心碾"旁走上了革命道路。

朱总司令在战场上叱咤风云，指挥着千军万马，让敌人闻风丧胆；在田间地头，他又朴素得像一个田舍翁、老班长。他同战士们一样穿粗布军衣，吃糙米野菜，住草棚窑洞，对生活的困苦，他甘之如饴。他身处总司令的高位，却始终有着普通士兵的情怀。正是在朱总司令的影响和带动下，总部机关和广大指战员与太行人民同甘苦，共患难，将抗日群众紧紧团结在党的周围，团结在八路军周围。八路军同根据地人民建立了鱼水相依、生死与共的血肉联系，军民团结如一人，试看天下谁能敌。万众一心是敢于胜利的前提和必要条件，军民一致、官兵一致、干群一致是中国共产党领导太行军民取得抗日战争胜利的制胜法宝。如同诗人和老百姓的歌声中赞叹的那样，朱总司令的品行风范在人民群众的心中树起了一座不朽的丰碑。

近三年来，山西省委书记袁纯清八进武乡砖壁下乡扶贫，承继传统，走访民生，知会民情，解决民忧，为全省干部树立了良好榜样。现在开展群众路线教育实践活动，就要发挥山西老区群众工作的政治优势，弘扬万众一心、艰苦奋斗的太行精神和八路军文化，宣传朱德等老一辈革命家的模范事迹，恢复干群鱼水关系，抗拒"四风"蔓延，重塑领导干部形象，凝聚党心、民心。

这里是党史必修课的生动课堂

以习近平同志为总书记的党中央高度重视对党的历史的总结运用。在今年七一前夕，习近平同志主持中央政治局第七次集体学习时指出："历史是最好的教科书。""学习党史、国史，是坚持和发展中国特色社会主义，把党和国家各项事业继续推向前进的必修课。""这门功课不仅必修，而且必须修好。"其后，习近平总书记在河北西柏坡考察时强调："中国革命历史是最好的营养剂。"新一届中央号召全党学习党史,把学习党史进一步提高到事关全局的重要地位。修好党史这门必修课,有助于从党的历史中汲取开拓前进的智慧和力量,有助于广大党员干部加深对党的思想理论的理解,有助于坚定广大党员干部对党、对社会主义的信念,有助于提高党员领导干部的领导水平和执政能力。

学习党史,高等院校、党校和干部学院的明亮教室当然是主课堂,但呆板的套路、生硬的说教,不利于各类学生自觉接受,或者说只能做到知其然不知其所以然,必须顺应时代发展和思想观念的变化,创新党史学习教育的方式方法。习近平同志曾经强调,要站在推进马克思主义大众化的高度,创新党史学习教育的方式方法,努力增强党史学习的吸引力、感染力和针对性、实效性。要更多地采取文学艺术、影视戏剧、专题讲座等群众喜闻乐见的形式,开展党史的学习教育,增强辐射力和影响力。要在课堂教育之外,组织党员干部和青少年学生瞻仰革命遗址,参观红色旅游景点、革命博物馆和纪念馆,学习革命英烈的精神。

武乡是华北敌后抗战和中华民族抗战的一个典型缩影,毛泽东《论持久战》所预言的抗日战争三个阶段在武乡都可以找到踪迹,在这块英雄的土地上拥有王家峪、砖壁八路军总部和第129师师部遗址,洹里北方局遗址,反九路围攻长乐战斗遗址,百团大战关家垴战斗遗址,漆树坡窑洞保卫战遗址、柳沟兵工厂遗址等数十处脍炙人口的胜迹。低矮的窑洞、黝黑的地道、简陋的陈设、孤单的磨盘,仿佛在向每一个邻近它的观众诉说那段艰苦卓绝的岁月。不是身临其境,你怎能把它与八路军的辉煌战绩相联系?不在这样的课堂里学习,你怎能体会毛泽东"酸菜里面出政治"的名言?

近10年来,井冈山干部学院摸索出一套全新的教学方法,他们充分利用井冈山丰富的革命遗址开展现场教学,学员还身着红军装束重走背粮小道，感受革命先辈的艰难困苦，增强了学员的理想和信念。参加培训的干部都十分认同这种模式，联系培训的人络绎不绝，井冈山干部学院的教学班次"人满为患"。中央在井冈山、延安和浦东设立了3个国家级的干部学院，虽然没有在太行山设立，但并不等于说我们这里的红色资源不够重要。随着王家峪和砖壁总部旧址的修缮、八路军太行纪念馆的扩建、八路军文化旅游活动的拓展、在太行山上大型实景剧的开演以及交通食宿基础设施的改善，武乡已具备设立干部学院的必备条件。各类学生可以在这里观看波澜壮阔的战争剧，可以在这里体验游击战实战对抗，可以当一天八路军，可以吃一天黄米饭……这里是党史必修课的生动课堂，期待着具有远见卓识的领导人东风般的决策。

太行精神和八路军文化是我们的宝贵精神财富，是当代山西的重要政治优势。学习和运用红色文化资源，弘扬英雄模范的精神，长期以来一直是我们工作的一种重要方法。善于运用历史文化财富的地方，无疑是充满希望的。我们要结合新的实际，与时俱进地发挥太行精神和八路军文化的优势，大力宣传太行老区各级党组织和人民群众在战争年代谱写的雄壮史诗，用党的伟大成就激励人，用党的优良传统教育人，用党的成功经验启迪人，用党的历史教训警示人，应对党所面临的"四个考验"，克服党所面临的"四种危险"，战胜党所面临的"四种歪风"，保持革命战争时期那么一股劲、那么一股革命热情、那么一种拼命精神，推动山西转型跨越发展，为实现中华民族伟大复兴的"中国梦"而不懈奋斗。

作者简介：

巨文辉　山西省委党史办公室研究员